Basiswissen Kriminologie

Reihe herausgegeben von

Daniela Klimke, 8, ISIP 8, Bremen, Deutschland

Aldo Legnaro, Präventionsforschung, Institut für Sicherheits- und Präventionsforschung, Hamburg, Deutschland

Die Reihe *Basiswissen Kriminologie* vermittelt die Grundlagen einer sozialwissenschaftlich orientierten Kriminologie in kompakter Form und verständlichen, didaktisch sorgfältig aufbereiteten Darstellungen, die die Bedeutung einer kriminologischen Perspektive auf gesellschaftlich relevante Frage- und Problemstellungen deutlich machen. Jeder Band ist in sich abgeschlossen und stellt sein Thema theoretisch fundiert und kritisch reflektiert dar.

Die Bände der Reihe eignen sich sowohl für Studierende wie für Praktiker*innen und Wissenschaftler*innen, lassen sich als Textbuch in Lehrveranstaltungen an Universitäten, Hochschulen und Polizeiakademien einsetzen und bieten ebenfalls Unterstützung für ein individuell gestaltetes Lernen.

Die Herausgeber*innen:
Dr. Daniela Klimke, Professorin für Kriminologie an der Polizeiakademie Niedersachsen und Leitern des Instituts für Kriminalitäts- und Sicherheitsforschung (IKriS), Lehrbeauftragte an der Universität Hamburg sowie an der TU Cottbus.
Dr. Aldo Legnaro ist freier Sozialwissenschaftler.

Henning Schmidt-Semisch

Drogen und Sucht
Eine Einführung

Henning Schmidt-Semisch
FB 11
Universität Bremen
Bremen, Deutschland

ISSN 2523-7101　　　　　　　ISSN 2523-711X (electronic)
Basiswissen Kriminologie
ISBN 978-3-658-44125-8　　　ISBN 978-3-658-44126-5 (eBook)
https://doi.org/10.1007/978-3-658-44126-5

Die Deutsche Nationalbibliothek verzeichnet diese Publikation in der Deutschen Nationalbibliografie; detaillierte bibliografische Daten sind im Internet über https://portal.dnb.de abrufbar.

© Der/die Herausgeber bzw. der/die Autor(en), exklusiv lizenziert an Springer Fachmedien Wiesbaden GmbH, ein Teil von Springer Nature 2024

Das Werk einschließlich aller seiner Teile ist urheberrechtlich geschützt. Jede Verwertung, die nicht ausdrücklich vom Urheberrechtsgesetz zugelassen ist, bedarf der vorherigen Zustimmung des Verlags. Das gilt insbesondere für Vervielfältigungen, Bearbeitungen, Übersetzungen, Mikroverfilmungen und die Einspeicherung und Verarbeitung in elektronischen Systemen.
Die Wiedergabe von allgemein beschreibenden Bezeichnungen, Marken, Unternehmensnamen etc. in diesem Werk bedeutet nicht, dass diese frei durch jedermann benutzt werden dürfen. Die Berechtigung zur Benutzung unterliegt, auch ohne gesonderten Hinweis hierzu, den Regeln des Markenrechts. Die Rechte des jeweiligen Zeicheninhabers sind zu beachten.
Der Verlag, die Autoren und die Herausgeber gehen davon aus, dass die Angaben und Informationen in diesem Werk zum Zeitpunkt der Veröffentlichung vollständig und korrekt sind. Weder der Verlag noch die Autoren oder die Herausgeber übernehmen, ausdrücklich oder implizit, Gewähr für den Inhalt des Werkes, etwaige Fehler oder Äußerungen. Der Verlag bleibt im Hinblick auf geografische Zuordnungen und Gebietsbezeichnungen in veröffentlichten Karten und Institutionsadressen neutral.

Planung/Lektorat: Cori Antonia Mackrodt
Springer VS ist ein Imprint der eingetragenen Gesellschaft Springer Fachmedien Wiesbaden GmbH und ist ein Teil von Springer Nature.
Die Anschrift der Gesellschaft ist: Abraham-Lincoln-Str. 46, 65189 Wiesbaden, Germany

Wenn Sie dieses Produkt entsorgen, geben Sie das Papier bitte zum Recycling.

Vorwort

Die Themen Drogen und Sucht polarisieren. In Deutschland ist dies jüngst im Rahmen der Überlegungen und Verhandlungen zu einer Regulierung von Cannabis wieder einmal besonders deutlich geworden. Während sich die einen von einer regulierten, legalen Zugangsmöglichkeit zu Cannabis für Erwachsene vor allem einen besseren Gesundheitsschutz für die Konsument:innen und eine Reduzierung des illegalen Schwarzmarktes erhoffen, sehen die anderen damit gewissermaßen den Untergang des Abendlandes heraufziehen und beharren auf der Kriminalisierung und Bestrafung der entsprechenden Verhaltensweisen. Und wenn vor diesem Hintergrund der bayrische Ministerpräsident Markus Söder beim politischen Aschermittwoch seinem Publikum in alkoholgeschwängerter Halle zuruft: „Ich will für Bayern keine Drogen auf der Straße und keinen Zugang für unsere Kinder" (taz vom 22.02.2023), dann wird zudem deutlich, dass hier zwei durchaus vergleichbare Substanzen resp. Drogen moralisch und rechtlich völlig unterschiedlich bewertet werden. Gerade das macht den Drogenbereich freilich für die Kriminologie insofern besonders interessant, weil sie hier im Sinne eines gleichsam ‚natürlichen Experiments' beobachten kann, welche erwünschten und unerwünschten Wirkungen Kriminalisierung in bestimmten gesellschaftlichen Feldern entwickelt bzw. entwickeln kann.

Aber was sind Drogen überhaupt? Warum sind manche Drogen verboten und andere nicht, und was unterscheidet die legalen von den illegalen Substanzen? Welche Wirkungen entfalten die unterschiedlichen drogenpolitischen Ansätze? Warum nehmen Menschen Drogen? Was ist Sucht und wie wird man süchtig? Können Drogen überhaupt süchtig machen, oder werden Menschen süchtig nach Drogen? Welche Funktionen und Aufgaben kommen der Prävention im

Drogenbereich zu? Soll sie Drogenkonsum verhindern oder erlernbar machen? Welche Einrichtungen und Maßnahmen der Sucht- und Drogenhilfe gibt es und in welchem Verhältnis stehen sie zu den Institutionen, die für Recht und Ordnung zu sorgen haben? Solche und ähnliche Fragen sollen in dem vorliegenden Einführungsband gestellt und besprochen werden.

In Kap. 1 befassen wir uns zunächst mit der drogenpolitisch uneinheitlichen normativen und rechtlichen Einordnung von Drogen, mit Überlegungen zu ihrer Definition und der Frage, welche Gründe die Konsumierenden für ihren Drogengebrauch haben, um uns dann in Kap. 2 den Wechselwirkungen zwischen Droge, Konsumierenden und Gesellschaft bzw. Kultur zuzuwenden. Kapitel 3 widmet sich der Geschichte der Drogen sowie der Entstehung des globalen Drogenverbotes und wirft einen ersten Blick auf die Drogenpolitik in der frühen Bundesrepublik. Ausgehend von der US-amerikanischen Alkoholprohibition in den 1920er- und 1930er-Jahren werden dann in Kap. 4 die Auswirkungen der Etablierung des globalen Prohibitionsregimes auf die Ökonomie der illegalen Drogen, aber auch auf die Suchthilfe bzw. den Umgang mit Drogenkonsument:innen im Deutschland der 1970er- und 1980er-Jahre beleuchtet, die in erster Linie an Drogenabstinenz orientiert waren. Fragen und Erkenntnisse zum Thema Sucht werden in den Kap. 5 und 6 thematisiert: In Kap. 5 stehen zunächst der Suchtbegriff selbst sowie die entsprechenden Diagnosekriterien und Suchttheorien im Fokus, um im Anschluss in Kap. 6 nach den möglichen Nebenwirkungen des Suchtkonzeptes zu fragen und kritischen Perspektiven auf dieses Konzept Raum zu geben. Dabei ist insbesondere auch der empirische Befund bedeutsam, dass Drogenkonsum in der Regel gerade nicht in ‚abhängige' oder ‚süchtige' Konsummuster mündet, weshalb wir uns in Kap. 7 mit den Erkenntnissen zu ‚kontrollierten' und ‚moderaten' Formen des Drogengebrauchs befassen. In Anschluss beschäftigen wir uns in Kap. 8 mit der allmählichen Etablierung der sogenannten akzeptierenden Drogenpolitik und -arbeit seit den 1990er Jahren sowie den Problemen, die daraus erwachsen, dass die akzeptierende Drogenarbeit stets im Schatten der fortbestehenden Prohibition operiert, was ihre Wirksamkeit deutlich limitiert. In Kap. 9 schließlich befassen wir uns mit der Frage, welche wissenschaftlichen Erkenntnisse und Argumente dafürsprechen, Drogenverbote durch Formen eines regulierten Zuganges zu ersetzen und wie diese aussehen könnten. Das Ende des Buches bilden ein kurzes Resümee sowie ein Glossar, in dem wichtige Begriffe des Buches noch einmal gesondert erläutert werden.

Dabei ist es das Ziel dieser Einführung, einen kompakten, aber informativen Überblick über wichtige Etappen und wissenschaftliche Befunde zur Drogengeschichte, Drogenforschung und Drogenpolitik zu geben. Da das Wissen über Drogen und Sucht mittlerweile allerdings ganze Bibliotheken füllt, versteht es sich von selbst, dass ein solcher Überblick sich beschränken muss. Insofern konzentriert er sich auf Perspektiven und Aspekte, die mir im Kontext einer interdisziplinären Kriminologie entweder besonders wichtig erscheinen oder m. E. bislang zu wenig Beachtung gefunden haben. Für eine vertiefende Weiterbeschäftigung mit den unterschiedlichsten Themen befinden sich am Ende eines jeden Hauptkapitels Hinweise auf weiterführende Literatur. Zudem sei in diesem Zusammenhang auf die umfassenden Handbücher von Brownstein (2016), Heyden et al. (2018), Pickard & Ahmed (2020) sowie Feustel et al. (2024) verwiesen.

Für Anregungen und Kritik der unterschiedlichsten Art möchte ich mich zudem bei Susanne Fleckinger, Aldo Legnaro, Daniela Klimke, Leonie Renelt, Benjamin Schüz und Katja Thane bedanken.

Bremen Henning Schmidt-Semisch
im Juni 2024

Inhaltsverzeichnis

1	**Einleitung: Drogen, Drogenkonsum und Kriminologie**	1
	1.1 Kriminologie und Drogen	1
	1.2 Was sind Drogen?	4
	1.3 Warum nehmen Menschen Drogen?	6
	1.4 Zusammenfassung	9
	Weiterführende Literatur	10
2	**Was hat die Drogenwirkung mit Gesellschaft und Kultur zu tun?**	11
	2.1 Drug, Set und Setting	11
	2.2 Wie man Marihuana-Gebraucher:in wird	14
	2.3 Was ist Drogenkultur?	16
	2.4 Zusammenfassung	20
	Weiterführende Literatur	20
3	**Zur Geschichte der Drogen und Drogenverbote**	21
	3.1 Zur Geschichte der Drogen	21
	3.2 Frühe Verbote	25
	3.3 Die Entstehung des globalen Drogenverbotes	28
	3.4 Drogenkonsum und Drogenpolitik in der frühen Bundesrepublik	31
	3.5 Zusammenfassung	33
	Weiterführende Literatur	34

4	**Wirkungen und Folgen der Drogenprohibition**	35
	4.1 Ein erster Vorgeschmack: Die Alkoholprohibition in den USA	35
	4.2 Die Etablierung des globalen Prohibitionsregimes	38
	4.3 Die Ökonomie der illegalen Drogen	40
	4.4 Abstinenzparadigma und Suchthilfe in Deutschland	44
	4.5 Zusammenfassung	47
	Weiterführende Literatur	47
5	**Entstehung und Definitionen der Sucht**	49
	5.1 Geschichte des Suchtbegriffs	49
	5.2 Sucht als Diagnose: DSM und ICD	52
	5.3 Theorien der Suchtentstehung	56
	5.4 Zusammenfassung	60
	Weiterführende Literatur	60
6	**Das Sucht-Konzept und seine Nebenwirkungen**	63
	6.1 Sucht als machtvolle Zuschreibung	63
	6.2 Sucht als Stigmatisierung	65
	6.3 Doing Addiction	68
	6.4 Von der Sucht zur Selbstbestimmung	73
	6.5 Zusammenfassung	76
	Weiterführende Literatur	77
7	**Kontrollierter und moderater Drogenkonsum**	79
	7.1 Die ‚Entdeckung' des kontrollierten Drogengebrauchs	79
	7.2 Kontrollierter Gebrauch als therapeutisches Programm	85
	7.3 Von der Drogen- zur Suchtprävention	87
	7.4 Zusammenfassung	89
	Weiterführende Literatur	90
8	**Von der Abstinenz zur Akzeptanz**	91
	8.1 Der lange Weg zur Akzeptanz	91
	8.2 Akzeptanz als Kontrolle: Ambivalenzen Akzeptierender Drogenarbeit	95
	8.3 Akzeptanz im Schatten der Prohibition	101
	8.4 Zusammenfassung	105
	Weiterführende Literatur	105

9	**Von der Repression zur Regulierung**	107
	9.1 Die gescheiterte Prohibition	107
	9.2 Regulierungsmodelle und ihre Effekte	112
	9.3 Umrisse einer salutogenen Drogenpolitik	118
	9.4 Zusammenfassung	125
	Weiterführende Literatur	126
10	**Resümee**	127
	Glossar	131
	Literatur	141

Einleitung: Drogen, Drogenkonsum und Kriminologie

In diesem einleitenden Kapitel erfahren Sie …

- warum Drogen und Drogenkonsum kriminologische Themen sind,
- warum die im juristischen Sinne objektive Unterscheidung zwischen legalen und illegalen Drogen stets umstritten geblieben ist,
- warum die Unterscheidung in harte und weiche, gefährliche und ungefährliche Drogen nur wenig sinnvoll ist,
- warum es mehr Sinn macht, Drogen aus der Perspektive der Drogenkonsumierenden zu verstehen,
- warum Drogenkonsum als ein ubiquitäres Phänomen verstanden werden muss, und
- warum es nicht ausreicht, sich in der Drogenforschung auf die neuropharmakologischen Wirkungen zu beschränken.

1.1 Kriminologie und Drogen

Die Kriminologie als Wissenschaft beschäftigt sich mit Fragen der gesellschaftlichen Produktion von Abweichung und Kriminalität, den damit in Verbindung gebrachten Gefahren und Risiken sowie entsprechenden Kontrolltechnologien und Interventionsformen. Das Interesse an der gesellschaftlichen Produktion von Abweichung und Kriminalität betrifft dabei einerseits die Gründe für die Entstehung und Entwicklung von kriminalisierten Phänomenen und Verhaltensweisen. Andererseits verweist es aber vor allem auch darauf, dass diese Phänomene und Handlungen nicht aus sich selbst heraus ‚kriminell' oder ‚abweichend' sind, sondern dass es sich bei ‚Kriminalität' und ‚Abweichung' stets um machtvolle normative Zuschreibungen und Einordnungen handelt, die historisch und kulturell sehr unterschiedlich ausfallen können.

Der gesellschaftliche Umgang mit Drogen ist ein gutes Beispiel dafür, wie sich die normative Bewertung einer Handlung von Kultur zu Kultur unterscheidet und sich auch innerhalb einer Kultur oder Gesellschaft im Zeitverlauf wandelt. Idealtypisch betrachtet kennt die Geschichte der Drogenpolitik vier normative Kategorien, in die der jeweilige Drogenkonsum eingeordnet wird und die wiederum jeweils mit bestimmten sozialen und ggf. rechtlichen Maßnahmen und Reaktionen assoziiert und verknüpft sind. Diese vier idealtypischen Umgangsweisen mit Drogen und Drogengebrauch sind: a) Kultivierung, b) Tolerierung, c) Pathologisierung und d) Kriminalisierung.

a) *Kultivierung:* Ein Drogengebrauch, der als ein kulturell reguliertes bzw. zu regulierendes Phänomen verstanden wird, ist allgemein akzeptiert, fester Bestandteil der kulturellen Identität und Praxis und in bestimmten Situationen sogar erwünscht. In unserer Kultur betrifft das zurzeit vor allem den Gebrauch von Alkohol, Kaffee oder Tee. Aktuell zunehmende Alkoholverbote an bestimmten öffentlichen Orten oder in bestimmten Verkehrsmitteln deuten allerdings an, dass sich unser Umgang mit Alkohol in Richtung ‚Tolerierung' entwickeln könnte.

b) *Tolerierung:* Ist der Drogengebrauch lediglich toleriert, so stellt er ein im Grunde unerwünschtes Verhalten dar, das aber unter bestimmten Voraussetzungen oder mit Einschränkungen gleichwohl in die Verantwortung des Individuums gestellt ist. In unserer Gesellschaft betrifft das vor allem das Tabakrauchen, dass zwar in bestimmten Örtlichkeiten und Situationen verboten ist, aber in klar umgrenzten öffentlichen (Raucherzonen) oder auch privaten Bereichen toleriert wird.

c) *Pathologisierung:* Der Gebrauch einer Droge kann aber auch ganz grundsätzlich als Krankheit betrachtet werden. Ein solcher pathologisierender Blick betrifft z. B. den Konsum von Heroin, da er häufig mit ‚Sucht' gleichgesetzt wird. Auch wenn diese pauschale Gleichsetzung zu Unrecht erfolgt, glauben viele Menschen, dass bereits der einmalige Gebrauch von Heroin ‚süchtig' mache und man nicht mehr von ihm lassen könne.

d) *Kriminalisierung:* Schließlich kann der Drogengebrauch verboten, als Vergehen oder Verbrechen kriminalisiert und mit Geld- und Freiheitsstrafen oder gar mit der Todesstrafe geahndet werden. Das sich als liberal verstehende deutsche Strafrecht verbietet zwar nicht den konkreten Konsumakt selbst, aber alle Handlungen, die dazu führen, dass der Konsum möglich wird – also den Erwerb und Besitz von sowie den Handel mit Drogen. In diese Kategorie fallen die heute illegalen Drogen, also etwa Heroin, Opium, Kokain, Crack, Ecstasy, Crystal Meth oder LSD sowie bis März 2024 in Deutschland auch noch Cannabis.

1.1 Kriminologie und Drogen

Allerdings praktiziert kein Land der Erde eine Drogenpolitik, die konsequent ausschließlich einer dieser Umgangsweisen folgt. D. h. die nationalen Drogenpolitiken sind in der Regel in sich uneinheitlich und handhaben unterschiedliche Substanzen äußerst verschieden: Während zum Beispiel in Deutschland einige Drogen komplett verboten sind, werden andere, wie Alkohol, Tabak, Tee oder auch Kaffee alltäglich legal gekauft, verkauft und konsumiert. Allerdings ist der Grenzverlauf zwischen ‚legal' und ‚illegal' stets prekär (Schmidt-Semisch 1994) und gerade auch in den vergangen Jahren sind durchaus bemerkenswerte Entwicklungen bei der Grenzziehung zu beobachten: Einerseits wird der Umgang mit illegalen Drogen formal betrachtet zwar immer noch als Straftat gesehen, zugleich aber immer öfter von einem kriminellen in ein krankhaftes Verhalten umgedeutet (pathologisiert), wenn er nicht ohnehin schon eher als unerwünschtes, aber gleichwohl mehr oder weniger akzeptiertes Verhalten betrachtet wird: Insbesondere im Bereich des Cannabis, für das die Parteien der Bundesregierung bereits im Herbst 2021 in ihrem Koalitionsvertrag eine legale Regulierung in Aussicht gestellt hatten, ist diese Entwicklung unübersehbar.

Andererseits findet eine vergleichbare, aber entgegengesetzte Entwicklung im Bereich des Tabaks statt: War das Rauchen bis in die Nachkriegsjahrzehnte hinein zwar ein gelegentlich umstrittenes, aber gleichwohl doch kultiviertes und bis zu einem bestimmten Grad erwünschtes Verhalten, so entwickelte es sich aufgrund der Problematisierung seiner Gesundheitsschädlichkeit seit den 1980er Jahren zunehmend zu einem unerwünschten Verhalten, das man aber immer noch akzeptierte. Seit Ende der 1980er Jahre wird diese Gesundheitsschädlichkeit durch eine weitergehende Problematisierung ergänzt: Tabak bzw. das darin enthaltene Nikotin sei, so die nun explizit pathologisierende Thematisierung, ein Suchtmittel – die Rauchenden müssten als Suchtkranke gesehen und behandelt werden (Schmidt-Semisch 2005). Diese Argumentation scheint so plausibel zu sein, dass zur Jahrtausendwende die ersten Stimmen laut wurden, den Tabak zu verbieten: Während eine Tobacco-Free-World seit langem das erklärte Ziel der World Health Organization (WHO) ist, die nahelegt, den Tabak ähnlich zu handhaben wie etwa die heute verbotenen Stoffe Heroin und Kokain, implementierte die EU im Jahre 2003 bereits ihr erstes Total-Verbot im Tabakbereich, das zwar (noch) nicht den Rauch-, wohl aber den Kautabak betrifft (Schmidt-Semisch 2006). Überlegungen zu einer deutlich restriktiveren Handhabung auch von Rauchtabak gab es jüngst z. B. in Neuseeland (Grütz 2022).

Aus kriminologischer Perspektive ist also festzuhalten, dass die im juristischen Sinne objektive stets eine umkämpfte Unterscheidung zwischen legalen und illegalen Drogen gewesen ist. Alle diese Substanzen standen und stehen immer wieder in der Gefahr, als unerwünscht zu gelten, kontrolliert oder gar verboten zu werden. Unseren heutigen sogenannten ‚Alltagsdrogen' Alkohol, Tabak und Kaffee erging es dabei nicht anders als Opium oder Heroin, Kokain oder Cannabis, LSD oder Ecstasy: Immer wieder wurden sie in den vergangenen Jahrhunderten entweder mit exorbitanten Steuern belegt, in Apotheken verbannt oder ihr Gebrauch wurde mit zum Teil drakonischen Strafen geahndet. Die normativ-moralische Frage der (Il-)Legalität entscheidet sich also an den jeweiligen gesellschaftlichen und politischen Machtverhältnissen. Umso interessanter ist die Frage, was unter ‚Drogen' jenseits solcher politischen und rechtlichen Einordnungen verstanden werden kann.

1.2 Was sind Drogen?

Wie deutlich geworden ist, ist die Drogenpolitik nahezu aller Länder gespalten in die Legalität einiger und die Illegalität einiger anderer Substanzen. Das hat dazu geführt, dass im hegemonialen Drogendiskurs den illegalen Drogen eher negative Eigenschaften (Abhängigkeit, Sucht, Verelendung etc.) und den legalen Drogen eher positive Wirkungen (etwa Geselligkeit oder Gemütlichkeit) zugerechnet werden. Allerdings gilt diese Einschätzung keineswegs ungebrochen, denn was unter Droge verstanden wird, unterscheidet sich nach den eigenen Erfahrungen und Prioritäten, nach politischer Überzeugung, Beruf, wissenschaftlicher Disziplin und vielem mehr.

Die wohl älteste wissenschaftliche Definition von ‚Droge' stammt aus der Pharmazie: Hier versteht man unter Drogen alle pflanzlichen, aber auch tierischen, mineralischen, pilzlichen oder künstlichen Grundstoffe für Arzneimittel – unabhängig von ihrer Wirkung. Das Wort „Drogerie" ist weitgehend Resultat dieser Denktradition.

Die World Health Organisation (WHO) hingegen bringt in ihrer Definition die Drogen explizit mit ihrer psychoaktiven Wirkung zusammen:

> „Psychoactive drugs are *substances* that, when taken in or administered into one's system, affect mental processes, e.g. perception, consciousness, cognition or mood and emotions. Psychoactive drugs belong to a broader category of psychoactive substances that include also alcohol and nicotine. ‚Psychoactive' does not necessarily imply dependence-producing."[1]

---

[1] https://www.who.int/health-topics/drugs-psychoactive#tab=tab_1 (Zugriff: 14.06.2024).

1.2 Was sind Drogen? 5

Diese sehr weit gefasste Definition umfasst alle Substanzen, die Strukturen oder Funktionen im lebenden Organismus verändern, wobei diese Veränderungen insbesondere Sinnesempfindungen und Kognitionen, das Bewusstsein, die Stimmungslage oder Gefühle betreffen. Sie umfasst einerseits die illegalen (Opiate, Cannabis, Kokain, Ecstasy etc.) und legalen (Alkohol, Kaffee, Tabak etc.) psychoaktiven Substanzen, andererseits aber darüber hinaus auch viele Medikamente oder psychoaktiv wirksame Bestandteile von Nahrungsmitteln und Gewürzen (etwa Muskat oder Petersilie) (Feustel et al. 2024; Sievers 2021). Auch wenn die überfällige Entkoppelung von ‚psychoaktiven Substanzen' und ‚Abhängigkeit' dabei mit vielen wissenschaftlichen Definitionen übereinstimmt (vgl. Heyden et al. 2017: 4), ist sie für die WHO relativ jungen Datums – zumal das entsprechende WHO-Experten-Komitee auch weiterhin *Expert Committee on Drug Dependence (ECDD)* heißt. Interessant ist in diesem Zusammenhang die Geschichte der Benennung dieses Komitees, da sie auf die sich wandelnden Begrifflichkeiten von ‚Droge' und ‚Sucht' im Kontext der WHO verweist (vgl. hierzu Taylor et al. 2016). Wir kommen hierauf in Abschn. 5.2 noch einmal zu sprechen.

Neben solchen eher allgemeinen Definitionen des Drogenbegriffes kann es gewinnbringend sein, die Substanzen auch von den Konsumierenden her zu denken, d. h. von den Zwecken und Motiven, die diese an die jeweiligen Substanzen herantragen: Eine Person kann z. B. glauben, dass nach einem kalten Winterspaziergang ein Rum-Grog dazu beiträgt, eine Erkältungskrankheit zu vermeiden. Nimmt die Person den Rum-Grog zu diesem Zweck zu sich, wäre er ein Vorbeuge-Mittel gegen Erkältungskrankheiten, also so etwas wie ein *gelegentliches Heilmittel*. Derselbe Rum-Grog kann in geselliger Runde und mit Lust am Geschmack und den wärmenden und berauschenden Wirkungen dieses Getränkes genossen aber auch als *Genussmittel* bezeichnet werden. Trinkt man den Rum-Grog wiederum ausschließlich wegen der berauschenden Wirkung des Alkohols, so wäre die Substanz in diesem Zusammenhang wohl am ehesten als *Rauschmittel* zu fassen. Überwiegt nach etlichen Gläsern Rum-Grogs eine starke toxische Wirkung, so hätte die Person den Alkohol gewissermaßen wie ein *Rauschgift* benutzt (Schmidt-Semisch 1994: 16 f.).

Man könnte diese Zweckbestimmungen des Rum-Grogs sicherlich noch um etliche andere Zwecke ergänzen. Wichtig ist dabei aber vor allem, dass das gleiche alkoholische Getränk ganz unterschiedliche Wirkungen entfalten kann, je nachdem, welche Zwecke, Interpretationen und Erwartungen durch die Konsumierenden an den Alkohol herangetragen werden. Dieser Befund gilt auch für alle anderen (psychoaktiven) Substanzen:

„So gibt es etwa keinen chemischen Unterschied zwischen dem Morphium, das an Schmerzen leidenden Patientinnen und Patienten im Krankenhaus appliziert wird, und jenem Morphium, welches sich ein Opiat-Liebhaber aus anderen Gründen zuhause injiziert. Die Motive und subjektiven Bedeutungen der Einnahme sind allerdings verschieden und damit auch die erhofften und die tatsächlich eintretenden Wirkungen des Konsums" (Feustel et al. 2024: 4).

Ein solche Perspektive auf Drogen ist keineswegs trivial, sondern sie relativiert tief im Alltagsdiskurs verankerte Gewissheiten: So macht es aus dieser Perspektive, erstens, keinen Sinn mehr, Drogen als psychoaktive Substanzen zu verstehen, die quasi aus sich selbst heraus Genussmittel, Rauschmittel, Rauschgifte oder Suchtmittel sind – sie werden vielmehr dazu durch die spezifische Zweckbestimmung und Nutzung, welche die Konsumierenden an sie herantragen. Zweitens gibt es aus einer solchen Perspektive weder gefährliche noch ungefährliche, weder harte noch weiche Drogen, sondern nur gefährliche oder weniger gefährliche, harte oder weiche Konsumformen. Diese wiederum bestimmen sich durch die Konsumtechniken (sniefen, rauchen, essen, injizieren etc.) bzw. Applikationsformen (nasal, inhalativ, oral, intervenös, rektal etc.), die Dosis, die Konsumhäufigkeit, den Ort, die Zeit sowie die Rahmenbedingungen des Konsums usw.

Der Vorteil eines solchen Verständnisses von psychoaktiven Substanzen liegt darin, dass man sich nicht von vornherein in wertender Weise auf ‚Drogen' bezieht, also einige (in der Regel die illegalen) pauschal verteufelt und andere (meist die legalen) unhinterfragt in positivem Licht erscheinen lässt. Zudem ermöglicht es eine Perspektive auf Drogenkonsum, die nicht nur die Droge selbst (‚Drug') in den Blick nimmt, sondern vor allem die Konsumierenden (‚Set') sowie die sie umgebende Kultur (‚Setting'). Auf die Wechselwirkungen von ‚Drug, Set und Setting' (Zinberg 1986) gehe ich in Kap. 2 noch ausführlicher ein, werde aber zunächst noch einmal grundsätzlich fragen, welche Motive hinter dem Drogengebrauch stehen.

1.3 Warum nehmen Menschen Drogen?

Bevor man sich dem *Warum* des Drogengebrauchs zuwendet, kann man zunächst vermerken, dass bewusstseinsverändernde Substanzen wahrscheinlich zu jeder Kultur gehören (Szalavitz 2021). So behauptet etwa Jay (2011: 9) in seiner Kulturgeschichte der Drogen: „Keine Gesellschaft dieser Welt kommt ohne Drogen aus"; und Louis Lewin konstatierte bereits 1927, dass seit Kunde von Menschen auf dieser Erde zu uns gelangt sei, „so auch die, dass sie Stoffe aufnehmen, die

1.3 Warum nehmen Menschen Drogen?

[...] bewusst dem Zwecke dienen sollten, für eine gewisse Zeit einen Zustand von Behagen, von erhöhtem, subjektiv angenehmen Wohlbefinden hervorzurufen" (Lewin 1927: 7). Dabei habe, so ergänzt Schivelbusch (1990: 215) in seiner Geschichte der Genussmittel, „jede Gesellschaft die Genuss- und Rauschmittel, die sie verdient, die sie braucht und die sie verträgt" (vgl. Hengartner und Merki 2001).

Diese Ubiquität, also die Allgegenwart von Drogen und Drogengebrauch erklärt sich z. B. für Felix Tretter (2017: 1) zunächst sehr leicht daraus, dass für alle Menschen gelte, dass sie Lustzustände anstrebten und Schmerzzustände zu vermeiden suchten: Stoffe, die das Erleben und Befinden positiv verändern, seien daher von großer Bedeutung. Ronald Siegel (1995) spricht dagegen eher von der Suche nach veränderten Bewusstseinszuständen, die er – neben Essen, Trinken und Sexualität – als den vierten Trieb bezeichnet, der keineswegs nur den Menschen, sondern auch Tieren zu eigen sei (für zahlreiche Beispiel vgl. Siegel 1995). Manche kennen vielleicht den aus dem Jahr 1974 stammenden Film *Die lustige Welt der Tiere* von Jamie Uys, in dem sich unterschiedliche Tiere zu den gärenden Früchten des Marulabaums hingezogen fühlen und nach deren Verzehr durch die Savanne torkeln (Rücker & Bitzer 2023: 16 f.).

Auf sieben gut dokumentierte Funktionen bzw. „neuropharmacological mechanisms" des Drogengebrauchs für die menschliche Spezies verweist in diesem Zusammenhang Hanna Pickard. Diese Funktionen sind:

> „1) improved social interaction; (2) facilitated mating and sexual behavior; (3) improved cognitive performance and counteracting fatigue; (4) facilitated recovery and coping with psychological stress; (5) self-medication for mental health problems; (6) sensory curiosity – expanded experiential horizons; and, finally (and in ways most self-evidently), (7) euphoria and hedonia" (Pickard 2020: 13).

Diese neuropharmakologischen Mechanismen unterscheiden sich selbstverständlich nach der Art der jeweiligen Droge, also ob es sich dabei etwa um Aufputsch- oder Beruhigungsmittel, um Halluzinogene oder Entaktogene etc. handelt. Zugleich aber werden diese Wirkungen auch von den Prioritäten der einzelnen Konsumierenden bestimmt und davon, welche Wirkungen sie sich erhoffen, welche Effekte sie erwarten und erzielen wollen. Was dem jeweiligen Individuum dabei als angenehm gilt, kann höchst unterschiedlich ausfallen, wobei auch bei den Konsumierenden heute illegaler Drogen von unterschiedlichen Präferenzen ausgegangen werden muss, wie wir sie in unserer Kultur ja auch vom Alkoholkonsum kennen: Während manche Personen es vorziehen, regelmäßig wenig Alkohol zu trinken, konsumieren andere diese Substanz eher unregelmäßig oder selten, dann allerdings in großen Mengen; und während einige Personen Alkohol trinken, ohne die Absicht einer starken Rauschwirkung, zielen andere genau auf diese Rauschwirkung ab (zur Kulturgeschichte des Rausches: Legnaro 2024; Feustel 2024 sowie 2013).

Zudem beziehen sich die individuellen Präferenzen keineswegs nur auf die pharmakologischen Potenziale der jeweiligen Substanzen, sondern auch auf deren symbolische Attribute: Die konkrete Drogen-Wahl des jeweiligen Individuums zieht immer auch ins Kalkül, dass Champagner und Sekt eben nicht dasselbe sind, dass man glaubt, nur mit bestimmten Zigaretten-Marken an bestimmten Milieus partizipieren zu können, dass es vielleicht „cooler" ist, (das illegale) Hasch zu rauchen als ‚langweilig' legales Bier zu trinken, dass man in der Clique nur bestehen kann, wenn man hin und wieder Kokain schnupft, oder dass die Party erst dann richtig abgeht, wenn man sich mit Ecstasy oder anderen so genannten Partydrogen antörnt.

Insofern trifft das Sprichwort „Der Mensch lebt nicht vom Brot allein" auch auf die Welt der Drogen zu. Denn mit den Substanzen werden immer auch die Symbole, Geschichten und Narrative, die sie umgeben, konsumiert. Drogen werden so Teil der individuellen Performance und sind oft maßgeblich an der Herstellung von Identität beteiligt: als gehobene:r Weinkenner:in oder bodenständige:r Biertrinker:in, als coole:r Kiffer:in oder spacige:r Kokser:in, als gesundheitsbewusste:r E-Zigarettenraucher:in oder gemütliche:r Pfeifenraucher:in usw. Immer vermitteln wir mit unserem Drogengebrauch auch unsere Vorstellungen über uns selbst. Und selbst der ehemalige und inzwischen in Ungnade gefallene Bundeskanzler Gerhard Schröder rauchte seine dicken Zigarren seinerzeit wohl eher nicht als heimlichen Hinweis auf den kubanischen Sozialisten Fidel Castro, sondern als Zeichen eines bestimmten Lifestyles.

Andrea Kretschmann und Aldo Legnaro (2024) verweisen in diesem Zusammenhang auf das Werk von Pierre Bourdieu (1982; 1983) und dessen Ausdifferenzierung des Kapitalbegriffes in ökonomisches, kulturelles, soziales und symbolisches Kapital. Dabei bestehe immer die Möglichkeit, eine Kapitalsorte in eine andere zu überführen und diese im Kampf um eine gute eigene Positionierung in der sozialen Arena zu nutzen:

> „Legale wie illegale Drogen – Zigarren, Zigaretten, Wein und Bier einerseits, Haschisch, Kokain, Heroin andererseits – lassen sich auf vielfältige Weise nutzen, um die eigene soziale Positionierung zu unterstreichen, soziales und kulturelles Kapital im Sinne Bourdieus zu erwerben und Distinktion herzustellen. Bei legalen Drogen bildet neben dem Preis vor allem durch Kennerschaft erreichbare Verfeinerung einen Mechanismus, der im Rahmen eines originär distinktiven Handelns die Demonstration kulturellen Kapitals erlaubt. Dieses kulturelle Kapital wird, wie die Droge selbst,

gesellschaftlich anerkannt. Bei illegalen Drogen hingegen steht eine szenenspezifische Distinktion im Vordergrund, die auf diskriminierende Stereotypisierungen der Gesellschaft mit einer Umkehrung der Wertung im eigenen Milieu antwortet. Das geschieht als – möglichst kontrollierte – Entfaltung des Exzessiven, die den Erwerb symbolischen Kapitals erlaubt" (Kretschmann & Legnaro 2024: 351).

Insgesamt zeigt sich, dass Drogenkonsumierende eine ganze Fülle an (je individuell und kulturell geprägten) Bedürfnissen und Erwartungen an die Substanzen und ihren Konsum herantragen. Wichtig sind dabei zwei zentrale Befunde, die allerdings häufig übersehen werden: *Erstens* muss man in Rechnung stellen, „that drugs not only bring pleasure but in addition serve many other valuable functions: drugs have multiple benefits" (Pickard 2020: 13). Und *zweitens* sollte man den Befund beherzigen, dass die allermeisten Menschen, die Drogen konsumieren, keine konsumbezogenen Probleme entwickeln (etwa Csete 2016: 1428; Hammersley 2020: 220 f.; Müller & Schumann 2011). So schätzt auch der ‚World Drug Report 2019' des ‚United Nations Office on Drugs and Crime' (UNDOC), dass 2017 weltweit 271 Mio. Menschen im Alter zwischen 15 und 64 Jahren illegalisierte Drogen konsumiert hätten, wovon 35 Mio., also (lediglich) ca. 13 %, an einer ‚Suchtstörung' litten (UNDOC 2019: 7, 23). Vor diesem Hintergrund plädiert Carl Hart (2021) dafür, unser alltägliches Sprechen über Drogen grundsätzlich zu verändern, „because the language we use shapes how we think and behave. We need to think about drugs and behave in a more nuanced manner. We need to cut the bullshit and stop pretending drugs inevitably – and only – lead to undesired outcomes". Notwendig sei eine Sprache, der es gelingt, „to be flexible enough to accommodate myriad drug effects, whether they were good, bad, or indifferent" (Hart 2021: 62).

1.4 Zusammenfassung

Die Drogenpolitiken aller Länder sind in der Regel in sich uneinheitlich und handhaben unterschiedliche Substanzen äußerst verschieden: Während einige Drogen verboten sind, können andere legal gekauft, verkauft und konsumiert werden. Zudem wurde deutlich, dass die rechtliche Unterscheidung in legale und illegale Drogen für die Drogenforschung nicht ausreichend ist, sondern dass es sinnvoller ist, sich den konsumierten Substanzen auch über die Zwecke zu nähern, welche die Konsumierenden jeweils an sie herantragen. Der Vorteil dieser Perspektive liegt darin, dass man sich nicht von vornherein in wertender, sondern in neutraler Weise auf ‚Drogen' bezieht. Denn die Motive, Bedürfnisse und Erwartungen, die die Konsumierenden an die Substanzen und ihren Konsum herantragen, sind ausgesprochen vielfältig. Wichtig ist es dabei auch im Blick zu behalten, dass die allermeisten Menschen, die Drogen konsumieren, keine konsumbezogenen Probleme entwickeln.

Weiterführende Literatur

Feustel, R. 2013. Grenzgänge. Kulturen des Rauschs seit der Renaissance. München: Wilhelm Fink Verlag.
Feustel, R., Schmidt-Semisch, H. & Bröckling, U. 2024: Drogen in sozial- und kulturwissenschaftlicher Perspektive. Eine Einleitung. In: Dies. (Hrsg.), Handbuch Drogen in sozial- und kulturwissenschaftlicher Perspektive, 2., vollständig überabeitete und ergänzte Auflage. Wiesbaden: Springer VS, S. 1–12
Rücker, G. & Bitzer, L 2023. Rausch. Was wir über Drogen wissen müssen und wie ihr Konsum sicherer werden kann. München: Mosaik Verlag
Scherbaum, N. 2019. Das Drogentaschenbuch. Stuttgart und New York: Georg Thieme Verlag
Jungaberle, H., Biedermann, N., Nott, J., Zeuch, A. & Heyden, M.v. 2018. Salutogene und nicht-pathologische Formen von Substanzkonsum. In: Heyden, M.v., Jungaberle, H. & Majić, T. (Hrsg.), Handbuch Psychoaktive Substanzen. Wiesbaden: Springer, S.175–196

Was hat die Drogenwirkung mit Gesellschaft und Kultur zu tun?

2

In diesem Kapitel erfahren Sie …

- dass und wie sich die drei Variablen ‚Drug', ‚Set und' ‚Setting' wechselseitig beeinflussen,
- was man lernen muss, um ein Marihuana-Benutzer zu werden, der seine Droge zum Vergnügen konsumiert,
- welche positiven und negativen Effekte die kulturelle Einbettung des Drogengebrauchs haben kann,
- dass wir im Bereich des Alkohols schützende Elemente einer ‚gemeinen Drogenkultur' etabliert haben, und
- dass diese aber im Bereich der illegalisierten Drogen wiederum häufig fehlen.

2.1 Drug, Set und Setting

Im vorangegangenen Kapitel ist deutlich geworden, dass Drogenkonsum viele unterschiedliche Funktionen erfüllen kann und dass zudem die Konsumierenden ganz unterschiedliche Motive, Bedürfnisse und Erwartungen an die jeweilige Substanz und ihren Gebrauch herantragen. Dabei leben die Konsumierenden nicht in einem ‚menschenleeren' Raum, sondern sind Teil von Familien, Freundeskreisen, ‚Peer-Groups', Sportvereinen, Berufs- und anderen sozialen Gruppen, ordnen sich gegebenenfalls bestimmten Geschlechtern zu und leben in einer bestimmten Gesellschaft, mithin also unter spezifischen sozialen, kulturellen, politischen und ökonomischen Bedingungen. All diese Aspekte haben selbstverständlich auch Einfluss auf die Wahrnehmung und Bedeutung der einzelnen psychoaktiven Substanzen, auf die Umstände und Bewertung ihres Gebrauchs sowie die Reaktionen und Maßnahmen, die auf diesen Gebrauch vonseiten der Mitmenschen oder staatlicher Institutionen erfolgen.

Der Drogengebrauch und seine Wirkungen werden also nicht nur von a) den Potenzialen der Droge (‚Drug') und b) ihren Konsumierenden (‚Set') geprägt, sondern c) auch von den sozialen Gegebenheiten und gesellschaftlichen Rahmenbedingungen des Konsums (‚Setting') (Zinberg 1986; vgl. auch Tanner 2024):

a) Mit ‚Drug' wird dabei die jeweilige psychoaktive Substanz mit ihrem potenziellen Wirkspektrum bezeichnet. Wichtig ist dabei, um welche Stoffklasse es sich jeweils handelt: Gehört die Substanz z. B. zu den Stimulanzien (wie etwa Kokain, Koffein, Ephedrin oder Amphetamin; vgl. Heyden 2018), zu den (beruhigenden) Opiaten (Opium, Morphin, Heroin, Codein etc.; vgl. Häbel und Gutwinski 2018), zu den Halluzinogenen (etwa LSD, Psilicybin, Meskalin oder ‚Zauberpilze'; vgl. Heyden und Jungaberle 2018), zu den Benzodiazepinen (etwa Rohypnol mit dem Wirkstoff Flunitrazepam oder Valium®/Faustan® mit dem Wirkstoff Diazepam; vgl. Henssler et al. 2018) oder zu den Entaktogenen (z. B. MDMA, MDA; vgl. Hermle und Schuldt 2018). Wichtig ist hierbei freilich auch, wie hoch die jeweils konsumierte Dosis ist, wie die Substanz appliziert (Rauchen, Schnupfen, Injizieren etc.) und in welcher Kombination mit anderen Substanzen sie gegebenenfalls eingenommen wird (vgl. ausführlich zu den einzelnen Substanzen Scherbaum 2019).

b) Als ‚Set' bezeichnet man die konsumierende Person in ihrer körperlich-biologischen und psychischen Konstitution. Es spielen also einerseits das Körpergewicht, der Ernährungszustand und der individuelle Stoffwechsel, aber auch etwa bestimmte genetische Dispositionen (u. a. Allergien oder Unverträglichkeiten) eine Rolle. Andererseits sind aber z. B. auch die Persönlichkeit und Identität, die Erwartungen an, die Einstellungen zu und die bisherigen Erfahrungen mit dem Drogenbrauch von Bedeutung, ebenso wie die Stimmung vor, während und nach der konkreten Konsumsituation (Blätter 2007). Insbesondere letzteres verweist dabei wieder darauf, dass der Konsum in (einer) Gesellschaft stattfindet, also in einem bestimmten ‚Setting'.

c) Unter ‚Setting' wird alles verstanden, was die Konsumierenden und ihren Konsum umgibt. Das betrifft einerseits die situativen Umstände, also die (konsumerfahrenen oder weniger erfahrenen) Personen, die in der konkreten Konsumsituation anwesend sind, sowie die räumlichen und atmosphärischen Gegebenheiten des konkreten Konsumortes. Andererseits spielen aber auch die sozialen, kulturellen, ökonomischen und politischen Rahmenbedingungen des Gebrauchs eine zentrale Rolle. Es macht einen erheblichen qualitativen Unterschied, ob die konsumierte Substanz legal oder illegal erworben wird, ob der

2.1 Drug, Set und Setting

Konsum offen praktiziert werden kann oder klandestin erfolgen muss, welche Bilder und Bewertungen der konsumierten Substanz und ihrer Wirkungen gesellschaftlich dominieren oder wie die jeweilige Umwelt auf den Konsum reagiert. ‚Drug', ‚Set' und ‚Setting' wirken dabei nicht isoliert auf den Konsum ein, sondern beeinflussen sich vielmehr wechselseitig, d. h. die Drogenwirkung wird z. B. durch das Set, also etwa die Erfahrungen, Erwartungen oder Ängste des Konsumierenden beeinflusst, diese aber wiederum durch das Setting vorgeprägt usw. Wie stark die vermeintliche Drogenwirkung und damit im Grunde unser subjektives körperliches Spüren und Wahrnehmen von gesellschaftlichen und sozialen Wissensbeständen beeinflusst sein kann, zeigt ein Experiment des US-amerikanischen Psychologen Gordon Alan Marlatt aus den 1970er-Jahren. Marlatt (1978) hatte eine Studierenden-Gruppe gebeten, in sozialer Umgebung Alkohol zu trinken und im Anschluss einen Fragebogen auszufüllen. Dabei wussten alle Teilnehmenden, dass nur die Hälfte von ihnen ihren Wodka-Tonic mit Alkohol bekommen würde. Zugleich wurde aber die Hälfte derjenigen, die tatsächlich Alkohol bekamen, in dem Glauben gelassen, sie erhielten keinen Alkohol, während der Hälfte jener, die keinen Alkohol erhielten, mitgeteilt wurde, dass sie Alkohol bekommen würden. Die Unterschiede in der Wirkung zeigten sich bereits nach einigen Drinks und schienen vor allem davon abzuhängen, welche Informationen die Studierenden erhalten hatten:

> „Studierende, die lediglich glaubten, Alkohol erhalten zu haben, benahmen sich ebenso ungehemmt und fröhlich und zeigten einen vergleichbaren Verlust der motorischen Kontrolle wie diejenigen Studierenden, die tatsächlich Alkohol getrunken hatten und hierüber auch informiert waren. Die Studierenden hingegen, denen mitgeteilt worden war, alkoholfreie Getränke erhalten zu haben, berichteten übereinstimmend, sie hätten keine Wirkung verspürt, obwohl die Hälfte dieser Personen tatsächlich Wodka-Tonic getrunken hatte" (Hehlmann et al. 2018: 243 f.; vgl. auch Blätter 2007: 90).

Die Wirkung der Getränke war also vor allem durch die Erwartungen und das Wissen der Beteiligten geprägt, der Alkohol als psychoaktive Substanz scheint dabei eine untergeordnete Rolle gespielt zu haben. Howard S. Becker, der wohl wichtigste Vertreter des *Labeling Approach*, hat dieses Wechselspiel von Drug, Set und Setting in seinem Buch „Outsiders" (1963) als einer der ersten pointiert nachvollzogen. Welche individuellen und sozialen Bedingungen, so fragte er, spielen eine Rolle, damit eine Person Marihuana (also Cannabis) dauerhaft zum Vergnügen konsumieren kann.

2.2 Wie man Marihuana-Gebraucher:in wird

Howard S. Becker steht in der Tradition der sogenannten *Chicagoer Schule*, die die US-amerikanische Soziologie in der ersten Hälfte des 20. Jahrhunderts maßgeblich geprägt hat. Ihr Grundverständnis bildete eine interaktionistische Handlungstheorie, die Herbert Blumer (1969) mit dem Begriff des *Symbolischen Interaktionismus* belegte. Danach befinden sich Menschen in fortwährenden Aushandlungs- und Zuschreibungsprozessen miteinander und handeln auf diese Weise die Bedeutung von Situationen, Verhaltensweisen und Objekten miteinander aus. Im Mittelpunkt der Betrachtung stehen also nicht vorgegebene Strukturen und festgeschriebene Bedeutungen, sondern dynamische Interaktions- und Interpretationsprozesse (Danko 2024: 252). Für die Kriminologie war (und ist) dabei bedeutsam, dass auch abweichendes Verhalten bzw. Kriminalität nichts unumstößlich Vorgegebenes, sondern das Produkt von Interpretations- und Aushandlungsprozessen ist. Pointiert gesprochen kann man abweichendes Verhalten dabei auch als eine fortlaufende Interaktion begreifen, in deren Verlauf die Person mehrere Stufen einer Entwicklung durchläuft, die retrospektiv gegebenenfalls als *abweichende Karriere* erscheint. Die Frage, die Becker nun an diese Karriere adressiert, ist nicht: Warum ist diese oder jene Person delinquent, kriminell oder süchtig? Er fragt vielmehr nach dem wechselseitigen Entwicklungsprozess: Wie ist es dazu gekommen, dass sich einerseits eine Person so verhält, wie sie sich verhält, und dass andererseits ihr Verhalten als abweichend verstanden wird (vgl. Danko 2024: 255)?

Vor diesem Hintergrund betrachtet Becker auch den Gebrauch von Marihuana als eine fortlaufende Interaktion und mithin als einen Karriere-Prozess, in dessen Verlauf eine Person Marihuana-Gebraucher:in wird. Welche Karrierestufen, so fragt er, muss eine Person nehmen, um jemand zu werden, der oder die Marihuana zum Vergnügen gebraucht? Seine Theorie setzt bei einer Person ein, die „weiß, dass andere Marihuana benutzen, um high zu werden, doch er weiß nicht, was das konkret bedeutet. Er ist neugierig auf die Erfahrung, weiß nicht, was dabei herauskommen wird, und befürchtet, es könne mehr sein, als er erwartet hat" (Becker 1973: 40). Um aber Marihuana zum Vergnügen zu benutzen, so Becker, müsse die Person in einem ersten Schritt die Technik des Marihuana-Rauchens erlernen, um überhaupt high werden zu können. Dabei seien z. B. die richtige Dosierung und die richtige Art des Rauchens sowie das Einbehalten des Rauches in der Lunge wichtige technische Aspekte, die sich Neulinge bei erfahrenen Konsumierenden abschauen oder durch andere Formen der Interaktion erlernen müssten. In einem zweiten Schritt müsse die Person lernen, die Wirkung des Marihuanas als solche wahrzunehmen, was keine Selbstverständlichkeit sei:

2.2 Wie man Marihuana-Gebraucher:in wird

> „Es reicht nicht aus, dass die Wirkungen vorhanden sind; sie allein sorgen nicht automatisch für die Erfahrung des High-Seins. Der Benutzer muss in der Lage sein, sie sich selbst klarzumachen und sie bewusst mit dem Benutzen von Marihuana in Verbindung bringen, ehe er diese Erfahrung machen kann. Anderenfalls ist er, unabhängig von den tatsächlich hervorgerufenen Wirkungen, der Meinung, das Rauschmittel habe keine Wirkung" (Becker 1973:43).

Die Fähigkeit der Neulinge, high zu werden, so Becker, sei eine notwendige Voraussetzung dafür, dass sie ihre Karriere des Marihuana-Gebrauchs zum Vergnügen fortsetzen können. Auch diese Fähigkeit erwerben sie durch Beobachtung und durch Kommunikation mit anderen Konsumierenden.

Allerdings sei ein weiterer Schritt notwendig, wenn die Konsumierenden mit dem Marihuana-Gebrauch fortfahren sollen: Sie müssen die Wirkungen, die sie zu erfahren gelernt haben, genießen lernen. Denn die von Marihuana hervorgerufenen Empfindungen seien nicht automatisch und notwendigerweise angenehm. Wir kennen das vielleicht aus unserer eigenen Biographie, wenn wir uns an den Geschmack und die Wirkungen der ersten Tasse Kaffee, der ersten Gläser Wein oder der ersten Zigarette zurückerinnern: Auch wenn wir bei den ersten Versuchen das Gesicht verzogen, so haben wir in der Regel doch bestimmte Vorlieben entwickelt und in Interaktionen mit unserer Umwelt Geschmack gefunden an der einen oder anderen dieser Alltagsdrogen.

> „Der Geschmack für solche Erfahrungen wird sozial erworben, nicht anders als der für Austern oder trockene Martinis erworbene Geschmack. Der Benutzer fühlt sich schwindlig, durstig; seine Kopfhaut kitzelt; er verschätzt Zeit und Entfernung. Ist das vergnüglich? Er ist sich nicht sicher. Wenn er den Marihuana-Gebrauch fortsetzen will, muss er sich dafür entscheiden, dass es vergnüglich ist. Sonst wird das High-Sein für ihn eine zwar durchaus reale, aber unerfreuliche Erfahrung sein, die er lieber vermeiden möchte" (Becker 1973: 46).

Dass man über den Austausch mit anderen Geschmack an dem Gebrauch bestimmter Substanzen finden muss, um diesen dann mit Vergnügen fortzusetzen, ist eine notwendige, aber keineswegs eine hinreichende Bedingung. Denn mit anderen illegalen Drogen teilt Cannabis (wenn auch nicht mehr in Deutschland, so doch noch in zahlreichen anderen Ländern) die Gemeinsamkeit, dass die jeweiligen Substanzen illegal beschafft und mehr oder weniger klandestin konsumiert werden müssen. D. h. die Konsumierenden müssen sich mit den Maßnahmen der *sozialen Kontrolle* auseinandersetzen, „welche die Handlung als unangebracht, unmoralisch oder beides verstanden wissen wollen" (Becker 1973: 53): Man muss lernen, wie man den Nachschub unter den Bedingungen des Verbots organisiert, wie man entsprechende Kontrollen umgeht oder vermeidet, wie man heimlich konsumiert und auch ansonsten den Konsum geheim hält. Das Wissen für diese Aspekte erwirbt die Person wiederum in Interaktion mit anderen, und zwar in der Gruppe der erfahrenden Gebrauchenden, für Becker in der so genannten (abweichenden) *Subkultur*. Die entsprechende Gruppenkultur bietet darüber hinaus auch Rationalisierungen an, mit denen der Abweichler sein eigenes abweichendes Verhalten rechtfertigen oder entschuldigen kann.

„Kurzum: ein Mensch fühlt sich in dem Maße frei Marihuana zu benutzen, als es ihm gelingt, die konventionellen Vorstellungen darüber als die uninformierten Auffassungen von Außenstehenden zu betrachten und jene Vorstellungen durch die Auffassungen des ‚Insiders' zu ersetzen, die er sich durch seine Erfahrung mit dem Rauschmittel in der Gesellschaft von anderen Benutzern angeeignet hat" (Becker 1973: 70).

Was Howard S. Becker so anschaulich für den Gebrauch von Marihuana beschrieben hat, trifft auch auf alle anderen psychoaktiven Substanzen zu: Man muss lernen, zielführende Techniken der Einnahme und Dosierung anzuwenden, die Wirkungen der Substanz wahrzunehmen und Geschmack an diesen Wirkungen zu finden. Zugleich muss man sich im Kontext der Subkultur entsprechende Rationalisierungen aneignen und sich gegebenenfalls mit den Maßnahmen der sozialen oder gar staatlich-repressiven Kontrolle auseinandersetzen. Diese Gruppenkultur, die durchaus auch negative oder problematische Strukturen ausprägen kann (mehr oder weniger gewaltvolle Hierarchien, sexuelle Ausbeutung, finanzielle Abhängigkeiten etc.), bietet zugleich aber auch Schutz, zum einen was die Entdeckung und Verfolgung durch staatliche Kontrollen betrifft, zum anderen aber vor allem durch das zur Verfügung stehende und geteilte Wissen über die jeweiligen Drogen und ihren Konsum. Insbesondere letzteres bietet wichtige und schützende Effekte im Kontext von (Drogen-)Kulturen.

2.3 Was ist Drogenkultur?

Kultur ist ein vielschichtiger, ein schillernder Begriff, der sich mittlerweile auf den gesamten Bereich der Lebensformen erstreckt, d. h. auf alle „diejenigen welterschließenden symbolischen Strukturen und Sinnsysteme, durch die soziale Wirklichkeit erschaffen und ein gezieltes Handeln in der Welt möglich, aber auch begrenzt wird" (Moebius und Quadflieg 2011: 12). Dabei kommt sie gleichermaßen in Werkzeugen und Produkten wie auch in Wertvorstellungen zum Ausdruck und erstreckt sich auf die Gesamtheit der Verhaltenskonfigurationen von sozialen Gruppen, unabhängig davon, wie groß diese sind.

2.3 Was ist Drogenkultur?

Wendet man diesen sehr weiten Kulturbegriff auf Drogengebrauch an, so lässt sich jeglicher Umgang mit und jegliches Denken und Reden über Drogen als Drogenkultur bezeichnen. Der Vorteil dieser Definition liegt dabei in ihrer Offenheit, welche die sogenannte ‚offene Drogenszene' am Bahnhof ebenso umfasst, wie das Opiumrauchen im Orient, das ‚Kaffeekränzchen' daheim oder das Oktoberfest auf der Theresienwiese in München. Trotz ihrer Unterschiede sind alle diese sozialen Arrangements spezifische Denk- und Handlungsweisen bestimmter sozialer Gruppen hinsichtlich ihrer jeweiligen psychoaktiven Substanzen.

Mit Blick auf die vorangegangenen Kapitel kann man auch formulieren, dass Drogenkultur in jedweder Form die je spezifische Ausgestaltung von ‚Drug', Set' und Setting' ist. Allerdings wird das Individuum immer in eine schon gegebene Gesellschaft bzw. einen bestimmten kulturellen und diskursiven Rahmen (Setting) hineingeboren und -sozialisiert, in dem nicht nur die Bedingungen, Symboliken und Bewertungen der jeweiligen Drogen und ihres Konsums mehr oder weniger festgelegt sind, sondern auch der drogenpolitische Umgang mit den einzelnen Substanzen. Diese kulturellen Rahmenbedingungen formen – unabhängig davon, ob es sich um Verbote oder Vorurteile, Erfahrungen anderer oder wissenschaftliche Erkenntnisse handelt – das Wissen der Konsumierenden (Set) über die unterschiedlichen Drogen und nehmen so Einfluss auf ihre Erwartungshaltungen, die ihrerseits wiederum die Wirkungen und Nebenwirkungen der Substanzen (Drug) beeinflussen.

So verstanden kann Drogenkultur für die Konsumierenden ganz unterschiedliche Folgen haben: Im Kontext des ‚Imperativs der Drogenprohibition' (Marzahn 1994) kann sie z. B. die Konsumierenden kriminalisieren und pathologisieren, kann zu Unwissenheit über die Wirkungen und die Qualität der Substanzen führen, weil niemand diese Qualität kontrolliert und die Konsumierenden nicht offen über ihre Erfahrungen reden können. In diesem Fall begünstigt Drogenkultur einen unmündigen Gebrauch und entmündigt Konsumierende. Diese Kulturen der illegalisierten Drogen charakterisieren die eine Seite der Drogenpolitik. Christian Marzahn (1994) hat allerdings zu Recht darauf hingewiesen, dass auch die andere Seite unserer Drogenpolitik, nämlich die Übertragung an den freien Markt, ihre Risiken birgt:

> „Der Marktimperativ, auch bezogen auf Drogen, ist […] im Kern ein Konsum*gebot* mit einer immanenten Tendenz zur Steigerung. Je mehr Verbrauch, je mehr Absatz, je mehr Profit, desto besser. Dies ist bekanntlich auch der Grund, weshalb industrielle Drogenwerbung nicht Information ist, sondern Animation bis zur Täuschung" (Marzahn 1994: 15).

Beide Imperative – *Verführung* auf der einen und *Verbot* auch der anderen Seite – rechneten dabei, so Marzahn (1994: 19), gleichermaßen mit dem schwachen Individuum. Weder für den rücksichtslosen Absatz noch für die rücksichtslose Verfolgung seien der Genuss und die Gesundheit des Individuums der Zweck ihrer Maßnahmen, vielmehr sei das Individuum nurmehr das Mittel, um die eigenen Zwecke zu verfolgen. Beide Imperative seien daher unfähig, „dem Individuum und der Gemeinschaft Gutes zu tun", und „untauglich, Schaden von ihnen abzuwenden" (Marzahn 1994: 15).

Bei der Suche nach alternativen sozialen Arrangements, die einer Mündigkeit der Konsumierenden Rechnung tragen, richtet Marzahn (1994: 43 ff.) seinen Blick auf solche Drogenkulturen, die den Konsumierenden einen autonomen und kundigen Gebrauch der jeweiligen Droge ermöglichen, mithin auf das, was er als *gemeine Drogenkultur* bezeichnet: Drogen und Drogengebrauch würden in diesen Kontexten nicht als problematische, zu problematisierende oder abweichende Kulturform begriffen, sondern als positives soziales Ereignis, das alle angehe (daher: gemein). Gemeine Drogenkulturen, so Marzahn, seien kulturelle Wirklichkeiten, die über ein entsprechendes Drogenwissen verfügten und insbesondre drei Elemente aufweisen würden: Das erste Element ist dabei die Einbettung des Drogengebrauchs in eine vertraute und verlässliche Gruppe, in der Erfahrungen über den unproblematischen, als positiv und wertvoll angesehenen Konsum bestehen. Der Gebrauch wird auf diese Weise nicht von Verbot oder Vermarktung fremdbestimmt, sondern ist vielmehr *autonom* und von Erfahrungen geleitet: Die daraus hervorgehenden Regeln und Rituale sind dabei die äußere Form einer *inneren Ordnung* der gemeinen Drogenkultur. Das zweite Element ist der feste Platz des Gebrauchs in Raum und Zeit, was ihn im Sinne einer Selbstbegrenzung in den Alltag, die Woche, das Jahr, mithin in die zeitliche Gliederung des Lebens einbettet – es bezeichnet die *äußere Ordnung* des Gebrauch. Das dritte Element schließlich ist die Weitergabe dieses Wissens und die *Einführung der ‚Novizen'* in den Gebrauch durch erfahrene Drogengebraucher:innen, also etwa durch ‚Meister', Schamanen oder im Kontext spezieller Zeremonien.

Marzahn kann dabei auf unzählige Beispiele aus der Ethnologie verweisen, auf den Haschisch- und Opiumgebrauch im Orient ebenso wie auf den Qat-Konsum im Jemen, auf den Gebrauch des San Pedro-Kaktus in den mittleren Anden, den Peyote-Konsum der Huichol-Indianer in Mexiko, die Bedeutung der Coca in Südamerika, das Betelkauen in Melanesien, den Gebrauch von Kawa in Polynesien usw. (vgl. Völger und von Welck 1982; Gros 1997; Jay 2011). Aspekte einer gemeinen Drogenkultur lassen sich aber auch in unserer Gesellschaft finden. Dies gilt zunächst freilich für die bei uns legalen Drogen, die wir im Laufe der Jahrhunderte fest in unsere Alltags- und Festtagskultur eingebettet haben: Einen

2.3 Was ist Drogenkultur?

Orientierungspunkt für eine solche Drogenpolitik kann dabei der gesellschaftlich akzeptierte Umgang mit Alkohol bilden: Zwar sind wir hier durchaus mit einer aggressiven Werbung konfrontiert und zweifellos birgt der Alkohol-Gebrauch auch vielfältige Risiken, die der Gesundheit abträglich sein können, zugleich aber haben wir diese nicht ungefährliche Droge weitestgehend domestiziert, indem wir kulturelle, soziale und technische Rahmenbedingungen entwickelt haben, die das Individuum vor unbeabsichtigten Schädigungen bewahren sollen:

> „Diese unterschiedlichen Mechanismen reichen etwa von der Sicherstellung einer hohen und kontrollierten Produktqualität und -kennzeichnung, über die Reflexion des Alkoholgehalts der jeweiligen Getränke durch die Größe der entsprechenden Gläser (Schnaps-, Wein- und Bierglas) und die Sicherstellung von medizinischer Versorgung bei Volks-, Schützen- oder Oktoberfesten bis hin zu den (so wichtigen) kulturellen und erfahrungsgeleiteten Regeln, Ritualen und Normen, die uns einen weitgehend unproblematischen Konsum ebenso ermöglichen wie einen mehr oder weniger kontrollierten Kontrollverlust durch die Erzeugung eines Rausches" (Schmidt-Semisch 2014: 216).

Diese Alkoholkultur ist aber vor allem so erfolgreich, weil in ihrem Schutz sowohl über die problematischen und riskanten wie auch die positiven und gewinnbringenden Potenziale des Alkoholgebrauchs offen kommuniziert werden kann, während sich im Bereich der illegalisierten Drogen die gesellschaftliche Kommunikation weitgehend auf das Problematische beschränkt bzw. jeglicher Konsum als problematisch angesehen wird (Schmidt-Semisch und Thane 2021: 15).

Gleichwohl haben sich aber auch im Bereich der illegalisierten Drogen zumindest in Ansätzen kulturelle Arrangements herausgebildet, in denen diese Substanzen mehr oder weniger autonom und kundig gebraucht werden, etwa Cannabis in verschiedenen Jugendkulturen (Werse 2007), Ecstasy in der Techno-Kultur, Heroin und Kokain (Schippers und Cramer 2002), Ecstasy (Rosenbaum u. a. 1997) oder LSD und Psilocybin-Pilze (Prepeliczay 2024; 2016) bei nichtabhängigen Gelegenheitskonsumenten, die den Gebrauch dieser Substanzen als Freizeitspaß am Wochenende sehen. Bei solchen Formen des salutogenen und nicht-pathologischen Substanzkonsums (Jungaberle et al. 2018) bleibt es allerdings vor allem deshalb zumeist bei Ansätzen einer gemeinen Drogenkultur, weil Verfolgung, Kriminalisierung und Pathologisierung eine Weiterentwicklung verhindern.

2.4 Zusammenfassung

Der Drogenkonsum und seine Wirkungen sind maßgeblich von den drei Komponenten ‚Drug', ‚Set' und ‚Setting' geprägt. Die jeweilige Wirkung hängt dabei zwar auch von der konkret konsumierten Substanz (Drug) ab, sie wird aber maßgeblich auch von den Erfahrungen und der körperlichen Konstitution, den Ängsten und Erwartungen der Konsumierenden (Set) bestimmt, die ihrerseits durch die sozialen, kulturellen und politischen Rahmenbedingungen der Konsums beeinflusst werden. Diese Rahmenbedingungen können im Sinne von Drogenkultur Schutz gewähren, indem sie unter anderem Drogenwissen zur Verfügung stellen, Kommunikation über den Gebrauch ermöglichen und für gute Qualität der Substanzen im Sinne von Verbraucherschutz sorgen. Sie können die Konsumierenden aber auch kriminalisieren und pathologisieren und sie hinsichtlich der Wirkungen und der Qualität der Substanzen im Ungewissen lassen, weil unter den Bedingungen der Prohibition niemand diese Qualität kontrolliert und die Konsumierenden nicht offen über ihre Erfahrungen reden können. Solche Folgen des Drogenverbotes haben in der Regel erhebliche soziale und gesundheitliche Konsequenzen. Darum und wie es zu diesen Verboten kommen konnte, wird es in den folgenden Kapiteln gehen.

Weiterführende Literatur

Becker, H. S. 1973/1963: Außenseiter. Zur Soziologie abweichenden Verhaltens. Frankfurt a.M.: Fischer Verlag

Blätter, A. 2007. Soziokulturelle Determinanten der Drogenwirkung. In: Dollinger, B./ Schmidt-Semisch, H. (Hrsg.), Sozialwissenschaftliche Suchtforschung, Wiesbaden, S. 83–96

Tanner, J. 2024. Subjekt – Substanz – Gesellschaft. Sucht nach 1945. In: In: Feustel, R., Schmidt-Semisch, H. & Bröckling, U. (Hrsg.), Handbuch Drogen in sozial- und kulturwissenschaftlicher Perspektive, 2., vollständig überabeitete und ergänzte Auflage. Wiesbaden: Springer VS, S. 159–172

Wouters, M., Fountain, J. & Korf, D. (Eds.) 2012. The meaning of high: Variations according to drug, set, setting and time. Lengerich: Pabst Science Publishers.

Zur Geschichte der Drogen und Drogenverbote 3

In diesem Kapitel erfahren Sie ...

- dass Drogen und Drogengebrauch auch historisch betrachtet allgegenwärtig sind,
- wie Kaffee, Tabak, Kakao und Tee ab dem 16. Jahrhundert den europäischen Geschmack erobern,
- wie es zu den ersten regionalen Drogenverboten in Europa kam, in deren Kontext auch die Figur des ‚Schnüfflers' entstand,
- wie diese regionalen Verbote schließlich durch ein globales Verbotsregime abgelöst wurden,
- dass bei dessen Entstehung nicht gesundheitliche Risiken des Drogengebrauchs, sondern vielmehr ökonomische und diplomatische Aspekte eine zentrale Rolle spielten und
- wie sich diese Entwicklungen auf die deutsche Drogenpolitik übertragen haben.

3.1 Zur Geschichte der Drogen

Wir hatten oben von der Ubiquität, also der Allgegenwart von Drogen und Drogengebrauch gesprochen. Und diese Ubiquität gilt freilich auch in historischer Perspektive (Brownstein 2016). Schon immer haben Menschen Drogen genommen, haben Met und Bier getrunken, Tabak, Haschisch oder Opium geraucht, Alkohol, Kaffee und Tee getrunken, haben Betel, Qat-, Kräuter- oder Kokablätter gekaut, sich mit Hexensalben eingerieben, Kokain und Tabak geschnupft, psychoaktive Pilze gegessen und später Tabletten geschluckt, kokainhaltige Getränke (wie Vin Mariani oder CocaCola) getrunken oder schließlich Heroin, Morphium oder auch Kokain gespritzt.

> „Mal sind Drogen ein heiliges Medium religiöser Erweckung, mal Mittel einer karnevalesken Umwertung aller Werte. Mal liefern sie eine kollektiv-ekstatische Sinnstiftung, mal dienen sie dazu, die Mühen des Alltags erträglicher zu machen: Stoffe, die mehr tun als Hunger stillen und Durst vertreiben, sind fest verbaut im kulturellen Erbe der Menschheit" (Feustel 2020: 4).

Der Drogengebrauch der europäischen Welt war dabei lange Zeit im Wesentlichen vom Alkohol dominiert (Nolte 2024; Legnaro 2024). Der Alkohol fungierte als Nahrungsmittel (z. B. als „Biersuppe"), als sakrales Getränk (Abendmahl) oder als gern und häufig genutztes Rauschmittel an Festtagen – wobei im mittelalterlich-kirchlichen Kalender fast jeder dritte Tag ein Festtag war (Spode 1993). Wie es bei solchen kirchlichen Feierlichkeiten zuweilen zuging, zeigt eine Beschreibung der sogenannten „glutton masses" (Schlemmermessen) in England. Hier bekommt die gemeinsame Trunkenheit einen sakralen Charakter, wenn die Gemeinde im Anschluss an die Messe ein Fest feiert, das zumeist in der völligen Betrunkenheit aller Beteiligten – auch der Priester – endet (Legnaro 1982: 157 f.).

Diese mittelalterliche Welt ändert sich mit der Entdeckung der Neuen Welt im Jahr 1492 sowie der wenige Jahre später erfolgten Reformation. Beide Ereignisse gelten gemeinhin als Scheidelinie zwischen Mittelalter und Neuzeit – und diese Scheidelinie findet sich auch in der Drogenwelt wieder. Da waren zunächst die protestantischen Prediger – vor allem die Calvinisten – die mit ihrer Idealisierung einer ‚innerweltlichen Askese' ein neues Bild vom Rausch heraufbeschworen. Kein gemeinschaftliches Rauschtrinken bei Zeremonien oder Festen mehr, wie man es aus dem Mittelalter kannte, sondern ständige Mahnungen zu Nüchternheit und Mäßigung, Kritik an übermäßigem Essen, Trinken, Spielen – selbst die Musik, vor allem die Tanzmusik, wurde kritisch beäugt. Den Protestanten war es so ernst mit diesem Gedankengut, dass in den Gebieten, in denen sie die Herrschaft ausübten, die Obrigkeit entsprechende Verordnungen erließ: Regeln für das Verhalten an Feiertagen, Hochzeitsordnungen, die unter anderem festlegten, wie viel und welcher Alkohol ausgeschenkt werden durfte, Tanzverbote – bis hin zur Schließung der Wirtshäuser durch Calvin in Genf. Der Alkohol, so könnte man sagen, geriet zunehmend in die Kritik (ausführlicher Wassenberg 2003; Stolleis 1982).

3.1 Zur Geschichte der Drogen

Vermutlich wären die Forderungen der Prediger und die sie unterstützenden Verordnungen weitgehend wirkungslos geblieben, wenn sich in dieser Zeit nicht neue Alternativen zum Alkohol auf der europäischen Drogenbühne ergeben hätten. Die beginnende handelswirtschaftliche Erschließung der außereuropäischen Welt und die damit einhergehende Kolonialisierung führten seit dem 15. Jahrhundert zu einer deutlichen Ausweitung der Angebotspalette unterschiedlichster Waren, der sogenannten Kolonialwaren, bei denen es sich vor allem auch um unsere heutigen Genussmittel Kaffee, Tabak, Schokolade bzw. Kakao und Tee handelte. Der Handel konzentrierte sich wohl nicht zuletzt deshalb auf diese und ähnliche Substanzen, weil sie trotz noch fehlender Konservierungs- und Lagerungstechniken die langen Schiffsreisen relativ unbeschadet überstanden (ausführlicher Schivelbusch 1990).

Es dauerte jedoch noch bis in die zweite Hälfte des 17. Jahrhunderts, bis sich die neuen Genussmittel in Europa durchzusetzen begannen, dann aber mit einer bis dahin nicht gekannten Geschwindigkeit. Die höfische Gesellschaft fügte den Kaffee bzw. das Kaffeetrinken als weitere Verzierung ihrer Luxuskultur hinzu. Nicht das Getränk an sich oder das darin enthaltene, damals allerdings noch unbekannte, anregende Koffein waren für diese Schicht wichtig, sondern die Möglichkeiten der Selbstinszenierung. Das teure, kunstvolle Porzellangeschirr und der (seinerzeit so genannte) „Mohrenjunge", der das Getränk servierte, waren für den adeligen Geschmack weit wichtiger als das Genussmittel selbst. Ähnliches gilt für den Tabak, der im 18. Jahrhundert vor allem geschnupft wurde und zu einem Kulturphänomen ersten Ranges avancierte (Schivelbusch 1990: 143 ff.).

Für die bürgerliche Schicht der Frühen Neuzeit war hingegen vor allem der Inhalt der neuen Substanzen zentral. Die protestantisch-religiöse Verteufelung des rauschhaften Alkoholkonsums hatte dazu geführt, dass sich seit dem 17. Jahrhundert immer mehr Mediziner mit dieser „Sünde" und entsprechenden Alternativen beschäftigten. Der „moderne Mensch" der Neuzeit brauchte für seine veränderte Lebenswelt auch neue, adäquate Drogen und für die fortschrittlichen niederländischen Ärzte Cornelius Bontekoe oder Stephan Blancaart waren es die neuen Drogen Kaffee, Tee und Tabak, die einen Ausweg aus der Rauschwelt des Alkohols boten (Nolte 2024: 162). Ganz im Sinne von Max Webers (1920) Schrift „Die protestantische Ethik und der Geist des Kapitalismus" beschreibt Schivelbusch diesen Prozess:

> „Der bürgerliche Mensch des 17. Jahrhunderts unterscheidet sich sowohl in seiner geistigen wie in seiner körperlichen Haltung von den Menschen der vorangegangenen Jahrhunderte. Der mittelalterliche Mensch arbeitet körperlich und meist unter freiem Himmel. Der Bürger ist zunehmend Kopfarbeiter, sein Arbeitsplatz ist das

Kontor, seine Körperhaltung das Sitzen. Das Ideal, das ihm vorschwebt, ist gleichförmig und regelmäßig zu funktionieren wie eine Uhr. [...] Es liegt auf der Hand, dass diese neue Arbeits- und Lebensweise den gesamten Organismus betrifft. Der Kaffee wirkt dabei als eine historisch bedeutsame Droge. Er infiltriert den Körper und vollzieht chemisch-pharmakologisch, was Rationalismus und protestantische Ethik ideologisch-geistig bewirken. Im Kaffee verschafft sich das rationalistische Prinzip Eingang in die Physiologie des Menschen und gestaltet sie seinen Erfordernissen entsprechend um. Das Resultat ist ein Körper, der den neuen Anforderungen gemäß funktioniert, ein rationalistischer und ein bürgerlich-fortschrittlicher Körper" (Schivelbusch 1990: 50 f.).

Ähnliche Funktionen wie der Kaffee übernimmt auch der Tabak für die bürgerliche Kultur. Wie der Kaffee gilt er in der noch an der Säftelehre orientierten Medizin als trockene Substanz (im Gegensatz zum feuchten Alkohol), die Gehirn und Nerven trockener, d. h. klarer und stabiler zu machen vermag und zugleich die erotischen Leidenschaften zügelt. Nachdem er im 16. Jahrhundert kurzzeitig zum Allheilmittel gegen unzählige Krankheiten avancierte, schätzt man an ihm im 17. Jahrhundert insbesondere die ihm zugeschriebenen Eigenschaften der Anregung geistiger Arbeit, angenehmer Beruhigung, gemütlicher Geselligkeit und gesteigerter Konzentration (Hess et al. 2004: 10 ff.). Diese halfen, so könnte man in Anlehnung an Max Weber sagen, bei der „Entzauberung" der sinnlich-rauschhaften Welt des Mittelalters (Schmidt-Semisch und Note 2000: 26).

Bedeutsam ist in diesem Zusammenhang auch das Aufkommen der sogenannten Kaffeehäuser, welche die Nüchternheit gewissermaßen institutionalisierten und schnell zu den Informationsbörsen und Handelszentren des neuen Bürgertums wurden. Jenes Kaffeehaus, das Ende der 80er Jahre des 17. Jahrhunderts von Edward Lloyd in der Londoner Tower Street eröffnet wurde, entwickelte sich schnell zu einem Treffpunkt für Kapitäne, Schiffseigner, Kaufleute und Versicherungsagenten, bis es im Laufe des 18. Jahrhunderts zunehmend den Charakter eines Kaffeehauses verlor und sich schließlich zum größten Versicherungsunternehmen der Welt entwickelte. Umso interessanter ist es, dass und warum diese Entwicklung zunehmend von Versuchen begleitet war, diese neuen Genussmittel zu verbieten.

3.2 Frühe Verbote

Wie viele der in einer Kultur oder Gesellschaft neu auftauchenden Dinge und Praktiken, so führten auch die neuen, aus den kolonialisierten Gebieten eingeführten Genussmittel schon bald zu Kontroversen und Auseinandersetzungen. Während sie von einigen Zeitgenoss:innen als Allheil- und/oder Genussmittel gepriesen wurden, zogen andere den medizinischen Wert dieser Substanzen in Zweifel und sahen auch im Genussgebrauch eher ein missbräuchliches Verhalten, was immer wieder auch zu regionalen Verboten mit zum Teil drastischen Strafandrohungen führte.

Gut dokumentiert sind solcherlei Auseinandersetzungen für England. Ende des 16. Jahrhunderts war dort das Pfeiferauchen sehr schnell zu einer allgemeinen Sitte geworden: „Die jungen Dandys der Hauptstadt machten aus der neuen Art des Drogenkonsums einen regelrechten Kult, und besondere ‚Professoren der Paff-Kunst' lehrten die Jugend der Oberschicht die richtige Mischung der Tabaksorten und den richtigen Gebrauch der Rauchutensilien" (Hess et al. 2004: 21). Die neue Droge war außerordentlich teuer, und obwohl seit 1586 auch in England Tabak angebaut wurde, rauchte jeder, der etwas auf sich hielt, „spanisch" (d. h. aus Mittel- und Südamerika importierten Tabak), sodass das Geld nicht nur aus dem eigenen Land, sondern auch noch in die Kassen des Hauptfeindes Spanien floss. 1603 veröffentlichte König Jakob I. eine Schrift gegen den Tabak, aus der u. a. sein persönlicher Hass gegen diese „ekelhafte Gewohnheit", seine Zweifel an der medizinischen Wirkung des Tabaks sowie seine landesväterliche Sorge um verschleuderte Vermögen, zerstörte Arbeitskraft und Kapitalabfluss ins Ausland sprachen. Sicherlich hätte er den Tabakkonsum am liebsten verboten, musste das aber angesichts seiner Verbreitung (auch in Hofkreisen) für zu gefährlich und angesichts der medizinischen Verwendung des Tabaks für zu schwierig halten. Stattdessen wurden 1604 die Einfuhrzölle für Tabak um viertausend Prozent erhöht und damit zum ersten Mal der Versuch einer gewissermaßen indirekten Prohibition unternommen. Die Folgen klingen uns sehr bekannt: Während der Konsum kontinuierlich wuchs, gingen die legalen Importe und damit die königlichen Einnahmen zurück, der Schmuggel stieg enorm an und der Stoff wurde von den Einzelhändlern auf die phantasievollste Weise gestreckt. 1608 wurden die Zölle wieder gesenkt, und von nun an wurden die Tabaksteuern als königliches Monopol zu einer immer wichtigeren Geldquelle (vgl. Hess et al. 2004: 20 ff.).

In der Türkei, in Russland, China und Japan nahm der Versuch, die neue Mode zu unterdrücken, drastischere Formen an, was vor allem daran lag, dass hier ein wichtiger Grund für ein Verbot hinzukam: Der Tabak als ein Symbol für fremden (westlichen) Einfluss, für das Streben nach Veränderung und für politische Opposition (Hess et al. 2004: 25).

In die Türkei war der Tabak Ende des 16. Jahrhunderts gelangt und hatte sich im ersten Teil des 17. Jahrhunderts neben Kaffee und Opium zu einem weit verbreiteten Genussmittel entwickelt. Während die Dichter Kaffee, Tabak, Opium und Wein als „die vier Elemente der Welt des Vergnügens, als die vier Polster des Sofas des Genusses" (Corti 1930: 144) priesen, wandten sich die islamischen Muftis sofort gegen die Neuerung und versuchten, das Weinverbot des Koran auch auf den Tabak auszudehnen. Tatsächlich wurden schon vor 1620 Rauchverbote erlassen, jedoch zunächst nur wenig sanktioniert.

Unter Sultan Murad IV (1623–1640) begann dann allerdings die politische Problematisierung der Droge Tabak und damit eine grausame Verfolgung der Raucher. Für ihn war unerträglich, dass die verbreiteten Tabak- und Kaffeehäuser nicht nur Orte des Tabak- und Kaffeegenusses, sondern zugleich Zentren öffentlicher Diskussion und mithin Orte der Kritik und Opposition geworden waren. Aus diesem Grund belegte er das Tabakrauchen mit der Todesstrafe und ließ 1633 alle Tabakhäuser niederreißen. Bei der Überführung der Rauchenden bediente er sich der verdeckten Ermittlung und des Scheinkaufs. Ein westlicher Beobachter berichtet:

> „Er gieng selber verkleideter weise an die Oerter/ davon man ihm sagte, dass daselbst Toback verkauffet würde/ und wenn er endlich nach Anerbietung etlicher Ducaten und Verheissung, es keinem Menschen zu offenbahren, ein Stück Toback bekommen hatte/ so zuckte er Augenblicks seinen Sebel, und schlug dem Verkauffer so gleich den Kopff hinweg" (J.G.H. 1719: 161).

Das Rauchverbot kriminalisierte eine Verhaltensweise, die massenhaft verbreitet war und von der viele auch nicht mehr lassen wollten. Seine Funktion war es dabei, unter dem Vorwand der Drogenkontrolle ganz andere Ziele von politischer Repression bis zur persönlichen Bereicherung (die Vermögen der Hingerichteten fielen an den Sultan) zu verfolgen. Das Rauchen wurde allerdings auch durch die zahlreichen Todesurteile nicht wirklich eingedämmt, zumal das Verbot ohnehin zeitlich begrenzt war: So bestieg 1648 mit Mohamed IV. ein Sultan den Thron, der selbst rauchte und das Verbot rasch aufhob (Feustel et al. 2024: 3; Austin 1982).

Einen sehr ähnlichen Verlauf hatte die Tabakkrise auch in Japan, China und Russland genommen:

> „In Russland wurde der Tabakkonsum in der ersten Hälfte des 17. Jahrhunderts vom Klerus als Todsünde angegriffen und von den Zaren mit Aufreißen der Nase,

3.2 Frühe Verbote

Aufschneiden der Lippen, Auspeitschen, Verbannung und Vermögenskonfiskation bedroht (Strafen, die allerdings wohl nur in Moskau auch in größerem Maße ausgeführt wurden). Beendet wurde diese Prohibition von Zar Peter dem Großen (1689–1715), der selbst stets demonstrativ die Pfeife im Munde führte, und zwar nicht nur als leidenschaftlicher Raucher, sondern in seinem Modernisierungskampf gegen den Klerus auch ganz bewusst um ihres Symbolwertes willen" (Hess et al. 2004: 27 f.).

In Deutschland und Österreich wiederum hatten die Verbote von Kaffee und Tabak vor allem ökonomische Gründe, die sich aus der merkantilistischen Wirtschaftsweise ergaben. Zwar hatte Deutschland eine den anderen europäischen Ländern vergleichbare Kaffeehauskultur nur ansatzweise entwickelt, aber bereits Anfang des 18. Jahrhunderts waren Kaffee und Tee hier so weit verbreitet, dass sie zu einem relevanten Wirtschaftsfaktor geworden waren. Dies war insofern eine schwierige Entwicklung, weil Deutschland keine eigenen Kolonien besaß, aus denen man die Grundstoffe beziehen konnte, und die hohen Kaffee- und Teeimporte daher einen erheblichen Geldabfluss ins Ausland bedeuteten. U.a. mit medizinischen Kampagnen versuchte man daher zu Beginn des 18. Jahrhunderts den Konsum dieser Substanzen zu begrenzen. Friedrich II. warb dafür, zur deutschen Biersuppe zurückzukehren, um mit dem Genuss von Kaffee der Volksgesundheit, insbesondere aber auch den Staatsfinanzen nicht zu schaden. In diesem Sinne führte er eine hohe Luxussteuer auf Kaffee ein und setze gegen den daraufhin einsetzenden Schmuggel und das nicht-lizensierte Rösten sogenannte Kaffeeschnüffler ein (Maritsch und Uhl 1989: 168).

Friedrich Wilhelm, der Bischof von Hildesheim, ging 1768 gar soweit, neben dem Konsum von Kaffee auch den Besitz von Kaffeegeschirr zu verbieten. Wilhelm von Asseburg, Fürstbischof von Paderborn, wollte den Kaffeegenuss auf den Adel und die Geistlichkeit beschränken. Und Georg III., Kurfürst von Hannover, versuchte mittels der Verfügung, dass in den Städten nur größere Mengen Kaffees verkauft werden dürften, den Kaffeekonsum indirekt auf die wohlhabenderen Schichten zu begrenzen. Alle diese Maßnahmen führten allerdings nicht zu dem gewünschten Ziel. Eine zumindest kurzfristige Lösung des Problems erfolgte dann durch die Erfindung des in Geschmack und Farbe dem Bohnenkaffee ähnlichen Ersatz-Kaffees, der aus Zichorie hergestellt wurde. Trotz der Ähnlichkeit blieb das neue Getränk allerdings das, was es war: ein Substitut. Der ‚echte Bohnenkaffee' hingegen avancierte zu einem Statussymbol, das bis in die zweite Hälfte des 20. Jahrhunderts wirksam bleiben sollte (ausführlicher Sigmund 2015; Schivelbusch 1990: 87 ff.).

Die hier exemplarisch beschriebenen, frühen Drogenverbote waren also in aller Regel regional und zeitlich begrenzte Verbote, die von einzelnen kirchlichen oder weltlichen Herrschenden erlassen und häufig von den ihnen folgenden

Machthaber:innen wieder aufgehoben wurden. Diese Situation änderte sich allerdings mit Beginn des 20. Jahrhunderts, als in den USA die erste Internationale Opiumkonferenz vorbereitet wurde.

3.3 Die Entstehung des globalen Drogenverbotes

Im Zentrum der Entstehung des globalen Drogenverbotes stand das Opium, eine Substanz, die in der ersten Hälfte des 19. Jahrhunderts in den USA zwar bekannt, aber in erster Linie als Medikament verbreitet war und auch dies nur in geringem Umfang. Ihren großen Durchbruch als Heilmittel, so beschreibt es Peter Selling (1989: 10 f.), erfuhren Opium und nun auch (injizierbares) Morphium in der Zeit des amerikanischen Bürgerkrieges 1861–1865. Während die beiden Substanzen in diesem Kontext großzügig gegen Schmerzen verabreicht wurden, eroberten parallel zahlreiche opiathaltige sogenannte Patentmedizinen den amerikanischen Markt und führten zu einem verbreiteten Gebrauch.

Neben diesen Formen des Opiatgebrauchs der amerikanischen Bevölkerung existierten aber auch Konsummuster, die Bestandteil fremder Kulturen waren. Zwischen 1850 und 1890 waren über 100.000 chinesische Einwander:innen in die USA gekommen, von denen viele Arbeit beim Bau der Central Pacific Railway fanden und sich als ausdauernde und gehorsame Arbeiter:innen erwiesen. Auch nach Feierabend blieb es ruhig in den Camps, wenn die alkoholabstinenten Chines:innen ihre Opiumpfeifen rauchten.

„Die Lage der Chinesen änderte sich dramatisch, als fast gleichzeitig der amerikanische Bürgerkrieg endete, die amerikanische Industrie in einer Wirtschaftskrise empfindliche Rückschläge hinnehmen mußte und nach Fertigstellung der Eisenbahnlinie fast 100.000 Chinesen mit ihren Familien arbeitssuchend nach San Francisco zogen. Um die rar gewordenen Arbeitsplätze konkurrierten die Chinesen mit den ansässigen Arbeitern und den nach Kalifornien gezogenen Bürgerkriegsveteranen nicht selten erfolgreich, da sie unter noch schlechteren Bedingungen zu arbeiten bereit waren als jene. Als unmittelbare Reaktion hierauf schlugen die latenten antichinesischen Ressentiments in eine offene, rassistische Kampagne um, deren Wegbereiter […] die amerikanischen Arbeiter gemeinsam mit Teilen der weißen unteren Mittelschicht [waren]" (Selling 1989: 15 f.).

Die durch diese Situation sich verschärfende Diskriminierung der chinesischen Einwander:innen manifestierte sich zunehmend auch in antichinesischen Gesetzen und führte schließlich zum ersten Strafgesetz gegen Opiumkonsum in der westlichen Welt. Galt in den Zeiten, als die chinesischen Immigrant:innen noch

3.3 Die Entstehung des globalen Drogenverbotes

notwendige Arbeitskräfte darstellten, der Opiumkonsum teilweise als leistungssteigernd und daher den Interessen der Arbeitgeber:innen eher zuträglich, so drehte sich die Darstellung der Opiumeffekte nun um 180 Grad. Der Opiumkonsum, so argumentierte man jetzt, zerrütte die Sinne, mache unzuverlässig, zerstöre Arbeitsfähigkeit und Gesundheit. 1878 wurde daher in San Francisco die erste Strafrechtsnorm erlassen, die das Opiumrauchen sowie die meist von Chines:innen betriebenen sogenannten Opiumhöhlen verbot – also sowohl die typische Konsumform als auch den typischen Gebrauchsort der Chines:innen (Selling 1989: 17 f.). Gegen die von der weißen Bevölkerung betriebenen Formen des Opium- und Morphingebrauchs wurden dagegen strafrechtliche Sanktionen zu keiner Zeit erwogen, sondern man setzte zunächst vielmehr auf nicht-strafrechtliche Formen der Kontrolle.

„Der US-amerikanische Diskurs um den chinesischen Opiumkonsum diente nicht dem Schutz der eigenen Bevölkerung vor einer gefährlichen Konsumpraxis, denn die tatsächliche Bedrohung US-amerikanischer Bürgerinnen und Bürger durch das Opiumrauchen war quantitativ kaum der Rede wert. Vielmehr ging es um die kollektive Abgrenzung gegen eine als bedrohlich empfundene Gruppe von Einwanderern, deren Konsumpraxis stigmatisiert wurde, um den kulturellen Abstand zu dieser Gruppe zu markieren und um behördliche Kontrolle über diese Gruppe zu gewinnen" (Barop 2021: 38).

Zur selben Zeit richtete sich der ökonomische Expansionsdrang der USA zunehmend über die eigenen Landesgrenzen hinaus auf die Weltmärkte, vor allem auf China, zu dem die USA allerdings weder militärische noch diplomatische Beziehungen unterhielten. Zudem war ihr dortiges Image aufgrund der Diskriminierung der chinesischen Bevölkerung im eigenen Land nicht das beste. Deshalb versuchten die USA, sich über ihre Anti-Opium-Politik bei den Chines:innen beliebter zu machen. China hatte im 19. Jahrhundert mehrfach versucht, sich gegen die beträchtlichen Opiumeinfuhren durch England zur Wehr zu setzen, scheiterte jedoch während der sogenannten Opiumkriege (1839–1842 und 1856–1860) immer an dessen militärischer Überlegenheit (Lovell 2012). Diese Situation wollten sich nun die USA zunutze machen. Ihre Strategie bestand darin, mit einer restriktiven Opiumpolitik die dominante Position Englands im Osthandel zu schwächen und gleichzeitig die Beziehungen zu China zu verbessern. Aus diesem Grund drängten sie auf ein internationales Abkommen, das explizit (lediglich) Opium verbieten sollte. Als die entsprechende, von den USA initiierte Internationale Opiumkommission im Februar 1909 in Schanghai zusammentrat, konnte seinerzeit daher niemand ahnen, dass dies der erste Schritt zu einem globalen

Verbot einer Vielzahl ganz unterschiedlicher psychoaktiver Substanzen werden sollte (Schmidt-Semisch 2020: 24; Scheerer 2024).

Die auf der Konferenz in Schanghai verabschiedeten Resolutionen hatten allerdings keinen verbindlichen Charakter, weshalb fast alle der von den USA eingeladenen Nationen ihre Bereitschaft erklärten, weitergehende Beschlüsse auf einer Nachfolgekonferenz in Den Haag Ende 1910 oder Anfang 1911 zu fassen – lediglich England zögerte seine Zusage zur Konferenz heraus und knüpfte seine (verspätete) Zusage schließlich an folgende Bedingung: Alle teilnehmenden Mächte sollten sich vor dem Zusammentreten der Konferenz verpflichten, die zu beschließenden Kontrollen für Opium in gleicher Härte auch auf Morphin, Heroin und Kokain anzuwenden. Der Grund war wohl, dass England bei einem Opiumverbot nicht als der alleinige Verlierer dastehen wollte: Dieser diplomatische Schachzug sollte vor allem das Deutsche Reich treffen, das seinerzeit der weltgrößte Hersteller und Exporteur chemischer und pharmazeutischer Produkte war und daher kein Interesse an einer restriktiven Regulation oder gar einem Verbot dieser Substanzen, insbesondere von Kokain haben konnte. Und tatsächlich ging diese Strategie dahingehend auf, dass nun Deutschland eine Reaktion auf die britischen Vorstöße hinauszögerte, sodass die Konferenz in Den Haag erst im Dezember 1911 zusammentreten konnte (Scheerer 2024: 484 ff.).

Das Ergebnis dieser Konferenz war, dass das Inkrafttreten der ausgehandelten Konvention verschoben wurde, bis alle maßgeblichen Staaten ihren Beitritt erklärt hätten. Weitere Konferenzen, die zwischen 1911 und 1914 stattfanden, führten allerdings nicht zu einer allseitigen Ratifizierung der Konvention, und auch Deutschland setzte sie nicht in nationales Recht um. Der Clou dieser diplomatischen Taktiererei:

> „Was drei Konferenzen nicht vermochten, wurde letzten Endes durch den Ersten Weltkrieg entschieden. Die ausstehende deutsche Ratifizierung wurde zu einem Bestandteil des Versailler Vertrags gemacht und mit dessen Unterzeichnung das Opiumabkommen ratifiziert" (Groenemeyer 2012: 441).

Die Unterzeichnung des Versailler Vertrags, der am 10. Januar 1920 in Kraft trat, verpflichtete Deutschland dazu, innerhalb eines Jahres ein eigenes Opiumgesetz zu verabschieden, was am 30. Dezember 1920 mit dem Gesetz „zur Ausführung des Internationalen Opiumabkommens vom 23. Januar 1912" auch geschah. Mit diesem Gesetz wurden Opium und seine Derivate verschreibungspflichtig und Zuwiderhandlungen konnten mit bis zu sechs Monaten Freiheitsentzug oder einer Geldstrafe bis 10.000 Mark belegt werden. Vier Jahre später erhöhte der Gesetzgeber die Freiheitsstrafen auf drei Jahre und verabschiedete schließlich 1929 eine

Fassung des Gesetzes über den Verkehr mit Betäubungsmitteln (Opiumgesetz), mit der auch die auf der zweiten Genfer Opiumkonferenz von 1925 beschlossenen Vereinbarungen umgesetzt wurden: Erfasst wurden nun neben Opium auch weitere Opiate (etwa Morphin und Heroin), Koka und Kokain sowie (nun auch) Cannabis. Zudem war die Möglichkeit vorgesehen, dem Gesetz ständig weitere Substanzen durch Rechtsverordnung zu unterstellen (Holzer 2007: 31 ff.). Der Kriminologe Sebastian Scheerer betrachtet diese Entwicklung als „Transformation der internationalen Opiumfrage in die internationale Rauschgiftfrage" und damit „als Kern des modernen Drogenproblems" (Scheerer 2024: 486; vgl. zur Entwicklung in Deutschland Hoffmann 2024 und 2012 sowie Legnaro 2018).

3.4 Drogenkonsum und Drogenpolitik in der frühen Bundesrepublik[1]

Nach der Ausweitung des Opiumgesetzes auf weitere Substanzen nutzten zunächst die Nationalsozialisten das Drogenproblem in den nachfolgenden Jahren auf ihre ganz eigene Art und Weise. Für sie waren Drogenkonsumierende „asoziale Elemente", die zur „Schädigung der Volksgesundheit" beitrugen. Sie schlachteten die „Rauschgiftsucht" „propagandistisch als Zeichen völkischer Dekadenz und jüdischer Zersetzung" aus (Scheerer 1989: 287). Drogen- und Alkoholabhängige wurden als degeneriert angesehen, die Maßnahmen gegen sie reichten von zwangsweisen Entzugsbehandlungen über Entmündigungen bis hin zu Zwangssterilisationen und Deportationen in Konzentrationslager (Groenemeyer 2012: 444; Holzer 2007: 131 ff.). Zugleich allerdings wurden Arbeiter und Arbeiterinnen, vor allem aber auch Soldaten in erheblichem Ausmaß mit dem hochwirksamen Methylamphetamin Pervitin versorgt. Zwar habe, so Norman Ohler (2024: 77), der gezielte Drogengebrauch im Krieg eine lange Tradition und vor allem Alkohol sei seit Jahrhunderten zur Enthemmung und zum Abbau von Ängsten eingesetzt worden, aber „die deutsche Wehrmacht [war] die erste Armee der Welt, die eine synthetische Droge zur unmittelbaren Leistungssteigerung und Reduktion der Kampfhemmung einsetzte".

In den Jahren nach dem Ende des Zweiten Weltkriegs änderte sich rechtlich zunächst nicht viel. Zugleich stieg die Zahl der Opium- und Morphinabhängigen zwar etwas an, was aber im Wesentlichen darauf zurückzuführen war, dass Kriegsverletzte längere Zeit mit diesen Opiaten medizinisch behandelt worden

---

[1] Dieses Unterkapitel basiert auf meinem Artikel in der Zeitschrift *Aus Politik und Zeitgeschichte 49–50/2020* (Schmidt-Semisch 2020: 25 f.)

waren und dabei eine Abhängigkeit entwickelt hatten (Groenemeyer 2012: 444). Dem Historiker Tilmann Holzer zufolge waren die Jahre nach 1945 keineswegs mit jenen nach dem Ersten Weltkrieg vergleichbar, als sich eine regelrechte „Morphinistenszene" unter Veteranen und ihrem Umfeld entwickelt hatte (vgl. Holzer 2007: 351 ff.). Vielmehr sei das Auffallendste am Drogenkonsum in der Zeit nach dem Zweiten Weltkrieg (und bis Ende der 1960er Jahre) seine geringe Verbreitung sowie seine Alters- und Sozialstruktur gewesen: Zum einen habe man unter den vergleichsweise wenigen Drogenabhängigen nur sehr wenige Personen unter dreißig Jahren gezählt; zum anderen seien diese Personen nahezu durchgängig zu den ‚klassischen Morphinist:innen' zu zählen gewesen, das heißt zu einer Personengruppe, die einen privilegierten Zugang zu den entsprechenden Substanzen hatte. Neben den bereits erwähnten Kriegsverletzten waren dies vor allem Menschen in Heilberufen, allen voran also Ärzte und Ärztinnen sowie Apotheker und Apothekerinnen, aber auch Krankenschwestern und -pfleger. Es handelte sich bei den klassischen Morphinist:innen also um Personen, die gesellschaftlich integriert und zugleich darauf bedacht waren, ihren Konsum zu verbergen. Insgesamt lässt sich festhalten, dass in Westdeutschland bis Mitte der 1960er Jahre kein Drogenproblem im heutigen Sinne existierte, und zwar weder mit Blick auf die Zahl der Konsumierenden noch in Bezug auf den öffentlichen Diskurs (Groenemeyer 2012: 445).

Diese Situation änderte sich ab der zweiten Hälfte der 1960er Jahre grundlegend, denn nun sorgte ein völlig neuer Typus von Konsumierenden für Aufsehen: Es handelte sich nun nicht mehr vor allem um integrierte Erwachsene oder Kriegsveteranen, die ihren Konsum zu verbergen trachteten, sondern in erster Linie um junge Menschen, die sich als Protestbewegung formierten und unter anderem mit ihrem Drogenkonsum ein öffentliches Zeichen der Rebellion gegen das etablierte Bürger:innentum und die „durch den Nationalsozialismus geprägte deutsche Alltagskultur ihrer Elterngeneration" (Holzer 2007: 445) setzen wollten. Aber was die Jugendlichen und jungen Erwachsenen als Symbol der Freiheit betrachteten, dramatisierten große Teile der Öffentlichkeit, der Medien und der Politik zunehmend zu einem Kulturkampf:

> „Der allgemeine Gesellschaftskonflikt wurde am Drogenproblem festgemacht, der Konsum von Marihuana und LSD wurde zu einem Symbol des Jugendprotests und damit zu einem Sündenbock für Verwahrlosung und Sittenverfall stilisiert, so dass die Forderungen nach härteren staatlichen Sanktionen, die die Ausweitung des Drogenkonsums unterbinden sollten, immer lauter wurden" (Groenemeyer 2012: 446 f.; vgl. auch Scheerer 1982).

Als eine der Maßnahmen des von der Bundesregierung am 12. November 1970 beschlossenen „Aktionsprogramms zur Bekämpfung der Rauschgiftsucht" wurde am 22. Dezember 1971 im Deutschen Bundestag das Betäubungsmittelgesetz (BtMG) verabschiedet, welches das Opiumgesetz von 1929 ablöste. In der Begründung heißt es, das Gesetz solle den Missbrauch von Rauschgiften, der sich „einer Seuche gleich" in der Bundesrepublik ausbreite, respektive der „Rauschgiftwelle" Einhalt gebieten und damit „den jungen Menschen vor schweren und nicht selten irreparablen Schäden an der Gesundheit und damit vor einer Zerstörung seiner Persönlichkeit, seiner Freiheit und seiner Existenz" bewahren (Bundestagsdrucksache VI/1877 1971: 5). Das neue Gesetz bezog mehr Substanzen in seinen Geltungsbereich ein, weitete die Befugnisse von Bundesgesundheitsamt sowie Bundesopiumstelle aus, erhöhte die Höchststrafen für Drogendelikte von drei auf zehn Jahre Freiheitsentzug und schränkte das Recht auf Postgeheimnis sowie das Grundrecht der Unverletzlichkeit der Wohnung beim Verdacht auf Drogendelikte ein (ausführlicher Scheerer 1982 sowie Holzer 2007: 444 ff.). Zehn Jahre später wurde das BtMG durch das Gesetz zur Neuordnung des Betäubungsmittelrechts reformiert, das am 1. Januar 1982 in Kraft trat und die Strafobergrenze von zehn auf 15 Jahre Freiheitsstrafe erhöhte.

Mit den beschriebenen Gesetzesänderungen, die sich ähnlich auch in den übrigen europäischen Unterzeichnerstaaten entwickelten, hatte sich eine auf Verbote und Strafen setzende Drogenpolitik in Deutschland, aber auch international durchgesetzt.

3.5 Zusammenfassung

Drogen und Drogengebrauch sind nicht nur heute allgegenwärtig, sondern stellen auch historisch ein ubiquitäres Phänomen dar. Dabei standen im Mittelalter vor allem der Alkohol, ab dem 16. Jahrhundert insbesondere aber auch die aus den kolonialisierten Ländern eingeführten Drogen Kaffee, Tabak, Kakao und Tee im Zentrum des Genusses und zunehmend auch der Kritik. Nach etlichen territorial und zeitlich sehr begrenzten Drogenverboten im Europa des 17. und 18. Jahrhunderts nahm das heute noch bestehende, globale Drogenverbotsregime mit Beginn des 20. Jahrhunderts in den USA seinen Ausgang. In den ersten Jahrzehnten des 20. Jahrhunderts entwickelte sich aus dem US-amerikanischen, antichinesischen Rassismus im Zusammenspiel mit nationalökonomischen und international-diplomatischen Taktiereien eine weltweit geltende Verbotsnorm, die bis heute die internationale und nationale Drogenpolitik der meisten Länder bestimmt.

Weiterführende Literatur

Barop, H. 2021: Mohnblumenkriege: Die globale Drogenpolitik der USA 1950–1979. Göttingen: Wallstein Verlag

Groenemeyer, A. 2012. Drogen, Drogenkonsum und Drogenabhängigkeit. In: Groenemeyer, A & Albrecht, G. (Hrsg.), Handbuch Soziale Probleme, Bd. 1, Wiesbaden: VS Verlag, S. 433–493,

Hoffmann, A. 2012. Drogenkonsum und -kontrolle. Zur Etablierung eines sozialen Problems im ersten Drittel des 20. Jahrhunderts. Wiesbaden: VS Verlag

Nadelmann, E. 1990. Global Prohibition Regimes. The Evolution of Norms in International Society. In: International Organization 44, S. 479–526

Schivelbusch, W. 1990. Das Paradies, der Geschmack und die Vernunft. Eine Geschichte der Genußmittel. Frankfurt a. M.: Suhrkamp.

Wirkungen und Folgen der Drogenprohibition 4

In diesem Kapitel erfahren Sie …

- wie es zur Alkoholprohibition in den USA von 1920 bis 1933 kam und welche Konsequenzen dies für die zukünftige Drogenpolitik hatte,
- welche internationalen Konventionen und Verträge die globale Drogenprohibition institutionalisierten,
- dass die Konsequenz des globalen Verbotes die Entstehung einer ebenso globalen, illegalen Drogenökonomie war,
- dass diese zwar für die Drogenhändler:innen finanziell attraktiv ist, aber
- dass sie für die Konsumierenden in Verbindung mit der deutschen Drogenpolitik der 1970er und 1980er Jahre zu gesundheitlicher und sozialer Verelendung beigetragen hat.

4.1 Ein erster Vorgeschmack: Die Alkoholprohibition in den USA

Parallel zur Vorgeschichte des globalen Verbotes der heute illegalen Drogen waren die USA mit einem Kampf auch gegen den Alkohol konfrontiert, der Anfang 1920 zu einer landesweiten Prohibition führte, die zwar nur 13 Jahre dauern, aber einen ersten Vorgeschmack der späteren Wirkungen der globalen Prohibition geben sollte.

Für die Befürworter:innen der Alkohol-Prohibition bedeutete sie das Ende eines langen Kampfes gegen den zu jener Zeit hohen Alkoholkonsum amerikanischer Männer, der insbesondere auch als Quelle häuslicher Gewalt und Armut galt. Bereits im Jahr 1826 hatte sich die *American Temperance Society* gegründet und warb für Mäßigung und Nüchternheit, ein Unternehmen, das insbesondere auch von vielen Frauen unterstützt wurde, was 1873 zur Gründung der *Woman's Christian Temperance Union* (WCTU) führte. Für den Historiker Manfred Berg war der Wille zum Verbot Ausdruck eines Kulturkampfes zwischen Stadt und Land, vor allem aber zwischen dem traditionellen puritanisch-calvinistischen Amerika und den ab der Mitte des 19. Jahrhunderts vermehrt ins Land strömenden (häufig katholischen) Immigrant:innen:

> „Mit der Prohibition versuchte das traditionalistische Lager, die Vorherrschaft der protestantischen, angelsächsischen Kultur gegen die rapide Veränderung der Gesellschaft durch Masseneinwanderung, Urbanisierung und Säkularisierung zu zementieren. In den Augen des ländlich-kleinstädtischen Amerikas waren die Einwandererviertel und schwarzen Ghettos der Großstädte Brutstätten des Lasters, des Verbrechens und des ‚unamerikanischen' Radikalismus. Doch auch viele progressive Reformer befürworteten die Prohibition, weil sie soziale Disziplinierung für unabdingbar hielten, um aus Iren, Osteuropäern und Italienern gute US-Bürger zu machen" (Berg 2020: 18 f.; Welskopp 2010: 33 ff.).

Am 17. Januar 1920 trat der 18. Verfassungszusatz in Kraft, der die Herstellung, die Ein- und Ausfuhr, den Transport und den Verkauf von Alkohol verbot. In der Folge sank der Konsum von Alkohol aufgrund der Angebotsverknappung und der damit verbundenen gestiegenen Preise zwar kurzzeitig ab, aber nur um wenig später wieder anzusteigen, nachdem sich die nun illegalen Produktionsstätten und Distributionskanäle auf die neue Situation eingestellt hatten. Tranken diejenigen, die es sich leisten konnten, geschmuggelten, aber immerhin legal produzierten Alkohol, so waren andere auf selbst oder illegal gebrannten Schnaps mit seinen ggf. drastischen gesundheitlichen Risiken verwiesen (Welskopp 2010). Alkoholische Getränke wurden in geheimen Brauereien und Destillen produziert, über die Grenzen von Kanada und Mexiko ins Land geschmuggelt und in sogenannten Flüsterkneipen oder noblen Clubs genossen (Levine 1982a: 248 f.).

Die Durchsetzung der Prohibition sei dabei höchst selektiv erfolgt, so McGirr (2016: XIX), aber „at the same time, Prohibition law enforcement was anything but a dead letter." Während die entsprechenden Gesetze in New York eher lax gehandhabt wurden, verfolgten viele Bundesstaaten im Süden und mittleren Westen der USA.

> „Verstöße […] mit drakonischer Härte. In Kansas und Michigan drohte bei der dritten Verurteilung lebenslängliche Haft. Zudem war auf dem Land und in Kleinstädten die soziale Kontrolle engmaschiger. So ging etwa der rassistische und antisemitische Ku-Klux-Klan brachial gegen Trinker und illegale Destillen vor. Gleichwohl war das Schwarzbrennen, das *moonshining*, überall im Land Volkssport" (Berg 2020: 20).

4.1 Ein erster Vorgeschmack: Die Alkoholprohibition in den USA

Die durch das Verbot nicht zu unterdrückende Lust großer Teile der amerikanischen Bevölkerung am Alkoholgenuss bescherte vor allem der sogenannten organisierten Kriminalität große Gewinne. Die verschiedenen Banden der Prohibitionszeit lieferten sich brutale Kämpfe um Marktanteile, was in Chicago z. B. die Mordrate in jener Zeit verdoppelte. D. h. die Durchsetzung der Alkohol-Prohibition scheiterte einerseits an der fortbestehenden Nachfrage, andererseits aber vor allem auch daran, dass der illegale Handel und Vertrieb enorme Profite abwarf. Von dieser Situation profitierte nicht nur die organisierte Kriminalität, sondern sie verschaffte auch zahlreichen korrupten Personen in Polizei, Justiz, Verwaltung und Politik über Schmier- und Bestechungsgelder ein ordentliches Zubrot (vgl. Welskopp 2010: 479 ff.; Berg 2020: 19).

Ende der 1920er Jahre wurden diese nicht intendierten Folgen der Prohibition unübersehbar. Zudem beklagte man zunehmend auch den Aspekt der *Lawlessness,* der Gesetzlosigkeit (Levine 1982a: 250): Sowohl aufseiten der sogenannten Gangster und korrupten Bürger als auch aufseiten der Alkoholkonsumierenden brachen „Millionen Amerikaner […] täglich ohne schlechtes Gewissen Gesetze, an die sie sich nicht gebunden fühlten" (Berg 2020: 20) Gleichzeitig gab es eine zum Teil brachiale, aber sehr selektive Strafverfolgung, bei der Vieles „in krassem Widerspruch zu den freiheitlichen Traditionen des Landes stand" (ebd.: 21). Lauter wurden Ende der 1920er Jahre schließlich auch die Mitglieder der *Association Against the Prohibition Amendment* (AAPA), unter ihnen viele der reichsten Unternehmer der USA, die glaubten, mit der Legalisierung des Alkohols die Wirtschaft ankurbeln und die staatlichen Steuereinnahmen erhöhen zu können (Levine 1982a: 249 f.; Berg 2020: 21). 1933 endete die Prohibition auf der US-amerikanischen Bundesebene mit der Verabschiedung des 21. Verfassungszusatzes, was allerdings einzelne Bundesstaaten nicht daran hinderte, den Verkauf weiterhin zu verbieten.

Die vergleichsweise kurze Dauer der Alkoholprohibition sollte allerdings nicht darüber hinwegtäuschen, dass ihre Auswirkungen auf die US-amerikanische Gesellschaft und insbesondere die Strafjustiz enorm waren. So weist Lisa McGirr (2016: 201 f.) etwa darauf hin, dass sich die Gefängnispopulation der USA in der 1920er und 1930er Jahren mehr als verdoppelte, wobei die meisten der Gefangenen Strafen im Zusammenhang mit der Prohibition verbüßten. Der Krieg gegen den Alkohol könne daher als der „Ursprung des modernen amerikanischen ‚Gefängnisstaates'" (Berg 2020: 22) gesehen werden, der heute mit knapp 700

Gefangenen pro 100.000 Einwohnern (über 17 Jahre)[1] weltweit eine der höchsten Inhaftierungsraten aufweist. Insofern liege es auf der Hand, so Berg (2020: 23), in der Härte des modernen *War On Drugs* ein Echo der Alkohol-Prohibition zu sehen: Gemeinsam sei beiden die Überzeugung, ein vermeintlich moralisches und soziales Übel durch eine drakonische Verbotspolitik eliminieren zu können.

4.2 Die Etablierung des globalen Prohibitionsregimes

Wie bereits angedeutet, sollte das Scheitern der Alkohol-Prohibition nicht dazu führen, dass man diese Form der Drogenpolitik verwarf, eher im Gegenteil. Nachdem auf internationaler Ebene im Kontext der zweiten internationalen Opiumkonferenz und auf Antrag Ägyptens am 19. Februar 1925 erstmals Cannabis verboten wurde (Böllinger 2018: 283), wurde dies einige Jahre später auch in den USA rechtlich nachvollzogen. Die zentrale Figur bei diesem moralischen Unternehmen war Harry J. Anslinger, Sohn eines deutsch-schweizerischen, calvinistischen Ehepaars, der von 1930 bis 1960 als Direktor dem neu gegründeten Federal Bureau of Narcotics (FBN) vorstand.

„Von dieser einflussreichen Position aus gestaltete Anslinger 32 Jahre lang maßgeblich die Drogenprohibition. Unterstützt von Interessengruppen, insbesondere der ‚Anti-Saloon-League', initiierte er eine massive Propaganda-Kampagne speziell gegen Cannabis. Zugeschrieben wurde der Substanz die Verursachung von Mord (‚Killer Weed'), Gewalt, Wahnsinn und destruktiven Exzessen. Durch die Assoziation mit spezifischer afroamerikanischer Musik- und Tanzkultur wurde sie auch stark rassistisch konnotiert" (Böllinger 2018: 284; vgl. auch Barop 2021: 59 ff. sowie Newton 2017: 83 f.).

Diese rassistischen Kampagnen der damaligen Zeit, die bis heute z. B. in der Erzählung des „crazed Negro drug fiend" (Hart 2021: 139) fortwirken, waren insofern erfolgreich, dass der US-Kongress 1937 den *Marihuana Tax Act* verabschiedete, mit dem Besitz, Erwerb, Handel etc. von Cannabis verboten und kriminalisiert wurden (Becker 1973:121 ff.). Kaschiert von einer ökonomisch kaum relevanten Steuervorschrift, so Böllinger (2018: 284), seien so auf nationaler Ebene Strafen von fünf Jahren Freiheitsentzug und 2000 Dollar Geldstrafe eingeführt worden.

---

[1] https://de.statista.com/statistik/daten/studie/1135720/umfrage/inhaftierungsrate-in-den-usa/ (Zugriff: 16.06.2024).

4.2 Die Etablierung des globalen Prohibitionsregimes

Auch auf internationaler Ebene nahm die Prohibition nun zunehmend Formen an: Der oben genannten Konvention von 1925 folgte 1931 die Konvention über die Herstellung und die Abgabe von Betäubungsmitteln sowie 1936 die Konvention über die Bekämpfung des illegalen Handels mit gefährlichen Betäubungsmitteln. Zusammengebunden wurden diese Konventionen schließlich von der UNO-Vollversammlung in der sogenannten *Single Convention* von 1961, die bis heute die Basis der globalen Drogenprohibition bildet und die Substanzen (u. a. Heroin, Kokain und Cannabis) in vier Klassen einteilt, die die Gefährlichkeit der Substanzen widerspiegeln sollen. Die *Single Convention* wurde bereits 1971 durch die Konvention über psychotrope Substanzen ergänzt, welche die Kontrollvorgaben auf weitere (synthetische) psychotrope Stoffe (u. a. Amphetamine, Barbiturate und LSD) ausweitete (Wieczoreck 2020:32).

Um seine Entschlossenheit zu demonstrieren, bezeichnete US-Präsident Nixon Drogen 1971 als den Staatsfeind Nr. 1 und erklärte ihnen offiziell den Krieg: *War on Drugs*. Für Helena Barop (2021: 465) ging es Nixon bei diesem Krieg nicht darum, Drogenkonsum zu reduzieren, das Drogenproblem zurückzudrängen oder die Prohibition voranzubringen. Solche graduellen Zielsetzungen seien in Nixons Rhetorik kaum zu finden gewesen, sein Ziel sei vielmehr die endgültige Ausrottung von Drogenkonsum, Drogenhandel und Drogenanbau weltweit gewesen.

„Die Utopie einer drogenfreien Welt war zumindest rhetorisch zentral für die Konzepte, die die Eskalationsphase des War on Drugs in den frühen 1970er Jahren begleiteten. Diese Utopie war nicht nur eine gute Geschichte, mit der die Nixon-Regierung hoffte, die Wahl von 1972 zu gewinnen. Sie war außerdem eine für viele stimmige argumentative Zuspitzung der Deutungen von Drogenkonsum, die sich seit Beginn des 20. Jahrhunderts in den USA entwickelt hatten" (Barop 2021: 465).

Um die genannten Ziele zu erreichen, wurde 1973 u. a. die *Drug Enforcement Administration* (DEA) gegründet, um die Bemühungen der US-amerikanischen Bundesbehörden zur Bekämpfung des Drogenhandels und des Drogenmissbrauchs zu bündeln. Auch international wurde schließlich 1988 durch die Wiener Konvention gegen den unerlaubten Verkehr mit Suchtstoffen und psychotropen Stoffen eine weitere Verschärfung vorgenommen:

„Angesichts eines wachsenden Drogenschwarzmarktes und der Zunahme von organisierter Kriminalität sollte mit der Konvention von 1988 dem Problem des transnationalen illegalen Drogenhandels begegnet werden. Mit ihrer Verabschiedung wurde die Perspektive, Drogen als existenzielle Gefahr für die nationale Sicherheit und Frieden zu sehen, institutionell festgeschrieben, und repressive Maßnahmen entwickelten sich zunehmend zum Mittel der Wahl. Entsprechend sah die Konvention vor allem ein härteres Vorgehen gegen den organisierten Drogenschmuggel vor, und die Mitgliedstaaten wurden nun generell dazu verpflichtet, strafrechtlich gegen verschiedene Aspekte des illegalen Verkehrs mit Betäubungsmitteln vorzugehen" (Wieczorck 2020: 32).

Bedeutsam ist an der 1988er Konvention, dass sie nicht nur die Angebotsseite (also Anbau, Produktion, Handel etc.) in den Blick nahm, sondern in Artikel 3 (2) sehr explizit auch die Nachfrageseite: Die Unterzeichner verpflichteten sich, „den Besitz, den Kauf oder den Anbau von Betäubungsmitteln oder psychotropen Stoffen für den persönlichen Verbrauch [...] als Straftat zu umschreiben." Spätestens jetzt war die Institutionalisierung der globalen Prohibition (Nadelmann 1990) abgeschlossen, obwohl sich bereits zu diesem Zeitpunkt auch die Probleme dieser prohibitiven Drogenpolitik – etwa die Etablierung einer illegalen Ökonomie – abzeichneten.

4.3 Die Ökonomie der illegalen Drogen

Wie in den vorangegangenen Kapiteln deutlich geworden ist, hat es in der Geschichte immer wieder Versuche gegeben, bestimmte Drogen zu verbieten und ihre Produktion, den Handel mit ihnen sowie ihren Konsum durch z. B. Geld- und Freiheitsstrafen oder gar die Todesstrafe zu verhindern. Dies hat allerdings weder dazu geführt, dass mit den Verboten und Strafen auch die Nachfrage nach diesen Substanzen verschwunden wäre, noch konnten sie verhindern, dass es weiterhin immer Personen und Gruppen gab, welche die fortbestehende Nachfrage durch ein entsprechendes (illegales) Angebot zu befriedigen suchten.

Es ist an dieser Stelle nicht möglich, auf den globalen Drogenhandel mit all seinen unterschiedlichen Facetten einzugehen: Zu unterschiedlich sind die Ursachen, die involvierten Personengruppen sowie die jeweiligen Produktions-, Weiterverarbeitungs- und Handelsbedingungen. Gleichwohl lassen sich allerdings einige strukturelle Merkmale dieser illegalen Drogenökonomie beschreiben.

Hinsichtlich ihres Umfanges kann zunächst vor allem darauf verwiesen werden, dass auf dem globalen Drogenmarkt zwar viele Milliarden Dollar umgesetzt werden (vgl. UNDOC 2023), dass aber die Illegalität dieser Ökonomie zugleich einen Mangel „an verlässlichen Daten zu Produktion, Preisen, exportierten, importierten und konsumierten Mengen" bedingt, weshalb „genaue Zahlenangaben [...] unmöglich" (Tzanetakis 2020: 38) sind.

Ein zweites Merkmal der illegalen Drogenökonomie ist es, dass die Produktions- und Arbeitskosten in der Regel eine eher untergeordnete Rolle spielen, während es vor allem enorme, durch die Illegalität bedingte Risikoaufschläge sind, die den Preis mit jeder Handelsstufe erhöhen (vgl. auch Moeller & Sandberg 2019): Der Preis steigt also mit der Entfernung zur Produktions- oder Anbauregion stark an, was dem Drogenhandel eine erhebliche finanzielle Attraktivität verleiht – auch für staatliche und politische Akteure (vgl. für Afghanistan z. B. Goertz 2022: 24 ff.), die allerdings neben finanziellen auch noch ganz andere Interessen verfolgen können (etwa McCoy 2003).

Drittes ist anzumerken, dass die Drogenthematik im Allgemeinen und das Thema Drogenhandel im Besonderen moralisch stark aufgeladen sind, was dazu führt, dass das mediale Bild des Drogenhandels die Gegebenheiten vor Ort nicht immer realistisch erfasst. Zwar kann es keinen Zweifel daran geben, dass es sowohl in den Herkunfts- als auch den Zielländern der jeweiligen Drogen zu blutigen Auseinandersetzungen um Marktanteile des Drogengeschäftes kommt oder dass z. B. der Drogenkrieg zwischen mexikanischem Militär und der ‚organisierten Kriminalität' bereits Zehntausende Menschenleben gefordert hat (Maihold 2015: 75), darunter viele Unbeteiligte, die „den Tod im Kreuzfeuer der Kartelle und des Militärs auf offener Straße" fanden (Jungheinrich & Villalobos 2023; vgl. ausführlicher zu den historischen Hintergründen Barop 2021: 367 ff. sowie Jenss 2016: 188 ff.). Gleichwohl aber, so Meropi Tzanetakis, sei es keineswegs so, dass die Geschäfte in den Anbauländern oder auch beim Schmuggel (etwa in die USA oder nach Europa) stets von den medial gerne in Szene gesetzten ‚Drogenbaronen' oder ‚Drogenkartellen' getätigt würden. Vielmehr zeigten Studien zum Drogenschmuggel sowie zum Groß- und Zwischenhandel in den USA, Kanada, Großbritannien und den Niederlanden,

> „dass Drogennetzwerke meist informell und lose organisiert sind und vor allem aus kleinen Gruppen von unabhängigen Händler:innen bestehen. Diese konkurrieren um Marktanteile und handeln bevorzugt mit vertrauenswürdigen ‚Kolleg:innen' aus dem Freundeskreis, der Verwandtschaft und mit demselben ethnischen Hintergrund. Anders als manche Spielfilmproduktion nahelegt, agieren die meisten Händler:innen vorsichtig und vermeiden Gewaltanwendung oder Aufmerksamkeit. Da in den unteren Handelsebenen die Sichtbarkeit zunimmt, steigt auch das Risiko, von der Polizei verhaftet zu werden" (Tzanetakis 2020: 40, vgl. auch Hess und Scheerer 1997).[2]

---

[2] Klassische enthnographische Studien zum Drogenhandel sowie insbesondere zu den darin involvierten Personen finden sich z. B. bei Bourgois (1995) und (2024); Adler (1993); Adler & Adler (1998); Murphy et al. (1990, 1994 und 1998); Contreras (2014); für den deutschsprachigen Bereich vgl. z. B. die Beiträge in Paul & Schmidt-Semisch (1998) sowie Werse (2008); Werse & Kamphausen (2024); Bucerius 2024; Neumeyer 1997.

Zentrale Aspekte des Schutzes vor Strafverfolgung, Gewalt und Betrug sind deshalb die Herstellung und Aufrechtaltung von „Vertrauen und wechselseitige[m] Kennen im Gegensatz zu Anonymität" (Bögelein & Meier 2018: 15). Zugleich allerdings verschleiert dieses durch Illegalität und Strafverfolgung begründete, allgegenwärtige Misstrauen in den ökonomischen Beziehungen, dass Händler:innen und Käufer:innen hier in beiderseitigem Einvernehmen handeln. Es wird eine Nachfrage befriedigt, die sich zwar staatlichen Verboten widersetzt, aber letztlich nur jenes Recht auf Genuss verwirklicht, das in unserer Gesellschaft in Bezug auf Kaffee, Nikotin, Alkohol und mittlerweile Cannabis als legitim, wenn nicht sogar erwünscht anerkannt ist. Der Drogenhandel ist in diesem Sinne ein opferloses Delikt, was auch darin zum Ausdruck kommt, dass die Polizei in diesem Deliktfeld praktisch nicht auf Anzeigen aus der Bevölkerung zurückgreifen kann. Anders als bei Eigentums- und Vermögensdelikten oder Straftaten gegen Personen gibt es hier in aller Regel keine Geschädigten, welche die Hilfe der Polizei mobilisieren würden – weshalb in erster Linie das Ausmaß der polizeilichen Aktivitäten darüber entscheidet, wie viele Delikte dieser Art erfasst werden (Schmidt-Semisch 2002:181 f.).

Wie sich diese zwar illegale, aber im Grunde einvernehmliche ökonomische Beziehung auf den unteren Ebenen des Drogenhandels gestaltet, ist äußerst vielfältig: Drogenkleinhandel in und außerhalb offener Drogenszenen, Selbstversorgungshandel im sozialen Umfeld, Drogenclubs, Bringdienste etc. (Werse & Kamphausen 2024; Hoffer 2020; Bögelein & Meier 2018). In diesem Kontext ermöglicht es der Drogenhandel einigen Personen einerseits, ökonomisch-finanzielle Bedürfnisse leichter zu befriedigen als in der formellen Wirtschaft, andererseits aber auch, wie Sandra Bucerius in ihrer ‚Ethnographie des Dealens' einer Gruppe von jungen Männern vermerkt,

„ein positives Selbstgefühl zu entwickeln, indem sie Meister ihres Berufs werden […] Diese Chance blieb ihnen aufgrund vielschichtiger sozialer Exklusion (z. B. im Schulsystem und auf dem Arbeitsmarkt) in der formellen Wirtschaft systematisch verwehrt" (Bucerius 2024: 661).

Insgesamt ist der Handel mit Drogen also eine zwar verbotene, aber doch in mehrfacher Hinsicht lohnende Unternehmung: für die Menschen in den Anbau- und Produktionsländern ebenso wie für Personen, die die Substanzen über die Grenzen transportieren und schließlich in den Zielländern in größeren und kleineren Mengen weiterverteilen. Insofern ist es auch nicht verwunderlich, dass sich die Drogenherstellung und der Drogenhandel auch rasch an die Beschränkungen

4.3 Die Ökonomie der illegalen Drogen

während der COVID-19-Pandemie angepasst haben und es kaum zu größeren Versorgungsunterbrechungen kam. Vielmehr hätten die Maßnahmen zur räumlichen Distanzierung, so vermutet die Europäische Beobachtungsstelle für Drogen und Drogensucht (2021: 9), den Trend zur „Digitalisierung von illegalen Märkten" (Tzanetakis 2024) und zur Versorgung der Konsumierenden auf ‚Kryptomärkten' und im ‚Darknet' möglicherweise sogar beschleunigt (vgl. zu diesen neuen Märkten auch die Beiträge in Tzanetakis & Stöver 2019).

Aber unabhängig davon, wo und wie die illegalisierten Drogen gehandelt und verkauft werden, ergeben sich für die Konsumierenden mindestens drei ungünstige Konsequenzen: *Erstens* bewirkt die Illegalität mit ihren Risikozuschlägen, dass die zu erwerbenden Substanzen sehr teuer sind, ggf. so teuer, dass sie für finanziell schlechter gestellte Personen mit ihren legalen Einkünften nicht finanzierbar sind, was häufig zu unterschiedlichen Formen der so genannten Beschaffungskriminalität führt. *Zweitens* ist die Warenform illegaler Güter nicht durch das Gesetz geschützt und ihr marktförmiger Gebrauch von den grundlegenden Regeln, etwa des Zivil- oder Handelsrechts, ausgeschlossen. Insofern verfügt die illegale Ökonomie nicht über verlässliche Kontroll- und Garantiemechanismen hinsichtlich ihrer Transaktionen, d. h. niemand – ganz gleich um welche Mengen oder Summen es sich dabei handelt – kann ein Gericht oder gar die Polizei bemühen, um von seinen Geschäftspartner:innen das Geld für bereits gelieferte Ware oder die Ware für einen bereits bezahlten Preis einzuklagen. Für die Konsumierenden am problematischsten ist allerdings, *drittens,* dass aufgrund fehlender Regulationen keinerlei Garantien und Sicherheiten hinsichtlich der Qualität der erworbenen Substanzen existieren. Die Konsumierenden wissen nie, wieviel der gewünschten, wirksamen Substanz tatsächlich in dem Stoff vorhanden ist, den sie bei den Händler:innen erwerben, bzw. mit welchen Substanzen in welcher Menge die erworbene Droge gestreckt wurde.

Diese strukturellen Aspekte der illegalen Ökonomie haben zu einer erheblichen sozialen und vor allem auch gesundheitlichen Verelendung aufseiten der Konsumierenden geführt, die bis in die 1990er Jahre hinein von der Drogenpolitik sowie großen Teilen der Drogenhilfe in Deutschland auch so beabsichtigt war und gezielt erzeugt werden sollte.

4.4 Abstinenzparadigma und Suchthilfe in Deutschland

Wie in Kap. 3.4 beschrieben, betrat ab der zweiten Hälfte der 1960er Jahre ein Typus an Konsumierenden die Bühne, dessen Protagonisten ihren Konsum nicht mehr zu verbergen suchten. Vielmehr verstanden sie diesen unter anderem als Zeichen der Rebellion gegen das etablierte Bürgertum, was große Teile der Öffentlichkeit, der Medien und der Politik darin bestärkte, dieses jugendliche Ansinnen zunehmend zu einem Kulturkampf zu dramatisieren.

Als zu Beginn der 1970er Jahre die Zahl der Opiat- beziehungsweise Heroinabhängigen und damit auch die der Einweisungen stieg, waren die traditionellen psychiatrischen Anstalten mit dem Andrang der – zumeist auch noch „unangepassten" – Drogenkonsumierenden völlig überfordert. Die Behandlung erschöpfte sich häufig „in der Verteilung von Beruhigungsmitteln, in Disziplinierungsversuchen und stupiden Beschäftigungsangeboten", und die Rückfallquoten wurden mit 98 bis 100 % eingeschätzt (Schuller 1990: 32 f.).

Als Reaktion auf die Erfolglosigkeit der traditionellen psychiatrischen Behandlung entstanden Anfang der 1970er Jahre sogenannte Release-Gruppen, die insbesondere emanzipatorische Ziele verfolgten und vor allem alltagspraktische Angebote vorhielten: Beratungs- und Kommunikationszentren, Übernachtungsmöglichkeiten, Wohn- und Werkstattkollektive, ambulante medizinische Versorgungsstellen und Kriseninterventionszentren. Allerdings stellten viele dieser Initiativen ihre Arbeit bald wieder ein, weil es ihnen an staatlich-finanzieller Unterstützung mangelte. Andere durchliefen einen konflikthaften „Prozess, der durch Professionalisierung, Anpassung an die Vorgaben von Justiz und Sozialbehörden und eine Orientierung an rigiden US-amerikanischen Selbsthilfekonzepten gekennzeichnet war" (Schuller 1990: 36). In der Folge wurden die Release-Gruppen von den stationären Langzeittherapien abgelöst, die von Fachkliniken oder anderen spezialisierten Einrichtungen – überwiegend in der Trägerschaft der großen Wohlfahrtsverbände – angeboten wurden.

In der zweiten Hälfte der 1970er und vor allem in den 1980er Jahren waren diese Einrichtungen Bestandteil der sogenannten therapeutischen Kette; Drogenfreiheit, also Abstinenz, die zu dieser Zeit das einzige und absolute Ziel der deutschen Drogenpolitik war, sollte durch das Durchlaufen mehrerer Stufen erreicht werden. Diese waren: Erstens die Drogenberatung, die über die verschiedenen Therapieeinrichtungen informierte und die Kostenübernahme regelte; zweitens der körperliche Entzug, zumeist in speziellen Abteilungen der psychiatrischen Krankenhäuser; drittens die stationäre, durchschnittlich 18 Monate dauernde Langzeittherapie, die das Kernstück der Therapiekette bildete und in

4.4 Abstinenzparadigma und Suchthilfe in Deutschland

der vor allem mittels verhaltenstherapeutischer Ansätze eine drogenfreie Identität aufgebaut werden sollte; und viertens die Nachsorge, das heißt die anschließende Betreuung sowie Hilfe bei der Arbeitsplatz- und Wohnungssuche.

Allerdings gerieten die Langzeittherapien spätestens seit Mitte der 1980er Jahre in die Kritik. Ein wichtiger Punkt war dabei, dass die Betroffenen nicht mehr, wie noch in den Release-Gruppen üblich, als gleichgestellte Kollektivbewohner und -bewohnerinnen angesehen wurden, sondern nun zum „Objekt berufsmäßiger und therapeutischer Intervention" geworden waren: „Im Zentrum der Betrachtung stand nun die Person des Drogenkonsumenten. Ihr wird eine ‚infantile Bedürfnishaltung', ‚narzißtischer Hedonismus', ‚oral regressive Grundhaltung' und ‚emotional Ich-zentrierte Unreife' bescheinigt. Häufig werden Vergleiche mit Säuglingen und Kleinkindern angestellt" (Schuller 1990: 36 f.).

Ein weiterer Kritikpunkt war das vom Gesetzgeber ausgegebene Motto „Therapie statt Strafe": Der § 35 BtMG sah vor, dass eine Gefängnisstrafe durch die Aufnahme einer Therapie umgangen werden konnte. Dies führte nun allerdings dazu, dass sich 70 bis 80 % der Betroffenen aufgrund strafrechtlichen Zwangs in eine solche Therapie begaben, weshalb der Vorwurf laut wurde, das Schlagwort „Therapie statt Strafe" ziele eigentlich auf „Therapie als Strafe". Untermauert wurde diese Kritik durch die seinerzeit in § 36 Absatz 1 BtMG enthaltene Vorschrift, dass entsprechende staatlich anerkannte Therapieeinrichtungen sicherzustellen hätten, dass in ihnen die freie Gestaltung der Lebensführung erheblichen Beschränkungen unterliege (vgl. Eisenbach-Stangl et al. 2000) – eine Forderung, der die Einrichtungen durchaus nachkamen: Berichtet wurde von erniedrigenden Aufnahmeritualen, Ausgangs- und allgemeinen Kommunikationsbeschränkungen, Kontaktsperren, konfrontativen Methoden, ausgeprägten Hierarchiestrukturen sowie Privilegien- und Disziplinierungssystemen (vgl. Groenemeyer 2012: 483; Dammann & Scheerer 1985).

Scharfe Kritik wurde nicht zuletzt auch an der mangelnden Effizienz der Langzeittherapien geübt. Zum einen standen den damals geschätzten 50.000 bis 100.000 Opiatabhängigen gerade einmal 2000 bis 3000 Plätze in Langzeittherapien gegenüber, zum anderen lag deren Erfolgsquote nur bei maximal 30 % – bezogen auf eine Gesamtpopulation von 100.000 Opiatabhängigen errechnete der Sozialwissenschaftler Horst Bossong (1983) seinerzeit gar eine Erfolgsquote von unter einem Prozent. Die Selektivität dieser Hilfeform wurde auch deshalb als problematisch eingeschätzt, weil sie Hilfe insbesondere für diejenigen ausschloss, die ihr Konsumverhalten nicht verändern bzw. das ausgegebene Ziel der Abstinenz nicht erreichen konnten oder wollten. Die so bezeichneten „Fixer" oder „Junkies" waren dabei einer wachsenden sozialen und gesundheitlichen Verelendung ausgesetzt, was allerdings auch das erklärte Ziel der damaligen

Drogenpolitik war: Die sogenannte Leidensdruck-Theorie ging davon aus, dass eine therapeutische Behandlung erst in dem Moment aussichtsreich sein könne, wenn in gesundheitlicher und sozialer Hinsicht ein Tiefpunkt erreicht und die Lebenssituation negativ zugespitzt sei (Dammann & Scheerer 1985; Groenemeyer 2012). Wolfgang Heckmann beschrieb den kalkulierten Mechanismus seinerzeit folgendermaßen:

> „Die Eltern geben kein Geld mehr oder setzen ihr Kind vor die Tür, die Freunde wenden sich ab, der Arzt gibt keine Ersatzmittel mehr, die Polizei ermittelt, der Staatsanwalt erhebt Anklage, der Haftbefehl ist ausgestellt, der Lehrer, der Lehrmeister, der Pfarrer üben moralischen Druck aus, die Angst vor einer Überdosis oder Gelbsucht kommt hinzu" (Heckmann 1982: 21; vgl. auch Schmidt-Semisch 1990: 51 ff.).

Der Mediziner und Vorreiter der Substitutionsbehandlung in Deutschland Gorm Grimm (1985: 85) bezeichnete dieses Vorgehen seinerzeit als „das absichtliche Herbeiführen völliger Verlassenheit", Dammann & Scheerer (1985: 91) sprachen von ‚repressiver Kriminalpsychologie'. Die (auch heute noch aktuellen) körperlichen Folgen dieser Politik reichten dabei von Infektionskrankheiten, Abszessen, Geschwüren und Venenentzündungen durch unsterile Spritzbestecke über ruinöse Zahnstatus und Vergiftungen durch unbekannte Streckmittel bis hin zu sogenannten Drogentodesfällen durch Überdosierungen oder Suizid. Mindestens ebenso schwer wogen allerdings auch die psychischen und sozialen Folgen der Leidendruck-Politik. Die ‚Junkies' und ‚Fixer', die wir in den U-Bahnhöfen und auf den öffentlichen Toiletten sähen bzw. in den Massenmedien gezeigt bekämen, seien, so formulierte Sebastian Scheerer (1986) drastisch, das Produkt einer Verfolgtenkarriere: Menschen,

> „die wer weiß wie oft von ihren Eltern verstoßen und der Polizei aufgegriffen, von Freiern benutzt und von Straßenhändlern mit unreinem Heroin betrogen, die in Zwangstherapien gedemütigt und noch in den Gefängnissen diskriminiert wurden, die sich jahrelang das unsterile Spritzbesteck mit anderen Süchtigen teilten und ihre Krankheiten nicht behandeln lassen konnten, weil sie weder versichert waren, noch sich zum Arzt überhaupt zu gehen trauten – menschlicher Abschaum, Ausstoß, vielfach an der Rand des Todes getriebene und in den Tod getriebene" (Scheerer 1986: 111).

In der Rückschau kann man sagen, dass die deutsche Leidensdruck-Politik der 1970er und 1980er Jahre hinsichtlich der Erzeugung von sozialer und gesundheitlicher Verelendung durchaus erfolgreich war, ihr eigentliches Ziel einer „drogenfreien Gesellschaft" verfehlte sie allerdings deutlich.

4.5 Zusammenfassung

Die zeitlich begrenzte Alkoholprohibition in den Vereinigten Staaten von 1920 bis 1933 zeigte bereits die Schwierigkeiten auf, die bei einem Verbot bestehen: Die Nachfrage nach Alkohol bestand weiter und wurde über illegale Produktionsstätten und einen florierenden Schwarzmarkt befriedigt. Auch das in den 1960er bis 1980er Jahren institutionalisierte, globale Drogenverbot bewirkte lediglich die Entstehung einer nun globalen Drogenökonomie, die die fortbestehende Nachfrage befriedigte. Die hohen Preise der illegalen Drogen erzeugten bei etlichen Drogenkonsumierenden die Notwendigkeit, sich die erforderlichen finanziellen Mittel über illegale Methoden zu beschaffen. Die im illegalen Drogenhandel übliche Praxis, die gehandelten Drogen mit anderen (billigen) Substanzen zu strecken, und die gleichzeitig nicht vorhandene Kontrolle der Substanzqualität führten in Verbindung mit der abstinenzorientierten, deutschen Leidendruck-Politik zu einer unübersehbaren sozialen und gesundheitlichen Verelendung der Drogen-, in der Regel Heroinkonsumierenden. Diese Art der Drogenpolitik formte aber auch bestimmte Vorstellungen von dem auf das Engste mit dem sogenannten Drogenproblem verbunden Konzept der Sucht, dem wir uns deshalb in den folgenden Kapiteln zuwenden werden.

Weiterführende Literatur

Barop, H. 2023. Der große Rausch. Warum Drogen kriminalisiert werden. Eine globale Geschichte vom 19. Jahrhundert bis heute. München: Siedler Verlag

Bucerius, S. 2024. Ethnographie des Dealens. In: Feustel, R., Schmidt-Semisch, H. & Bröckling, U. (Hrsg.), Handbuch Drogen in sozial- und kultur-wissenschaftlicher Perspektive, 2., vollständig überabeitete und ergänzte Auflage. Wiesbaden: Springer VS, S. 647–662

Schuller, K. 1990. Von Release zur Therapeutischen Kette – und zurück? In: Schuller, K. & Stöver, H. (Hrsg.), Akzeptierende Drogenarbeit, Freiburg/Br.: Lambertus Verlag, S. 31–51

Tzanetakis, M. & South, N. (Eds.) 2023. Digital Transformations of Illicit Drug Markets: Reconfiguration and Continuity. Bingley: Emerald Publishing Limited (Open Access)

Welskopp, T. 2010. Amerikas große Ernüchterung. Eine Kulturgeschichte der Prohibition. Pa-derborn: Schöningh

Entstehung und Definitionen der Sucht

5

In diesem Kapitel erfahren Sie …

- dass der Begriff der Sucht in früherer Zeit alle Krankheiten umschloss, ausgenommen der Sucht in unserer heutigen Bedeutung,
- wie das Konzept der Sucht zu Beginn des 19. Jahrhunderts modellhaft für den Alkohol entwickelt und später auf andere Substanzen übertragen wurde,
- warum es keine allgemeine, einheitliche Definition der Sucht gibt, sondern dass sich auch die großen diagnostischen Manuale DSM und ICD hier unterscheiden,
- dass auch bei der Suchtentstehung die drei Komponenten ‚Drug', ‚Set' und ‚Setting' zentral sind, aber von den verschiedenen Disziplinen ganz unterschiedlich gewichtet werden, und
- warum die Suchtentstehung chaotischen Mustern folgt.

5.1 Geschichte des Suchtbegriffs

Der Begriff der ‚Sucht' ist zugleich älteren und jüngeren Datums. Abgeleitet ist er ursprünglich von dem gemeingermanischen Adjektiv *siech* (krank) beziehungsweise dem Verb *siechen* (krank sein). Und noch bevor *siech* im Spätmittelhochdeutschen von dem Wort krank abgelöst wurde, gebrauchte man es besonders für den ansteckenden Zustand der Aussätzigen, weshalb *siech* und *siechen* nicht nur eine Wortsippe mit Sucht bilden, sondern auch mit dem Wort Seuche. In diesem Sinne war Sucht bis zum 16. Jahrhundert die generelle Bezeichnung für Krankheit. Einige dieser Krankheitsnamen sind, wenn auch zunehmend verblassend, heute noch präsent: etwa die Schwindsucht, die

Fallsucht, die Tob- oder die Wassersucht. Seit dem 16. Jahrhundert wurde der Begriff dann nahezu vollständig durch den der Krankheit verdrängt und hatte, wenn er dennoch gebraucht wurde, eher eine ironische, metaphorische oder auch spöttelnde Konnotation. Zudem sollte der Begriff bald auch stärkere moralische Unwerturteile ausdrücken, so etwa in Begriffen wie Geldsucht, Gewinnsucht, Zanksucht oder Rachsucht (vgl. Scheerer 1995: 12).

In Kap. 3.1 hatten wir gesehen, dass der Alkohol im Europa des Mittelalters die Fest- und Alltagsdroge schlechthin gewesen war, bevor er in den folgenden Jahrhunderten zunehmend in die Kritik geriet. Für Spode (1993) liegen die Wurzeln der Sucht in ihrer heutigen Bedeutung in dieser historischen Kritik, die bis zur Zeit der Reformation zurückreicht (vgl. auch Wassenberg 1994 sowie Nolte 2007). Die protestantischen Prediger schimpften zwar über das „grewliche Laster der Trunckenheit" (Stolleis 1982), aber sie fassten es nicht (mehr) als eine Sünde auf, die mit einer Beichte aus der Welt zu schaffen war, wie es die katholische Kirche für möglich gehalten hatte. Für sie war Trunkenheit vielmehr ein „Hinweis auf einen schwachen Glauben und die Tatsache, dass Gott nicht in dem betreffenden Individuum wirkt" (Nolte 2007: 50). Zugleich befassten sich seit dem 17. Jahrhundert zunehmend auch konfessionell geprägte Mediziner mit der Trunkenheit und bewerteten diese später gar als Hinweis auf eine Strafe Gottes, der diese in Form einer Krankheit den betreffenden Menschen zukommen ließ. Sei das übermäßige, rauschhafte Trinken in der katholisch-mittelalterlichen Wirklichkeit eine freie Entscheidung zur Sünde gewesen, so Nolte (2024: XX), betrachtete die protestantische Wirklichkeit den ‚Säufer' als willenlos-kranken Sünder.

Eine ähnliche Entwicklung ist in den USA zu erkennen, wo im 17. und 18. Jahrhundert die Ansicht herrschte, dass Menschen tranken und sich berauschten, weil sie es wollten und nicht, weil sie es mussten. Alkohol zu trinken wurde als natürlich und normal betrachtet, als freie Entscheidung des Individuums für das Vergnügen oder auch als eine bewusst begangene Sünde, aber nicht als Krankheit (Levine 1982b: 215 f.). Dies änderte sich allerdings Ende des 18. Jahrhunderts, als der in den Vereinigten Staaten einflussreiche Mediziner und Sozialreformer Benjamin Rush Alkoholismus nun als Krankheit definierte.

„Rushs Beitrag zu einem neuen Modell der Trunksucht war vielfältig: Erstens identifizierte er die verursachende Kraft – Alkohol; zweitens beschrieb er den Zustand des Trinkers als Kontrollverlust über das Trinkverhalten – als Zwangshandlung; drittens erklärte er diesen Zustand zur Krankheit; und viertens empfahl er die vollständige Abstinenz als einzige Möglichkeit, den Trinker zu heilen" (Levine 1982b: 217).

5.1 Geschichte des Suchtbegriffs

Hatte man also sowohl in Europa als auch in den Vereinigten Staaten die Trunkenheit zuvor als Sünde, Laster oder auch übersteigerte Leidenschaft interpretiert, so wurde sie nun eine Krankheit, die von Mediziner:innen beschrieben, erforscht und behandelt wurde (Scheerer 1995: 12).

Glaubt man Levine (1982: 217 f.), so wurde die Idee, dass der Alkohol eine Sucht erzeugende Substanz sei, vor allem auch durch eine zu Beginn des 19. Jahrhunderts steigende Zahl von Gewohnheitstrinker:innen befördert, die öffentlich ihre Unfähigkeit eingestanden, den Drang zum Trinken kontrollieren zu können. Damit war die Basis gelegt für die weitere Entwicklung und einen neuen Bedeutungswandel des Wortes ‚Sucht': Sie mutierte zu einem modellhaften Konzept,

> „das im Verlaufe des 20. Jahrhunderts nach und nach auf den Konsum anderer (zunächst insbesondere illegalisierter) Substanzen übertragen wurde, um anschließend im Übergang zum 21. Jahrhundert auch auf ‚stoffungebundene' Verhaltensweisen (sog. Verhaltenssüchte: Glücksspielsucht, Internetsucht etc.) Anwendung zu finden" (Schmidt-Semisch und Dollinger 2022: 163).

Wie diese Beispiele zeigen, wurde bei der Beschreibung und Benennung von unerwünschten Verhaltensweisen zunehmend auf das Konzept der ‚Sucht' zurückgegriffen. Dies vor allem deshalb, weil es im Laufe der Zeit zu einem vertrauten, dauerhaft institutionalisierten sozialen Problem(muster) geworden ist, das von einer unüberschaubaren Vielzahl an Professionellen, Institutionen und Organisationen gestützt wird, „die zeitstabil für die Beobachtung, Kontrolle und Bekämpfung des Problems zuständig sind" (Schetsche 2014: 167). Im Verlaufe dieser institutionalisierenden Verfestigung ist uns die vermeintliche Plausibilität des Problemmusters ‚Sucht' in den vergangenen Jahrzehnten so selbstverständlich geworden, dass wir nicht nur im medizinischen Kontext, sondern auch in unserem Alltag die unterschiedlichsten Verhaltensweisen in inflationärer Art und Weise mit dem Suffix bzw. der Diagnose ‚Sucht' versehen.

Als Beleg hierfür sei mit Schetsche (2007) auf die ursprüngliche Thematisierung der sogenannten ‚Internet Addiction Disorder' (IAD) verwiesen: Der US-amerikanische Psychiater Ivan Goldberg hatte für eine Mailingliste einen Beitrag über diese neue Suchtkrankheit verfasst und darin konstatiert, das Internet übe auf immer mehr Menschen eine so starke Anziehungskraft aus, dass sie sich gänzlich aus der ‚realen' Welt zurückzögen. Diese Menschen seien – trotz negativer Auswirkungen auf andere Lebensbereiche, insbesondere die Familie, den Freundeskreis und die Erwerbsarbeit – nicht mehr in der Lage, ihre Internetnutzung einzuschränken, sie seien abhängig vom Internet und bräuchten professionelle Hilfe. In der entsprechenden Symptombeschreibung der IAD orientierte sich Goldberg dabei überdeutlich an den diagnostischen Merkmalen der Spielsucht, wie sie psychiatrisch beschrieben werden (Schetsche 2007: 119). Was den Leserinnen und Lesern der Mail allerdings verborgen blieb, war die Tatsache, dass die Ausführungen zur IAD von Goldberg als Scherz gemeint waren, mit denen der Psychiater kritisch darauf hinweisen wollte, dass heute nahezu jede Verhaltensweise als Sucht diskreditiert und pathologisiert werden könne. Umso größer war dementsprechend seine Verwunderung, als er nicht – wie von ihm erwartet – ironische Kommentare zu seinen Ausführungen erhielt, sondern dass insbesondere Personen antworteten,

> „die sich in den Symptombeschreibungen wiederzuerkennen meinten und sich selbst entsprechend für Betroffene dieser ‚Krankheit' hielten. Nachdem im Februar 1995 die New York Times über Goldbergs ‚Entdeckung' berichtet hatte, nahm die Themenkarriere ihren Lauf" (Schetsche 2007: 119).

Es melden sich immer mehr Betroffene, Selbsthilfegruppen entstanden, Expert:nnen widmeten sich in zunehmendem Maße mit entsprechenden Forschungen der vermeintlichen Problematik, die Zahl der Fachartikel und Ratgeberbücher nahm zu und Behandlungsmaßnahmen und Präventionskonzepte wurden entwickelt. Wenn man so will, könnte man sagen: Aus Spaß wurde Ernst (vgl. ausführlicher Walter und Schetsche 2003). Vor allem aber verweist diese Geschichte auf die hohe Plausibilität, die das Konzept der Sucht in unserem Alltag hat (Schmidt-Semisch 2024), was sicherlich auch mit dem hohen gesellschaftlichen Wert von Autonomie und der erwarteten Rationalisierung der Lebensführung zusammenhängt.

5.2 Sucht als Diagnose: DSM und ICD

Aber so plausibel uns das Suchtkonzept im Alltag auch erscheinen mag, bei der Frage, wie Sucht denn nun genau zu definieren sei, stößt man vor allem auf Mehrdeutigkeit und stetigen Wandel. Man kann dies zunächst exemplarisch an den offensichtlichen Problemen ablesen, welche die Weltgesundheitsorganisation (WHO) in den ersten Jahren ihres Bestehens bei der Abgrenzung der Begriffe ‚Sucht', ‚Abhängigkeit' und ‚Gewohnheit' hatte. So tat sie sich z. B. bei der Bezeichnung der entsprechenden Arbeitsgruppe ausgesprochen schwer, was in der Konsequenz dazu führte, dass der Name dieses Expert:innen-Komitees in den ersten zwei Dekaden des Bestehens der WHO mehrmals geändert werden musste:

5.2 Sucht als Diagnose: DSM und ICD

Wurde es 1948 zunächst als *Expert Committee on Habit-Forming Drugs* eingerichtet, so wurde es bereits 1950 in *Expert Committee on Drugs Liable to Produce Addiction,* 1958 in *Expert Committee on Addiction-Producing Drugs* und 1964 in *Expert Committee on Dependence-Producing Drugs* umbenannt. Seit 1968/69 schließlich heißt es *Expert Committee on Drug Dependence* (ECDD) (Hess u. a. 2004: 69). Interessant ist dabei, dass die zunächst favorisierten Bezeichnungen das Potenzial zu Gewohnheit, Abhängigkeit und Sucht in den jeweiligen Drogen verorteten, während die seit 1968 und bis heute gültige Bezeichnung offenlässt, wie Sucht entsteht (Schmidt-Semisch und Dollinger 2018: 36).

Die Schwierigkeit, die Sucht einheitlich oder gar allgemeingültig zu definieren, findet sich auch in den beiden großen medizinischen Manualen, die es sich zur Aufgabe gemacht haben, Kriterien zur Diagnostik von Sucht und Abhängigkeit zu benennen: a) das *Diagnostic and Statistical Manual of Mental Disorders* (DSM) der American Psychiatric Association und b) die *International Classification of Diseases* (ICD) der WHO. Die beiden Manuale unterschieden sich von jeher in ihren Diagnosekriterien und werden regelmäßig überarbeitet. In der Praxis unterscheiden sie sich insofern, als das DSM außerhalb der USA vor allem für die Forschung genutzt wird, während die Klassifikationen des ICD maßgeblich sind, wenn es um die gesundheitliche Versorgung geht – weshalb Änderungen des ICD für Praktiker:innen, Therapeut:innen und Versorgungsplaner:innen eine größere Bedeutung haben als die Änderungen im DSM (Rumpf und Mann 2015: 123). Im Rahmen der jüngsten Überarbeitungen folgte dem DSM-IV zuletzt 2013 das DSM-5. Während das DSM-IV noch zwischen ‚Missbrauch' und ‚Abhängigkeit' unterschieden hatte, wurden diese beiden Kategorien im DSM-5 zu nur noch einer Kategorie ‚Substanzgebrauchsstörung' zusammengelegt. Diese wiederum wird unter Zuhilfenahme von elf Kategorien diagnostiziert, wobei beim Vorliegen von zwei bis drei Kriterien von leichter, bei vier bis fünf Kategorien von moderater und beim Vorliegen von sechs und mehr Kategorien von schwerer Substanzgebrauchsstörung gesprochen wird (vgl. ausführlicher etwa Soyka und Baumgärtner 2015: 45; Heinz und Friedel 2014).

Im Gegensatz zum DSM-5 hält die am 01. Januar 2022 in Kraft getretene, elfte Version der ICD (ICD-11) an der Unterscheidung von „Abhängigkeit" und „schädlichem Gebrauch" fest (vgl. Rumpf und Mann 2015: 123). Und während das DSM-5 das sogenannte „pathologische Glücksspiel" im Bereich der Suchterkrankungen ansiedelt, ist es im ICD-11 im Bereich der Impulskontrollstörungen verortet (hierzu ausführlicher Bründl und Fuss 2021). Entscheidender ist aber vielleicht, dass die in der Vorgängerversion ICD-10 benutzten sechs diagnostischen Kriterien für Abhängigkeit nun in der ICD-11 zu drei Paaren zusammengefasst wurden (Tab. 5.1), „die jeweils zwei der bisherigen Kriterien

Tab. 5.1 Diagnostische Kriterien für Abhängigkeit und das Abhängigkeitssyndrom in ICD-11 und ICD-10

ICD-11 Abhängigkeit	ICD-10 Abhängigkeitssyndrom
Die Diagnose erfordert, dass zwei oder mehr der drei zentralen Kriterien über einen Zeitraum von mindestens 12 Monaten bestehen, kann aber auch gestellt werden, wenn die Substanz mindestens einen Monat kontinuierlich (täglich oder fast täglich) konsumiert wird. **1** Beeinträchtigte Kontrolle über den Substanzkonsum – bezogen auf Beginn, Menge und Umstände oder Ende des Konsums. Wird oft, aber nicht notwendigerweise von subjektiven Empfindungen von Drang oder Verlangen, die Substanz zu konsumieren, begleitet **2** Physiologische Merkmale (indikativ für substanzbezogene Neuroadaption) manifestiert sich als: (i) Toleranz, (ii) Entzugserscheinungen nach Konsumstopp oder -reduktion oder (iii) wiederholter Konsum der Substanz, um Entzugserscheinungen zu mindern oder zu verhindern Entzugserscheinungen müssen dem Entzugssyndrom der Substanz entsprechen und sind nicht auf anhaltende Substanzeffekte zurückzuführen. **3** Substanzkonsum wird fortschreitend zur Priorität im Leben, z. B., dass die Substanz Vorrang über andere Interessen, Vergnügungen, alltägliche Aktivitäten, Verpflichtungen oder der Gesundheitspflege oder persönlichen Pflege erhält. Der Substanzkonsum nimmt zunehmend eine zentrale Rolle im Leben der Person ein und verschiebt andere Aspekte des Lebens in die Peripherie und wird oft trotz des Auftretens von Problemen fortgeführt.	Um die Diagnose eines Abhängigkeitssyndroms stellen zu können, müssen drei oder mehr Kriterien mindestens einen Monat lang gleichzeitig oder wiederholt innerhalb von 12 Monaten vorhanden sein **1** Ein starkes Verlangen („craving") oder eine Art Zwang, die Substanzen zu konsumieren. **2** Verminderte Kontrolle über den Substanzgebrauch, d. h. über Beginn, Beendigung oder die Menge des Konsums, deutlich daran, dass oft mehr von der Substanz oder über einen längeren Zeitraum konsumiert wird als geplant, oder an dem anhaltenden Wunsch oder an erfolglosen Versuchen, den Substanzkonsum zu verringern oder zu kontrollieren. **3** Toleranzentwicklung gegenüber den Wirkungen der Substanz. Für eine Intoxikation oder um den gewünschten Effekt zu erreichen, müssen größere Mengen der Substanz konsumiert werden, oder es treten bei fortgesetztem Konsum derselben Menge deutlich geringere Effekte auf. **4** Ein körperliches Entzugssyndrom, wenn die Substanz reduziert oder abgesetzt wird, mit den für die Substanz typischen Entzugssymptomen oder auch nachweisbar durch den Gebrauch derselben oder einer sehr ähnlichen Substanz, um Entzugssymptome zu mildern oder zu vermeiden. **5** Einengung auf den Substanzgebrauch, deutlich an der Aufgabe oder Vernachlässigung anderer wichtiger Vergnügungen oder Interessensbereiche wegen des Substanzgebrauchs; oder es wird viel Zeit darauf verwandt, die Substanz zu bekommen, zu konsumieren oder sich davon zu erholen. **6** Anhaltender Konsum trotz eindeutiger schädlicher Folgen, deutlich an dem fortgesetzten Gebrauch, obwohl der Betreffende sich über Art und Ausmaß des Schadens bewusst ist oder bewusst sein könnte.

(Eigene Darstellung, Quelle: Heinz et al. 2022:52).

5.2 Sucht als Diagnose: DSM und ICD

als Aspekte des neuen gemeinsamen Kriteriums auflisten" (Heinz et al. 2022: 51). Während also in den vergangenen Jahren in der ICD-10 drei von sechs diagnostischen Kriterien erfüllt sein mussten, um eine Abhängigkeitserkrankung diagnostizieren zu können, sind es in der ICD-11 nur noch zwei der neuen drei Kriterien.

Diese Veränderung der Diagnose-Kriterien sei nun keineswegs trivial, so Heinz et al. (2022: 56), sondern vielmehr kämen erste Studien zu dem Ergebnis, dass sich die Zahl der Personen, die bisher z. B. als substanzabhängig diagnostiziert wurden, mit dem neuen ICD-11 signifikant verändere. So sei etwa in einer entsprechenden Studie in zehn Ländern die Rate der Alkoholabhängigkeit bei erwachsenen alkoholkonsumierenden Personen um 10 % höher ausgefallen, wenn statt der ICD-10 die ICD-11-Kriterien verwendet wurden.

„Auch wenn dieser Unterschied in der Studie nicht statistisch signifikant war, ist er klinisch relevant und würde für Deutschland bedeuten, dass anhand der ICD-11 zu den bisher schätzungsweise 2,9 Mio. Menschen mit Alkoholabhängigkeit (entspricht 3,5 % der Bevölkerung […]) zusätzlich etwa 300.000 weitere Personen die Diagnose einer Alkoholabhängigkeit bekämen […] Eine weitere Arbeit zeigt bei Jugendlichen sogar eine 2,3-fach höhere Prävalenz der Alkoholabhängigkeit im ICD-11 gegenüber der Verwendung des ICD-10 […] und etwa 50 % häufiger die Diagnose der Cannabisabhängigkeit unter Verwendung des ICD-11. Dies sind klinisch relevante Unterschiede und weisen darauf hin, dass es durch die ICD-11 zu einer Zunahme der Abhängigkeitsdiagnosen kommen kann" (Heinz et al. 2022: 56).

In der Gesundheitssoziologie bezeichnet man eine solche Ausweitung der Patient:innenzahlen durch eine Veränderung der jeweiligen Krankheits-Definition oder eines entsprechenden Grenzwerts als *Medikalisierung* (ausführlicher hierzu Hehlmann et al. 2018: 124 ff.; Harbusch und Dellwing 2019).

Heinz et al. (2022) weisen zudem darauf hin, dass auch kulturelle Einflüsse auf die Kategorisierung erwogen werden müssten. Da z. B. in Kategorie drei der ICD-11 nur noch von ‚Problemen' beim Substanzkonsum die Rede sei, könnten auch soziale Schwierigkeiten darunter gefasst werden, die allein aufgrund regional unterschiedlicher Gesetze oder kultureller Normen eintreten (vgl. auch Gutwinski und Heinz 2022).

Vor diesem Hintergrund erscheint die von Uchtenhagen im Jahre 2000 geübte Kritik an diesen Diagnose-Systemen heute weiterhin aktuell. Seinerzeit hatte er kritisiert, dass die einzelnen Diagnosesysteme (damals noch DSM-IV bzw. ICD-10) an sehr unterschiedlichen Diagnosekriterien orientiert seien, die überdies in ganz unterschiedlichen Bereichen lägen:

„Sie manifestieren sich körperlich, psychisch, im Verhalten oder in sozialen Auswirkungen. Keines der Kriterien trifft immer zu, und einzelne Kriterien kommen bei bestimmten Substanzen nicht oder nur selten vor […] Andererseits gibt es Zustandsbilder, für welche einzelne Kriterien zutreffen, ohne dass deshalb von Abhängigkeit gesprochen wird" (Uchtenhagen 2000: 5).

Insofern müsse die Vorstellung von *einem* Abhängigkeitssyndrom verworfen und von einem „Spektrum von Abhängigkeitssyndromen" gesprochen werden (vgl. ausführlicher Dollinger und Schmidt-Semisch 2007).

‚Sucht' und ‚Abhängigkeit' sind also nicht nur in ihrer historischen Genese, sondern bleiben auch in den aktuellen diagnostischen Manualen uneindeutige, sich wandelnde und durchaus auch umstrittene Konzepte. Ähnlich verhält es sich auch mit den unterschiedlichen Erklärungen und Theorien der Suchtentstehung (vgl. auch Alexander 2008).

5.3 Theorien der Suchtentstehung

In Kap. 2 hatten wir besprochen, dass der Drogenkonsum und seine Wirkungen maßgeblich von den drei Komponenten ‚Drug', ‚Set' und ‚Setting' geprägt sind. Auch Theorien der Suchtentstehung orientieren sich in der Regel an diesen drei Komponenten, wobei ihnen von den verschiedenen Disziplinen jeweils unterschiedliches Gewicht zugesprochen wird.

Im Kontext neurobiologischer Überlegungen zum *Suchtpotenzial* der jeweiligen Substanzen (Drug) wird dabei „der kausalen Kraft der Droge […] ein hohes Gewicht beigemessen" (Tretter 2020: 13). Wie hoch dieses Suchtpotenzial ist, bemisst man u. a. daran, wie sich das Zahlenverhältnis zwischen ‚süchtigen' und ‚nicht-süchtigen' Konsumierenden der jeweiligen Drogen darstellt oder wie hoch „die ‚Rückfallrate' sechs Monate nach Beendigung einer qualifizierten Therapie ist" (Tretter 2017: 54). Weitere Merkmale der jeweiligen Substanzen sind in diesem Zusammenhang aber z. B. auch die Pharmakokinetik (Abbaugeschwindigkeit) und ihre Bindungseigenschaften an den Rezeptoren (Pharmakodynamik). Zudem steht das sogenannte Belohnungssystem im Zentrum vieler Untersuchungen.

„Ausgangspunkt war die empirisch fundierte Erkenntnis, dass bestimmte mesolimbische-mesokortikale Neuronenverbindungen, die durch natürliche Stimuli wie Essen und Trinken, sexuelle Aktivität und mütterliches Fürsorgeverhalten angeregt werden, auch durch abhängigkeitmachende (sic) Substanzen wie Alkohol,

Nikotin, Opiate, Kokain und Amphetamin usw. aktiviert [...] werden" (Degkwitz 2002: 49).

Auch wenn diese neurobiologischen im gegenwärtigen Diskurs die dominierenden Suchttheorien sind (Tretter 2020: 23; Pickard 2020), so ist ihre Erklärungskraft doch deutlich eingeschränkt, da ja die allermeisten Drogen konsumierenden Menschen von diesen Substanzen gerade nicht abhängig sind (Zieglgänsberger 2000: 29; Tretter 2020: 23). Insofern stellt sich die Frage, inwiefern insbesondere auch Theorien zur Person (Set) zur Erklärung der Suchtentstehung beitragen können.

Bei den personenbezogenen Faktoren einer Sucht kann man zunächst mit Blick auf die Gene feststellen, „dass genetische (und neuerdings: epigenetische) Faktoren nicht so viel erklären können, wie man zunächst glaubt" (Tretter 2017: 54). Lediglich bei ‚wegadoptierten Söhnen' von Alkoholikern sei die Wahrscheinlichkeit für Alkoholismus erhöht (Uchtenhagen 2000).

Daneben gibt es eine Vielzahl psychologischer Erklärungsversuche, von denen einige davon ausgehen, dass es eine feststehende *Suchtpersönlichkeit* gebe, die bereits im Vorfeld einer Suchtkarriere den Süchtigen vom Nichtsüchtigen unterscheide. Durch standardisierte Persönlichkeitstests versuchte man, diese nie wirklich erhärteten Vermutungen zu verifizieren: Die für relevant angesehenen Faktoren reichen von Depression, Ängstlichkeit, hoher Stressempfindlichkeit, mangelndem Selbstvertrauen und unterschiedlichen Traumatisierungen über eine höhere Toleranz für Fehlverhalten und Indifferenz gegenüber sozialen Normen bis hin zu einem größeren Bedürfnissen nach impulsiven Aktionen und stärkeren Gefühlserfahrungen sowie der Unfähigkeit zu natürlicher Euphorie (Tretter 2020: 17 sowie 2017: 55). Psychoanalytische Ansätze sehen dagegen das Problem der Drogenabhängigkeit vor allem bedingt durch frühkindliche Störungen der Persönlichkeit, vor allem einer nicht ausreichenden Ich-Stärke, wobei als Ursachen etwa Vernachlässigung, Verwöhnung, das Fehlen von Sicherheit, Wärme und Geborgenheit und Ähnliches infrage kommen können. Die Droge interpretierten diese Ansätze als Kompensation von Ich-Schwäche, als Ersatz für Defizite in der Persönlichkeitsstruktur: So würden Menschen, die aufgrund von frühkindlichen Beziehungsstörungen zu Depressionen neigen, das Gefühl der Leere, Sinnlosigkeit und Kontaktunfähigkeit durch Drogenkonsum zu kompensieren suchen; die Süchtigen versuchten gleichsam ihr instabiles, löchriges Selbst durch die Droge zu plombieren (Böllinger et al. 1995: 71).

Das Problem der psychologischen Ansätze ist, dass sie zwar einerseits einige Einzelfälle und einzelne Karrieren retrospektiv zu erklären vermögen, aber keine allgemeingültige, prognostische Theorie zur Verfügung stellen. Das Vorliegen einzelner Risikofaktoren sagt über die Zukunft der Person erst einmal nichts aus, d. h. sie können letztlich nicht erklären, wie und warum gleiche Ursachen gewissermaßen zu verschiedenen Symptomen führen.

„Da […] mehr als 50 % der Menschen ihr Leben als ‚stressig' bezeichnen, aber nur 2 % der Menschen alkoholabhängig werden, bedeutet das aber auch, dass exzessiver sozialer Stress einen Biertrinker alleine nicht süchtig macht, sondern dass geminderte Möglichkeiten, sich anderweitig zu entspannen und zu belohnen oder mit dem Stress umzugehen erst die Gesamtsituation zu einer Risikokonstellation ausarten lässt, bei welcher der Alkoholkonsum süchtig entgleisen kann" (Tretter 2017: 55).

Ebenso verhält es sich mit soziologischen Erklärungsversuchen von Sucht und Abhängigkeit. So können etwa Lern- und Verhaltenstheorien zeigen, dass positive Sanktionen, wie Anerkennung und Zuwendung innerhalb einer Gruppe, das Erlernen bestimmter Verhaltensweisen (wie eben z. B. des Drogenkonsums) begünstigen können, und dass zu einem späteren Zeitpunkt der Drogenkonsum gegebenenfalls dazu benutzt wird, wiederum die negativen Folgen dieses Konsums bzw. seiner staatlichen Verfolgung kurzfristig zu bewältigen. Aber warum z. B. nicht alle Mitglieder der jeweiligen Gruppe abhängig werden, bleibt unerklärt. Das gleiche gilt auch für die meisten anderen sozialwissenschaftlichen Ansätze: Sie allen können im Hinblick auf die Suchtproblematik nur rückblickend und bestenfalls für den Einzelfall erklären, warum ein bestimmtes Individuum vielleicht abhängig geworden ist. Eine allgemeine kausale Beziehung zwischen spezifischen Sozialisationsbedingungen und späterem Drogenkonsum konnte bislang nicht ermittelt werden (Stein-Hilbers 2007). Insofern bleiben auch diese Theorien und Erklärungsversuche bestenfalls als Einzelteile eines unübersehbaren Puzzles (Pickard 2020) zurück, „denn weder die Psychosomatik noch die Soziologie oder die Neurobiologie alleine konnten bisher ein monistisches Konzept zur klinischen Phänomenologie der Sucht liefern" (Tretter 2020: 23).

Aus diesem Grund werden seit einiger Zeit integrative Modelle favorisiert, welche die drei Komponenten des ‚Drug', ‚Set' und ‚Setting' gleichermaßen in Rechnung stellen und zugleich an das von Engel (1977) propagierte *bio-psychosoziale Modell* anzuschließen suchen (vgl. auch Laging 2020: 24 ff.). Abb. 5.1 zeigt das von Tretter entwickelte humanökologische Modell der süchtigen Person.

5.3 Theorien der Suchtentstehung

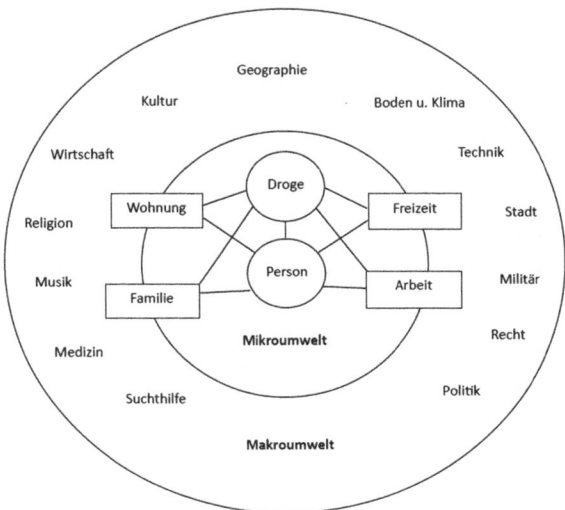

Abb. 5.1 Eigene Darstellung des humanökologischen Modells der süchtigen Person nach Tretter 2017: 140

Die Person mit ihrem Drogengebrauch befindet sich in diesem Modell im Zentrum eines komplexen Beziehungsgeflechtes, das sowohl von ihrem sozialen Nahfeld (der Mikroumwelt) sowie der größeren Gesellschaft (der Makroumwelt) beeinflusst wird. Dabei ist das Modell von Tretter (2020: 22 f.) am besten als allgemeines integratives Orientierungsmodell zu verstehen, das einen Eindruck von der Komplexität der Suchtentstehung und hierbei vor allem auch der sozialen Determinanten vermitteln soll. Welchen Einfluss die einzelnen Determinanten allerdings haben, lässt sich hingegen immer nur am konkreten Einzelfall und gegebenenfalls wiederum erst retrospektiv bestimmen. Robert West und Jamie Brown bringen diesen Sachverhalt folgendermaßen auf den Punkt:

„In terms of the current theory, the development of addiction appears to follow a 'chaotic' pattern in which in some cases an event, which may at the time appear significant or insignificant, can send an individual down a particular path. In others, it sets up a susceptibility to which other triggers are needed for the addictive pattern of behaviour to develop. The particular trajectory will depend on a host of factors and chance events" (West und Brown 2013: 235; vgl. auch Fisher 2022: xii).

Verwiesen sei in diesem Zusammenhang auf die jüngeren Versuche, die unterschiedlichen Determinanten und Risikofaktoren sowie die unterschiedlichen und zum Teil konkurrierenden, disziplinären Konzeptualisierungen der Sucht zu einer so genannten *Addiction Ontology* (zu einer Ontologie der Sucht) zusammenzufügen (hierzu etwa Kelly et al. 2022 sowie Notley et al. 2022). Mit solchen Ontologien wird versucht, einen einheitlichen Rahmen zu schaffen, um über disziplinäre und methodologische Grenzen hinweg ein gemeinsames Verständnis des infrage stehenden Phänomens und seiner wissenschaftlichen Erfassung, hier: der ‚Sucht', zu entwickeln. Inwieweit diese Versuche erfolgreich sein werden, bleibt allerdings abzuwarten.

5.4 Zusammenfassung

Die ‚Sucht' in ihrer heutigen Bedeutung ist sowohl in ihrer historischen Genese als auch in den aktuellen diagnostischen Manualen ein uneinheitliches, sich stetig wandelndes und überdies auch umstrittenes Konzept. Zunächst mit Blick auf den Alkohol und die Trunkenheit entwickelt, wurde das Konzept im Verlaufe des 20. Jahrhunderts nach und nach auf den Konsum anderer (meist illegalisierter) Substanzen und schließlich auch auf ‚stoffungebundene' Verhaltensweisen übertragen. Aber auch wenn bei der Beschreibung und Benennung von unerwünschten Verhaltensweisen gerne auf das Konzept der Sucht zurückgegriffen wird, so sind doch die entsprechenden Theorien ihrer Entstehung von nur begrenzter prognostischer Erklärungskraft, da die Bedeutung der entsprechenden psychischen und sozialen Determinanten sowie Risikofaktoren nur retrospektiv ermittelt werden kann. Unabhängig davon allerdings hat allein die Rede von der Sucht Wirkungen und Nebenwirkungen, denen wir uns nun im folgenden Kapitel zuwenden.

Weiterführende Literatur

Heinz, A., Halil, M., Gutwinski, S., Beck, A. & Liu, S. 2022. ICD-11: Änderungen der diagnostischen Kriterien der Substanzabhängigkeit. In: Der Nervenarzt 93, S. 51–58

Kelly, R., Hastings, J. & West, R. 2022. How an Addiction Ontology can Unify Competing Conceptualizations of Addiction. London und New York: Routledge

Pickard, H. 2020. The Puzzle of Addiction. In. Pickard, H. & Ahmed, S.H. (Eds.), The Routledge Handbook of Philosophie and Sciences of Addiction. London and New York: Routledge, S. 9–22

Tretter, F. 2017. Sucht. Gehirn. Gesellschaft. Berlin: MWV

Wassenberg, K. 2003. Die historischen Wurzeln moderner Suchtmedizin. In: Wiener Zeitschrift für Suchtforschung 26, H. 2, S. 41–54

Das Sucht-Konzept und seine Nebenwirkungen 6

In diesem Kapitel erfahren Sie ...

- was Sucht mit Macht zu tun hat und warum sie als Produkt interpersoneller Kommunikation und soziokultureller Entwicklungen verstanden werden kann,
- welche Formen der Stigmatisierung und Diskriminierung mit der Zuschreibung der Diagnose Sucht verbunden sind und wie man sie vermeiden kann,
- warum die professionellen, vor allem aber auch die Alltagstheorien der Sucht die Betroffenen bei der Veränderung ihres Verhaltens schwächen können,
- dass es einen ‚erlernten Entzug' geben kann, der durch das spezifische Suchtwissen determiniert wird, und
- warum es Sinn machen kann, das Konzept der Sucht durch das der Autonomie zu ersetzen.

6.1 Sucht als machtvolle Zuschreibung

Wie wir im vorangegangenen Kapitel festgestellt haben, gibt es keine Einigkeit darüber, was Sucht genau ist oder wie sie entsteht. Insofern stellt die Benutzung der Begriffe ‚Sucht' und ‚Abhängigkeit' ein höchst voraussetzungsvolles Unterfangen dar, da die jeweiligen Begrifflichkeiten und Definitionen immer schon mit kulturellen Bedeutungen und Vorentscheidungen aufgeladen sind, die wiederum alle auch mit entsprechender Kritik konfrontiert werden. So gesehen ist Sucht

> „immer als ein Produkt interpersoneller Kommunikation und soziokultureller Entwicklungen sowie nicht zuletzt als Resultat von Machtkonstellationen zu konzeptualisieren – und zwar sowohl auf der Ebene der allgemeinen Definitionen und Diskurse

wie auch mit Blick auf die konkrete Diagnose und die subjektive Interpretation der eigenen Befindlichkeit" (Dollinger & Schmidt-Semisch 2007: 8).

Vor dem Hintergrund einer großen Spannbreite an Konsummustern, einer unüberschaubaren Anzahl unterschiedlicher Lebens- und Handlungsentwürfe und -prioritäten sowie der zahlreichen Möglichkeiten, diese wiederum zu klassifizieren, erweist sich Sucht somit zunächst vor allem als Zuschreibung für bestimmte unerwünschte Verhaltensweisen. In diesem Sinne ist Sucht kein objektiv aufzufindendes oder zu beobachtendes Phänomen, sondern lediglich ein Begriff oder ein Erklärungsprinzip, der bzw. das gefüllt werden muss: „‚Sucht' als Verhalten wird erst sichtbar, wenn man eine bestimmte Definition voraussetzt und sie der eigenen Beobachtung zugrunde legt" (Herwig-Lempp 1994: 182). Auf welches Verhalten sich der Begriff konkret bezieht bzw. wem er zugeschrieben wird, „hängt einerseits davon ab, wer wofür einen Begriff oder eine Erklärung benötigt, und andererseits davon, wer die Macht hat, seine Definition durchzusetzen" (Herwig-Lempp 1994: 79). Vor diesem Hintergrund wird Sucht dann als soziale und vor allem auch moralische Kategorie von sozialen Akteuren benutzt, um Verhaltensweisen einzuordnen und Personen zu positionieren, um sich abzugrenzen oder andere auszugrenzen, um Verantwortlichkeiten zuzurechnen und Behandlungskosten abzurechnen, um sich zu empören oder zu solidarisieren usw.

Dabei verweist die Zuschreibung der Sucht zugleich auch auf Botschaften, Vorstellungen und Vorschriften, die weit über sie hinausreichen. Mit Laclau und Mouffe (2012) kann man sie daher auch als umfassendere Sinnzuweisung verstehen, mit der eine Differenz gesetzt wird: Im Rahmen von Suchtdiskursen wird zwar auch über die Legitimität entsprechender Verhaltensweisen verhandelt, vor allem aber auch über den Grenzverlauf zwischen ‚Sucht' und ‚Nicht-Sucht'. Das aber bedeutet: Suchtdiskurse legen nicht nur fest, was ‚Sucht' bzw. wer ‚süchtig' ist und was ‚Nicht-Sucht' bzw. wer ‚nicht süchtig' ist, sondern sie verhandeln zugleich auch, was konforme Verhaltensweisen sind bzw. wie ein ‚richtiges Leben' auszusehen hat. Indem sie dies tun, bestimmen und konstituieren Suchtdiskurse, was sie zugleich als vermeintlich gegeben voraussetzen: eine spezifische Qualität von ‚Sucht' im Vergleich zur ‚Nicht-Sucht' (vgl. Dollinger et al. 2014). Das heißt sie unterstellen, es bestände die Möglichkeit, den Grenzverlauf objektiv zu beschreiben, obwohl dieser Verlauf ja gerade der zentrale Gegenstand von Suchtdiskursen ist und daher permanent neu bestimmt wird – etwa bei den Verhandlungen über Änderungen der ‚Suchtkategorien' in DSM oder ICD (s. o.) oder wenn darüber gestritten wird, ob ‚Verhaltenssucht' als eine „eigenständige diagnostische Einheit" aufgefasst werden sollte (Grüsser et al. 2007: 99), ob und wie Lotto-Spielen süchtig macht, was den Konsum von Kokain mit dem Spielen von World of Warcraft verbindet usw. (Schmidt-Semisch 2016: 147).

So gesehen transportieren Suchtdiskurse zwangsläufig ganz unterschiedliche Vorstellungen davon, wo die Grenze zwischen ‚Sucht' und ‚Nicht-Sucht' zu verlaufen habe. Dies betrifft die aktuellen Diagnostikmanuale ebenso wie wissenschaftliche Dispute, Berichte in den Massenmedien, Gespräche in Schule, Betrieb und Familie, aber auch Wahlprogramme, Informationsflyer, Sucht-Präventions- und Drogen-Aufklärungskampagnen und vieles weitere. In allen diesen diskursiven Zusammenhängen werden ganz unterschiedliche Grenzziehungen und Forderungen zur Überwindung der jeweils von den Akteuren als unerwünscht eingestuften (süchtigen) Verhaltensweisen artikuliert. Dabei ist dieses „Ineinander von Apparaturen und Diskursen, aus Organisationen, Finanzierungen und Wissens-Kulturen" (Quensel 2010: 392) von internen Kämpfen geprägt: Die unterschiedlichen Interessengruppen ringen darum, dominante Positionen zu besetzen, um ihre jeweiligen Interessen durchzusetzen und ihre spezifischen Grenzziehungen und Vorstellungen vom ‚richtigen' und ‚falschen' Leben hegemonial (also zur herrschenden Sicht der Dinge) zu machen oder zu halten.

Dazu bedarf es freilich einer machtvollen Position innerhalb des Diskurses, welche die Verfügungs- und Definitionsmacht über den Begriff und das Konzept ‚Sucht' absichert. Wie oben deutlich geworden ist, wird diese Position heute insbesondere den Vertretern und Vertreterinnen des (dominanten) neurobiologischen, medizinisch-naturwissenschaftlichen Suchtkonzepts zugestanden. Die diagnostische und therapeutische Gültigkeit und Zuständigkeit dieses Suchtkonzepts wird praktisch nicht in Zweifel gezogen, da es aufgrund „seiner naturwissenschaftlichen Diktion mit einer gleichsam ‚natürlichen Objektivität' ausgestattet zu sein" (Dollinger & Schmidt-Semisch 2007: 9) scheint, wobei freilich die sozialen Bedingungen naturwissenschaftlicher Erkenntnis konsequent ignoriert werden. Aufgrund seiner dominanten Position prägt diese Interpretation in entscheidender Art und Weise nicht nur den gesellschaftlichen Suchtdiskurs, sondern auch den Umgang mit den entsprechenden Konsummustern und Verhaltensweisen, und hat Konsequenzen auf sozialer und individueller Ebene. Eine dieser Konsequenzen ist die Stigmatisierung und Diskriminierung der betroffenen Personen.

6.2 Sucht als Stigmatisierung

In den vergangenen Jahren hat das Phänomen der Stigmatisierung von sogenannten Suchtkranken zunehmend an Aufmerksamkeit gewonnen (Schomerus 2017). Diese Stigmatisierung wird nicht nur für das alltägliche Miteinander konstatiert, sondern auch für den Kontext medizinisch-gesundheitlicher sowie sozialer Dienstleistungen. Nach Kardorff (2010: 4) ist Stigmatisierung dabei nicht nur eine kränkende und bedrohliche persönliche Erfahrung, welche die eigene Identität infrage stelle, soziale Anerkennung und Teilhabe gefährde und für psychisch vulnerable Personen gleichsam zu einer ‚zweiten Krankheit' werden könne. Stigmatisierung bilde zudem den Ausgangspunkt für vielfältige Formen gesellschaftlicher Diskriminierung und sozialer Ausgrenzung und scheine einen generellen Mechanismus zu bezeichnen,

> „der auf der Ebene der Gesellschaft der Grenzziehung zwischen vorherrschenden Normalitätsvorstellungen und Abweichung dient und auf der Ebene der sozialen Interaktion die Grenze zwischen Zugehörigkeit und Ausschluss markiert. Es scheint, dass die Stigmata sich wandeln, nicht aber die Stigmatisierung" (Kardorff 2010: 4).

Im Vergleich zum Stigma anderer psychischer Erkrankungen, so Schomerus et al. (2017: 254), sei das Stigma von Suchterkrankungen von stärkeren Schuldvorwürfen, einer geringeren Akzeptanz des Krankheitskonzepts Sucht und einer stärkeren persönlichen Ablehnung der Betroffenen geprägt. Zudem genieße die Behandlung von Suchtkrankheiten in den Augen der Öffentlichkeit im Vergleich zu anderen Gesundheitsproblemen eine niedrigere Priorität. Dies führe dazu, dass eine Veränderung des Suchtverhaltens erschwert werde, wobei die Stigmatisierung auf unterschiedlichen Ebenen und in verschiedenen Bereichen erfolge.

Exemplarisch kann dabei zunächst das System der gesundheitlichen Versorgung selbst angeführt werden, in dem die Betroffenen „häufig einer entwertenden Behandlung durch das Personal ausgeliefert" seien (Schomerus et al. 2017: 255; Boekel 2013). Dies wiederum veranlasse viele Personen dazu, die Inanspruchnahme von Hilfe zu vermeiden oder hinauszuzögern (Kulesza 2016). Ähnliches gelte in der Arbeitswelt, wenn aus Angst vor Stigmatisierung eine frühzeitige Ansprache der Probleme durch Kollegen oder Vorgesetzte oder auch die Offenlegung von Suchtproblemen durch Betroffene unterbleibe. Zudem könnten auch

> „Gesundheitsförderung und Prävention [...] stigmatisierend sein, wenn sie Betroffene abwerten und ausgrenzen, indem z. B. die Darstellung überzeichneter Verläufe der Abschreckung dienen soll. Der durch Abschreckung erzielte primärpräventive Effekt ist zweifelhaft, jede Überzeichnung und Stereotypisierung schadet aber der stigmatisierten Minderheit der Betroffenen" (Schomerus et al. 2017: 255; vgl. auch Berger 2022).

6.2 Sucht als Stigmatisierung

Als weiterer Bereich der Stigmatisierung werden die Medien benannt, in denen Berichte über negative Suchtfolgen und Suchtverläufe das Bild von Suchterkrankungen dominierten, während positive Verläufe unsichtbar blieben. So würden z. B. zahlreichen Fälle von Selbstheilung, also von Verläufen, die ohne professionelle Hilfe gelingen (vgl. Klingemann 2021; Klingemann & Sobell 2006), kaum in den Medien thematisiert und überdies auch von den Betroffenen aus Angst vor Stigmatisierung oft verheimlicht (Schomerus et al. 2017: 255), was dazu führe, dass die Selbstheilung im hegemonialen Suchtdiskurs praktisch nicht vorkäme (Schmidt-Semisch 2010: 151; Klingemann & Zulewska 2006).

Bedeutsam ist aber vor allem auch, dass Stigmatisierung die Betroffenen selbst gewissermaßen zu einer anderen Person macht. Mit der erfolgreichen Zuschreibung des Stigmas und

> „seiner Legitimation durch eine Diagnose/Etikettierung seitens der zuständigen Professionen erhalten die betroffenen Personen einen ‚Master-Status', der dazu führt, dass ihr Aussehen, ihr Handeln, ihr Sprechen, kurz die gesamte Person künftig nur mehr über ihr Stigma wahrgenommen wird: Der alkoholkranke Mensch wird zum Alkoholiker" (Kardorff 2010: 6).

Diese Transformation kann dazu führen, dass die Personen die stigmatisierende Zuschreibung im Sinne einer Selbststigmatisierung für sich übernehmen, da sie ja als Teil der Allgemeinbevölkerung bereits vor dem Erwerb des stigmatisierten Statusmerkmals die gesellschaftlichen Normen und Werte bezüglich des Stigmas internalisiert haben (Luck-Sikorski 2017: 86 f.).

> „Infolgedessen geht die Diskriminierung mit einer Verstetigung des kritisierten Verhaltens einher, die wiederum eine Bestätigung der Diagnose bedeutet [...] Die Betroffenen sehen sich durch die Stigmatisierung einer bestimmten Rollenerwartung gegenüber, die sie in ihrem Handeln beeinflusst. Der Mechanismus der Anpassung erfolgt wie in jedem anderen Sozialisationsprozess" (Kostrzewa 2018: 2).

Die Selbststigmatisierung wiederum habe zur Folge, so Schomerus et al. (2017: 255), dass die Abstinenzzuversicht geschwächt würde, sodass insgesamt konstatiert werden müsse, dass Stigmatisierung von Suchtkrankheiten keine Probleme löse, sondern diese verschlimmere, wobei die Illegalisierung von Substanzen die skizzierten Effekte noch einmal verstärke.

> „Illicit drug use and alcoholism are subject to quite extreme stigmatization, including a focus on the most extreme cases involving death, disfigurement, criminality and social exclusion, and media fascination with the more gruesomely photogenic aspects of drug use and extreme drinking [...] For drug users – who are the majority of society

if we include alcohol – the minimization of drug stigma is central to maintaining a functional social identity (Hammersley 2020: 226; vgl. auch Borchfeld et al. 2017).

Vor diesem Hintergrund werden eine Entstigmatisierung bzw. ein stigmafreier Umgang mit Suchtkrankheiten gefordert, wobei dies aber nicht nur innerhalb des Hilfesystems und auch nicht nur getragen von professionellen Helfer:innen stattfinden dürfe. Entscheidend vorangebracht werde die Entstigmatisierung von Suchtkrankheiten vor allem gemeinsam von Betroffenen, Angehörigen und Fachleuten: „Anti-Stigma-Arbeit ist nur dann glaubwürdig, wenn sie trialogisch von diesen drei Gruppen gestaltet wird" (Schomerus & Rumpf 2017: 252).

Zudem sei ein Krankheitskonzept notwendig, das zugleich den Schutz einer Diagnose biete, nicht abwerte, positive Verläufe und Übergänge zulasse und die Autonomie des Einzelnen fördere. Allerdings ist es die Frage, welche Reichweite ein solches Konzept hätte, denn ein entsprechendes wissenschaftliches Konzept ist das eine, was hingegen im Alltag gewusst und wie hier gehandelt und bewertet wird, ist ggf. etwas gänzlich anderes.

6.3 Doing Addiction

Wie zuvor mit Blick auf Stigmatisierungen bereits angedeutet, ist Sucht nicht nur eine medizinische Diagnose, sondern vor allem auch ein im Alltag viel und gern gebrauchtes Narrativ, also eine normativ aufgeladene, sinnstiftende Erzählung, die Einfluss darauf hat, wie wir unsere Umwelt, unseren Alltag und bestimmte Verhaltensweisen wahrnehmen. Wenn wir über Sucht sprechen, dann greifen wir (auch jenseits konkreter Stigmatisierungen) auf Bedeutungen zurück, die wir in den Interaktionen und Kommunikationen mit anderen Menschen entwickelt und aus ihren Erzählungen abgeleitet haben (Blumer 1969). Dabei bewegen wir uns im Kontext des bestehenden Suchtdiskurses und greifen somit immer auch auf bestehendes kulturelles Sucht-Wissen zurück. Dieses umfasst zwar auch Wissensvorräte, welche durch die Wissenschaften produziert und angewendet werden, vor allem aber auch solche, die in der alltäglichen Kommunikation der Leute oder auch in Medien und Präventionskampagnen, in Schule, Betrieb und Familie usw. benutzt und vermittelt werden.

(Sucht-)Diskurse sind dabei nicht nur als gesprochene oder geschriebene Sprache zu verstehen, sondern vielmehr als umfassendere „Systeme des Denkens und Sprechens, die das, was wir von der Welt wahrnehmen, konstituieren, indem sie die Art und Weise [unserer] Wahrnehmung prägen" (Villa 2012: 20). Vor diesem Hintergrund deuten wir dann die Phänomene, die uns im Alltag oder

6.3 Doing Addiction

auch in der professionellen Praxis begegnen. Auf diese Weise konturieren Diskurse Möglichkeitshorizonte des Denk-, Sag- und Lebbaren, weil sie die Fähigkeit haben,

> „alternative Bedeutungen zunächst geradezu unmöglich zu machen. Sie wirken präreflexiv, und umso mächtiger, weil sie das Denken strukturiert haben, bevor wir überhaupt anfangen zu denken. D. h.: Diskurse stecken den Bereich des Denk- und Lebbaren ab, indem andere Optionen nicht denk- oder lebbar scheinen" (Villa 2012: 22 f.).

Diskurse determinieren also Wirklichkeit, indem sie die Wahrnehmung der Subjekte prägen, die aber zugleich ihrerseits – im Sinne von (Co-)Produzent:innen – den Diskurs reproduzieren und somit eine bestimmte Wirklichkeit verfestigen (auch wenn Veränderung freilich immer potentiell möglich bleibt).

Welche Wirklichkeit sich im Suchtdiskurs verfestigt hat, wie sich Suchtwissen und -erzählungen mit Blick auf unterschiedliche Substanzen oder Verhaltensweisen unterscheiden, welche Bezüge sie zu anderen Diskursen und Narrativen (Kriminalität, Rausch, Krankheit, Gesundheit etc.) aufweisen, wie sich die einzelnen Subjekte darauf beziehen usw.: Alles dies sind empirische Fragen, deren umfassende Klärung noch aussteht.

Gleichwohl aber lassen sich einige zentrale Elemente des Suchtdiskurses skizzieren. Wie in Kap. 5 besprochen, wird der Suchtdiskurs von einer medizinisch-naturwissenschaftlichen Denkweise oder Rationalität dominiert, die stets versucht, Sucht durch die Rekonstruktion (neuro-)biologischer Prozesse oder pharmakologischer Substanzeffekte zu erschließen. In beiden Fällen wird vorausgesetzt, dass das Subjekt sein Konsumgeschehen nicht (mehr) regulieren oder kontrollieren kann: Die Steuerung des Verhaltens liegt nicht (mehr) in der Hand des handelnden Subjekts, es agiert nicht mehr selbst, sondern „es scheint vielmehr von einer Substanz oder Tätigkeit mit ‚hohem Suchtpotential' agiert zu werden" (Dollinger & Schmidt-Semisch 2007: 9).

Diese Denkweise prägt für Johannes Herwig-Lempp (1994: 92) – wenn auch nicht ungebrochen – unsere Alltagstheorien und -vorstellungen von der Sucht, die er in sechs Punkten pointiert zusammenfasst:

a) Die süchtige Person hat in Bezug auf den Konsum ihre Selbständigkeit verloren und keine Kontrolle über sich.
b) Die süchtige Person ist nicht mehr selbständig in ihrer Willensentscheidung und ihrer Handlungsfähigkeit.
c) Die süchtige Person hat die Fähigkeit verloren zu bewerten, was gut und richtig für sie ist.

d) Die süchtige Person wird irgendwie – z. B. von einer Droge – fremdbestimmt und fremdgesteuert.
e) Die süchtige Person ist nicht mehr selbst verantwortlich für ihr Handeln und dessen Folgen.
f) Dies ist ein unerwünschter und unnatürlicher und mithin krankhafter Zustand.

Auch wenn diese sechs Punkte die Alltagstheorien der Sucht nicht vollständig abbilden und sicherlich noch um einige andere ergänzt werden könnten, so stehen sie doch exemplarisch für ein Bild von ‚Süchtigen', das nicht mehr auf ein vollwertiges Subjekt verweist und zugleich durch und durch defizitär daherkommt. Problematisch ist dabei, dass wir mit diesen Alltagsvorstellungen jenen Personen gegenübertreten, die wir als ‚tatsächlich' süchtig bezeichnen – und das nicht nur als Arbeitskolleg:innen, Nachbar:innen, Eltern, Kinder, Freund:innen usw., sondern auch und gerade als Professionelle und Expert:innen. In der Soziologie sozialer Probleme spricht man in diesem Zusammenhang von ‚Doing Social Problems' (Groenemeyer 2010) und geht davon aus, dass „social problems work and culture are inextricably linked through the ways cultural representations and understandings are interpretivley applied to concrete people, events, and situations" (Holstein und Miller 1997: XIV).

Das heißt, sowohl die Professionellen und das institutionelle Setting als auch das alltägliche Reden von der Sucht in den unterschiedlichsten sozialen und gesellschaftlichen Zusammenhängen und Arenen bringen das spezifische Problem der Sucht interaktiv und sprachlich-diskursiv hervor und richten es auf je spezifische Weisen zu (vgl. ausführlich auch Reinarman 2005: 34 ff.). Entscheidend ist dabei, dass auch die vermeintlich Süchtigen selbst diese hegemonialen Bilder des Süchtigen und die entsprechenden Deutungen für sich übernehmen und sich vor diesem Hintergrund als fremdbestimmt und hilflos wahrnehmen. Craig Reinarman (2005: 35) hat Sucht in diesen Kontext als ‚interaktionale Errungenschaft' und als einen Prozess beschrieben, in dem die vermeintlich Süchtigen lernten, „ihr Leben und Verhalten im Kontext von Sucht-als-Krankheit zu verstehen". Dies geschehe, indem ihnen u. a. das Bekenntnis abverlangt würde, sie würden an einer Krankheit leiden, die sie davon abhalte, Kontrolle über ihren Drogenkonsum auszuüben. Diese Praxis, die u. a. von den Anonymen Alkoholikern ausgeübt werde, verweise darauf, dass es sich bei den Darstellungen, die ‚Süchtige' über ihr Leben und Verhalten geben, keineswegs um ungezwungene, objektive Beschreibungen handle, sondern vielmehr um das Ergebnis diskursiver Prozeduren. Es handle sich um einen „performativen Prozess, in dem die Abhängigen wieder und wieder ihre neue wiederhergestellte Lebensgeschichte

6.3 Doing Addiction

erzählen", und zwar „gemäß der grammatikalischen und syntaktischen Regeln des Krankheitsdiskurses, den sie gelernt haben" (Reinarman 2005: 35).

Dabei kann die (Selbst-)Unterwerfung unter das Suchtkonzept im Sinne eines ‚Krankheitsgewinns' sogar so attraktiv sein, „that people stretch the criteria in order to include themselves, or perhaps even expand their behaviour to meet the criteria" (Peele 1989: 135). Denn immerhin sei die Sucht durchaus insoweit funktional, als sie

> „Geschichten anbietet, die es ihm oder ihr ermöglichen, deviantes Verhalten, das während der Sucht verübt wurde, gleichzeitig ‚anzunehmen' und zu ‚verleugnen'. So werden implizit die Sünden des früheren, süchtigen Selbst zugegeben, während Anspruch erhoben wird auf ein neu geschaffenes Selbst" (Reinarman 2005: 36; vgl. auch Dollinger et al. 2019).

Interessant ist, dass genau durch diese individuelle ‚Entschuldung' die kulturelle Vorstellung von der ‚Versklavung durch Substanzen' wiederum bestätigt wird, indem das individuelle Verhalten an die physio-pharmako-biologische Variable des Suchtpotenzials (einer Substanz) rückgebunden und damit gleichsam (natur-)wissenschaftlich objektiviert wird (Dollinger & Schmidt-Semisch 2010). Gerade diese Vorstellung aber, dass eine Droge die Macht habe, ein Individuum zu versklaven, kann, wie Peele (1989) ausführt, kontraproduktive Wirkungen entfalten:

> „Cultural and historical data indicate that believing alcohol has the power to addict a person goes hand in hand with more alcoholism. For the belief convinces susceptible people that alcohol is stronger than are they, and that – no matter what they do – they cannot escape its grasp" (Peele 1989: 170).

Eine solche Vorstellung schwäche das Individuum nicht nur, sondern liefere ihm auch eine Rechtfertigung dafür, warum es eine eingeschliffene Gewohnheit nicht zu ändern vermag: „I can't help myself" (Luik 1996: 21).

Ähnlich verhalte es sich, so Kellog (1993: 236), auch mit dem Paradigma ‚einmal süchtig, immer süchtig', welches die vermeintlich Süchtigen gleichsam lehre, dass sie die potenzielle Kontrolle über ihren Drogenkonsum lebenslang nicht mehr werden realisieren können: Wer auf diese Weise erst einmal von der so genannten Weinbrandbohnen-Theorie (also von der Vorstellung, dass der Verzehr einer Weinbrandbohne einen ‚trockenen Alkoholiker' zwangsläufig in alte Trinkmuster zurückfallen lässt) überzeugt (worden) ist, der wird sich auch sehr wahrscheinlich nach dem Verzehr einer solchen Praline dem erwarteten Dammbruchszenario ergeben (vgl. Körkel 2005: 309). Das heißt, die vermeintlich Süchtigen übernehmen die entsprechenden Bilder für sich und entwickeln daraus gegebenenfalls eine kognitive Erwartungsstruktur des Scheiterns, die stabilen Selbstwirksamkeits- oder Kompetenzerwartungen hinsichtlich der Steuerungsmöglichkeiten des eigenen Drogenkonsums nur wenig Raum lässt.

In diesem Sinne kann man Sucht (zumindest hinsichtlich der dominierenden Facetten des Suchtdiskurses) als ein fatalistisches Konzept und die Wechselwirkungen zwischen dem kulturellen Suchtwissen und dem Handeln der beteiligten Akteure als ‚Doing Addiction' (Schmidt-Semisch 2010) beschreiben, als einen Prozess, der Sucht und das Verhalten Süchtiger durch die impliziten Erwartungen und das konkrete Verhalten aller Beteiligten permanent aktualisiert und reproduziert.

Ein früher Beleg für die Wechselwirkung zwischen Suchtdiskurs, subjektiven Bedeutungszuschreibungen und sozialen Erwartungen sind die Untersuchungen von Norman E. Zinberg aus den 70er Jahren des 20. Jahrhunderts, die auf eine wissens- und erwartungsabhängige Morphologie der Entzugssymptomatik verweisen. So beschrieben Zinberg und Robertson (1972) etwa, wie unterschiedlich sich verschiedene institutionelle Settings bzw. institutionelle Kulturen auf das Erleben des Entzugs der dort Untergebrachten auswirken können: Während die Betroffenen

> „in Daytop Village, a treatment center in New York, do not manifest significant withdrawal symptoms because they are not excused from work duties when they do manifest symptoms", hätten „many of the same patients [...] undergone extreme withdrawal in prison, where such behavior was expected and, in a way, endorsed" (Peele 1977: 112).

In einer anderen Untersuchung stellte Zinberg (1971) fest, dass die Entzugserscheinungen bei „heroinabhängigen" US-amerikanischen Soldaten in Vietnam sehr stark, aber in spezifischer Weise variierten: Während sich nämlich die von den Soldaten beschriebenen Entzugserscheinungen von Stationierungseinheit zu Stationierungseinheit unterschieden, stimmten sie innerhalb der jeweiligen Einheit überein. Die Männer lernten also in einem sozialen Lernprozess, wie ein Entzug auszusehen hat und bildeten dann entsprechende Symptome aus – verkörperten ihn also entsprechend. Stanton Peele (1977: 112 f.) verallgemeinerte diese Ergebnisse dahin gehend, "that those addicts who do evidence elaborate displays of withdrawal have themselves learned to do so from television and movie depictions!" (vgl. auch Reinarman 2005: 25 f.; Peele 1989: 57, 122).

Zusammenhänge ähnlicher Art haben jüngst auch die Ergebnisse der körpersoziologischen Arbeiten von Sophie Rubscheit (2024; 2022) bestätigt, die zeigen, dass sich soziokulturelle Rahmenbedingungen und körperliche sowie leibliche Erfahrungen wechselseitig beeinflussen. Dabei könne insbesondere auch das leibliche Spüren (z. B. bestimmter Entzugssymptome) als kulturelle Praxis verstanden werden, das heißt die leiblichen Erfahrungen sind von der Sozial- und Kulturwelt geprägt. Interessant sei dabei,

> „dass dem Körper- und Suchtwissen zwei Bedeutungen zukommen: Erstens stellt es die Reflexionsgrundlage leiblicher Erfahrungen dar, das heißt es steckt den Rahmen ab, in dem über das Geschehene nachgedacht oder wie es eingeordnet und bewertet werden kann. Zweitens – dieser Aspekt geht der bewussten Reflexion voraus – prägt es bereits die Erwartungshaltung der Konsumierenden und legt somit fest, wie der körperliche Leib zu spüren ist" (Rubscheit 2024: 371).

Insgesamt verweisen alle diese Beispiele darauf, dass eine Fokussierung auf neurobiologische, medizinisch-naturwissenschaftliche Aspekte von Sucht zu kurz greift. Dabei geht es nicht darum, Drogenkonsum zu verharmlosen oder Probleme, die in seinem Kontext auftreten können, weg zu definieren, sondern darum, die naturwissenschaftliche Verengung der dominierenden Suchttheorien aufzubrechen und auf diese Weise innovative Überlegungen und Maßnahmen zu ermöglichen. Eine dieser innovativen Überlegungen soll im Folgenden kurz vorgestellt werden.

6.4 Von der Sucht zur Selbstbestimmung

Das Ende von Kap. 6.2 bildete der Hinweis auf Schomerus & Rumpf (2017), die ein neues oder verändertes Krankheitskonzept der Sucht für notwendig halten, welches einerseits eine Diagnose und die damit verbundene Hilfe bieten, andererseits aber nicht abwerten, positive Verläufe und Übergänge zulassen und die Autonomie des Einzelnen fördern solle.

Johannes Herwig-Lempp (1994) hat in diesem Punkt bereits eine gewisse Vorarbeit geleistet, geht aber zugleich noch einen Schritt weiter. Er versteht Sucht als eine Konstruktion, als ein Erklärungsprinzip für bestimmte Verhaltensweisen. Dementsprechend verlieren für ihn objektivistische Fragen, wie etwa „Gibt es Drogenabhängigkeit wirklich?" oder „Wenn ja, wie ist sie korrekt zu beschreiben, zu definieren und zu erklären?", an Gewicht. Die Relevanz seines Ansatzes besteht vielmehr darin, dass er nicht zur Rekonstruktion richtiger oder falscher Modelle oder Definitionen auffordert, sondern nach dem relationalen Wert der jeweiligen Erklärungsmodelle bzw. ihrer Brauchbarkeit fragt, d. h. inwieweit diese Modelle Hilfe bieten können, bestimmte Probleme in den Griff zu bekommen. Allerdings könne dabei nie generell über die Brauchbarkeit eines solchen Modells geurteilt werden: Weil es sich bei den so genannten Süchtigen und Abhängigen stets um Individuen bzw. Subjekte handele, sei die Brauchbarkeit der verschiedenen Modelle und Definitionen immer subjektorientiert zu ermitteln. Betrachte man Sucht als ein mehr oder weniger hilfreiches und brauchbares Erklärungsprinzip, dann erlaube dies, so Herwig-Lempp, eine gewisse Flexibilität und es sei gegebenenfalls auch möglich, es durch ein anderes Erklärungsprinzip zu ersetzen. Eines dieser alternativen Erklärungsprinzipien ist für Herwig-Lempp das der Autonomie: Sucht durch Autonomie zu ersetzen, würde bedeuten, Drogenkonsument:innen nicht mehr per se als Drogenabhängige zu bezeichnen und sie auch nicht mehr als notwendigerweise behandlungsbedürftig anzusehen. Vielmehr würde vorausgesetzt, dass Drogenkonsument:innen selbstbestimmt handeln können. Erst indem diese Idee oder Überzeugung zugrunde gelegt werde, werde die Möglichkeit geschaffen – und zwar sowohl aufseiten der Beobachter:innen als auch aufseiten der Adressat:innen – ein bestimmtes Verhalten als selbstbestimmt und autonom erfahren, begreifen und deuten zu können. Dieser Wechsel der Perspektive, den Dollinger und Schmidt-Semisch (2007a) auch als ‚reflexive Professionalität' bezeichnen, erlaube es, einen Standpunkt einzunehmen, der die Stärke und Autonomiefähigkeit der Individuen (überhaupt erst) erkennen und erleben lässt.

> „Das Verhalten der so genannten Abhängigen wird nicht mehr (von einem Experten) als sinnlos und krank, unnatürlich und behandlungsbedürftig eingestuft, sondern als ein Verhalten, das aufgrund individueller Entscheidungen im Rahmen der zur Verfügung stehenden Möglichkeiten ausgewählt wird und das Sinn hat für diese Personen. Wenn man sich auf diese Herangehensweise einlässt, dann bedeutet das in der Konsequenz, dem Drogengebrauchenden (und eben auch dem vermeintlich Abhängigen) als einem autonomen, in eigener Verantwortung und vor allem mit Sinn handelnden Individuum gegenüberzutreten, und ihm nicht nur eine einzige Bewertung seines Verhaltens, nämlich die der Sucht, anzubieten (Dollinger & Schmidt-Semisch 2007a: 333 f.).

Auf das (fatalistische) Krankheitskonzept der Sucht als alleinigem Erklärungsmodell zu verzichten, würde zu Veränderungen auf zwei Ebenen führen und könnte zu einer Stärkung der Selbstwirksamkeits- und Kompetenzerwartungen der Drogenkonsumierenden beitragen: Zum einen bestünde die Chance, das Subjekt aus dem Gedankengefängnis der Sucht zu befreien und es ihm zu ermöglichen, sich selbst nicht mehr als Opfer einer Droge, sondern als autonom zu erfahren und neue Handlungsoptionen zu entdecken, um den Konsum

6.4 Von der Sucht zur Selbstbestimmung

möglicherweise auch diesseits von Abstinenz zu verändern (was vor allem für jene wichtig ist, die nicht abstinent leben wollen oder können). Zum anderen würde die hierarchisch-therapeutische Hilfebeziehung durch eine zeitgemäße, subjektorientierte Interaktion abgelöst, in deren Kontext der oder die sozial- oder gesundheitsberuflich Professionelle zu eine:r Moderator:in unterschiedlicher Erklärungsmodelle und Hilfsmöglichkeiten bezüglich des infrage stehenden Verhaltens wird.

Eine solche Entwicklung könnte im Übrigen auch die präventiven Bemühungen im Bereich von Drogen und Sucht verändern, denn das hegemoniale medizinisch-naturwissenschaftliche Suchtkonzept beschränkt sich ja nicht auf die Diagnose, sondern greift auch auf das Vorfeld der vermeintlich problematischen Verhaltensweisen zu.

> „Diagnostiziert und behandelt werden nicht mehr nur Krankheiten – wie immer diese auch unter dem jeweiligen Zeitgeist definiert werden – sondern auch Risikoprofile auf der somatischen und psychischen Ebene" (Schneider & Strauß 2013: 217).

Was Schneider und Strauß (2013) für den Gesundheitssektor im Allgemeinen konstatieren, gilt auch für den Bereich der Sucht im Besonderen: Indem der hegemoniale Suchtdiskurs sich auch auf das Vorfeld der Sucht und damit auf vermeintliches Risikoverhalten bezieht, erweitert sich sein Wirkungsfeld noch einmal drastisch. Denn nun wird unter dem Rubrum der Sucht nicht mehr nur ein Verhalten in den Blick genommen, „über das der Betroffene die Kontrolle verloren hat" (Uchtenhagen 2005: 8), sondern vielmehr auch Verhaltensweisen, über welche der oder die Betroffene die Kontrolle verlieren könnte (was erneut zeigt, dass der Suchtdiskurs keineswegs bei der Bestimmung der Sucht endet, sondern explizit den Bereich der ‚Nicht-Sucht' umfasst). Dabei blickt diese suchtpräventive Rationalität stets vom negativen Ende der Sucht auf das Feld des individuellen Verhaltens und orientiert sich mit ihren Interventionen und Maßnahmen (pathogenetisch) nahezu ausschließlich an der Krankheit, deren Entstehung es zu verhindern gilt. Ulrich Bröckling (2017) hat diese Präventionslogik (grundsätzlich) folgendermaßen auf den Punkt gebracht:

> „Präventionsprogramme gleichen Kreuzzügen, ihre Logik ist die der antizipierenden Säuberung: Gegen welches Übel auch immer sie antreten, es soll eliminiert werden. Selbst wenn ein endgültiger Sieg den Protagonisten utopisch erscheint und sie sich mit bescheideneren Vorgaben zufrieden geben, als regulative Idee leitet dieses Ziel ihre Praxis" (Bröckling 2017: 80 f.).

Weil in dieser präventiven Logik auch die (noch) ‚unproblematischen' Verhaltensweisen tendenziell als Risikoverhalten im Sinne einer Suchtentstehung betrachtet werden (können), müssen auch diese ständig beobachtet und kontrolliert, gecoacht und therapiert werden. Diese präventive Entgrenzung des Suchtkonzepts führt dazu, dass Sucht immer weiter in den Bereich des unproblematischen Alltagsverhaltens hinreicht und die Subjekte mit immer weiterreichenden Lebensstilbotschaften vom ‚richtigen' Leben konfrontiert. Insofern könnte Ivan Illich (1995) Recht behalten:

> „Sobald eine Gesellschaft sich zur präventiven Treibjagd auf die Krankheit rüstet, nimmt die Diagnose epidemische Formen an. Dieser letzte Triumph der therapeutischen Kultur macht die Unabhängigkeit des durchschnittlich Gesunden zu einer unerträglichen Form der Abweichung" (Illich 1995: 71).

Umso wichtiger erscheint es daher, sich den vergleichsweise unproblematischen, kontrollierten und moderaten Konsummustern zuzuwenden. Dies soll im nächsten Kapitel erfolgen.

6.5 Zusammenfassung

Sucht ist nicht nur ein Begriff und eine Diagnose im Kontext des medizinischen Versorgungs- und Behandlungssystems, sondern vor allem auch Gegenstand der Interaktion und Kommunikation in unterschiedlichsten sozialen Kontexten. Im Rahmen dieser Interaktionen werden Verhaltensweisen eingeordnet und Personen positioniert; man grenzt sich selber von anderen ab oder andere aus, benennt Verantwortlichkeiten und weist Schuld zu, empört oder solidarisiert sich usw. Zwar steht außer Frage, dass das medizinisch-naturwissenschaftliche Konzept der Sucht durchaus auch Positives insofern bewirkt hat, als es über die Anerkennung von Sucht als Krankheit gelungen ist, jenen Personen, die bestimmter Hilfen bedürfen, ein Recht auf diese Hilfe und auf deren Abrechnung über die Krankenkasse zu verschaffen. Gleichwohl aber sind die durch einige Elemente des Suchtdiskurses (‚Einmal süchtig, immer süchtig'; ‚Versklavung durch eine Droge' etc.) bedingten Nebenwirkungen und Risiken (Stigmatisierungen, Fatalismus, Entmündigung etc.) so bedeutsam, dass überlegt werden sollte, auf das Erklärungsprinzip der Sucht weitestgehend zu verzichten. Denn

„… dealing with drug problems rationally depends on giving back to people the sense of personal power and volition which they require if they are to control their drug use for themselves; a power which existing concepts of 'addiction' frequently seek to limit or deny at the outset as a precondition to further treatment" (Davies 1997: XII).

Weiterführende Literatur

Goffman, E. 2010. Stigma: Über Techniken der Bewältigung beschädigter Identität. Frankfurt: Suhrkamp

Herwig-Lempp, J. 1994. Von der Sucht zur Selbstbestimmung. Drogenkonsumenten als Subjekte. Dortmund: borgmann.

Rubscheit, S. 2022: „Sucht" aus körpersoziologischer Perspektive. Wiesbaden: Springer VS

Rüsch, N. 2020. Das Stigma psychischer Erkrankung. München: Elsevier

Schomerus, G., Bauch, A., Elger, B. et al. 2017. Das Stigma von Suchterkrankungen verstehen und überwinden. In: Sucht 53, S. 253–259

Kontrollierter und moderater Drogenkonsum 7

In diesem Kapitel erfahren Sie ...

- warum der kontrollierte bzw. moderate Drogengebrauch illegalisierter Drogen lange kaum eine Rolle im Drogendiskurs spielte und man ihn im Grunde für unmöglich erachtete,
- warum der moderate (gelegentliche und mäßige) von einem kontrollierten (durch festgelegte Konsummengen begrenzten) Drogengebrauch unterschieden werden sollte,
- welche Regeln und Rituale Personen beherzigen, die moderat illegalisierte Drogen konsumieren,
- dass und wie auch abhängige Drogengebraucher:innen zu einem kontrollierten Gebrauch finden können und
- dass es zwar einen Umschwung von der Drogen- zur Suchtprävention gab, der moderate Drogengebrauch hierbei aber weiterhin allenfalls eine untergeordnete Rolle spielte.

7.1 Die ‚Entdeckung' des kontrollierten Drogengebrauchs

In Kap. 4.4 haben wir besprochen, dass die auf soziale und gesundheitliche Verelendung ausgerichtete, deutsche Leidensdruck-Politik der 1970er und 1980er Jahre zum Ziel hatte, eine abstinente, drogenfreie Gesellschaft zu schaffen. Damit verbunden war auch ein sehr eingeschränktes Bild vom Konsum illegalisierter Drogen, bei dem man in der Regel lediglich zwischen Abstinenz, Drogenmissbrauch und Drogenabhängigkeit unterschied. Bereits der Probier-Konsum wurde dabei als Missbrauch gedeutet, dem praktisch automatisch die Sucht folgte.

Exemplarisch kann man diese Sicht der Dinge aus der ab 1971 mehrfach neu aufgelegten und überarbeiteten Broschüre „Drogen unter uns" von Dieter Ladewig et al. herauslesen. In der vierten Auflage von 1983 heißt es:

„Der Drogenabhängige wird sich seiner Abhängigkeit spät oder auch nie bewusst. *Zum Nicht-mehr-aufhören-Können gehört das Nicht-eingestehen-Können.* Zwar kann man immer wieder Konsumenten beobachten, die trotz seelischer und körperlicher Abhängigkeit Abstinenzperioden einzulegen vermögen. Dies spricht aber nicht für die Harmlosigkeit der Droge. Es ist lediglich Ausdruck eines glücklichen Restes menschlicher Entscheidungsfreiheit, der – falls irgend möglich – zu einer endgültigen Abstinenz ausgebaut werden sollte." Und weiter: „Drogeneinnahme erfolgt zunächst aus Neugier oder aus dem Bedürfnis zu experimentieren, oder einfach, um mitzumachen. Jede fortgesetzte Drogeneinnahme ist Ausdruck eines Konfliktes bzw. Symptom einer psychischen oder psychosozialen Störung" (Ladewig et al. 1983: 7; Hervorh. i. Org.).

Abgesehen davon, dass hier lediglich Neugier, Gruppendruck und Sucht, nicht aber z. B. Genuss (etwa am rauschhaften Erleben) oder Geselligkeit als Motive für Drogengebrauch gedacht werden konnten, ist für die oben zitierten Autoren zugleich jeder nicht nur einmalige Konsum Ausdruck einer psychischen oder psychosozialen Störung, mithin also Missbrauch und endet mehr oder weniger zwangsläufig in der Sucht. Uwe Kemmesies (1993: 55) hat die damalige Art der Betrachtung folgendermaßen zusammengefasst:

„Eine zur ‚Sucht prädisponierte Persönlichkeit' [...] und/oder eine aufgrund von bestimmten Sozialisationsbedingungen ‚geschädigte Persönlichkeit' [...] mündet in eine unweigerlich dramatisch verlaufende Drogengebrauchskarriere, an deren Ende entweder der Tod oder die Überwindung der Abhängigkeit über eine (Langzeit-) Therapie steht" (Kemmesies 1993: 55).

Dieses starre Entwicklungsmuster des Drogengebrauchs hat eine gewisse Relativierung erfahren, seit man erkannte, dass jedwede Droge (auch Heroin) durchaus auch ‚kontrolliert' und d. h. in diesem Kontext ‚moderat', also ohne eine Abhängigkeitssymptomatik zu entwickeln, konsumiert werden kann. Zwar hatte bereits Lindesmith (1938: 593) konstatiert, „that the repeated administration of opiates sometimes is followed by addiction and sometimes is not." Aber breiter wahrgenommen wurde das Phänomen (zumindest in Deutschland) erst seit dem 1981 publizierten Beitrag „*Kontrollierter Heroingenuss – ein Widerspruch aus der Subkultur gegenüber herkömmlichem kulturellen Denken*" von Wayne Harding (1981). Der Beitrag widersprach der gängigen Vorstellung, dass der Gebrauch von Heroin

7.1 Die ‚Entdeckung' des kontrollierten Drogengebrauchs

zwangsläufig zu Sucht und Abhängigkeit sowie schweren psychischen und physischen Schäden führen müsse. Vielmehr zeigten die damals neuen Untersuchungen z. B. von Zinberg et al. (1976 und 1978), Harding (1984 und 1988), Peele & Brodsky (1992) sowie Peele (1977 und 1998), dass es kontrolliert bzw. moderat konsumierende Heroinkonsument:innen gab, „die – wie die meisten Gelegenheitstrinker – in der Lage sind, gelegentlichem Heroingenuss nachzugehen und dabei potentiell nachteiligen Wirkungen zu entgehen" (Harding 1981: 1217).

War bis in die 1980er Jahre ein kontrollierter Konsum illegaler Drogen ausschließlich als Übergangsphase gedacht worden, dem entweder relativ früh eine Rückkehr zur Abstinenz oder aber ein abhängiges Konsumieren folgte, so trat der kontrollierte Gebrauch nun als ein über längere Zeiträume stabiles Konsummuster zu Tage, das sich als ein von den Konsumierenden durch Regeln und Rituale gesteuertes Verhalten darstellte: „Chippers", so nannte Zinberg diese gelegentlichen Gebraucher,

> „must develop and internalize social rituals around occasional use either individually or through their using group. To the extend that they are successful, various patterns of controlled opiate use are possible and in fact exist" (Zinberg 1976: 40; vgl. auch Grund 1993).

Man kann die Ergebnisse dieser Studien dahingehend zusammenfassen, dass die Konsumvariante des moderaten Gebrauchs vor allem von personalen, sozialen und materiellen Ressourcen abhängig ist, wobei es weniger etwaige Kriminalisierungseffekte sind, welche die Aufrechterhaltung eines kontrollierten Konsummusters bedingen, als vielmehr informelle Regeln und Sanktionen (Schippers und Cramer 2002; Weber und Schneider 1992; Kemmesies 2004). Regeln und Rituale, derer sich kontrollierte Konsumierende bedienen, um Abhängigkeit, Überdosierung und anderen Gefahren (etwa Infizierungen, Verletzungen u. Ä.) zu vermeiden, sind unter anderen folgende:

- Bewusste Risikoabschätzung in der konkreten Konsumsituation;
- spezifische Vorsichtsmaßnahmen hinsichtlich der Applikation;
- Drogengebrauch in der Regel nur in Gemeinschaft, um ggf. sofortige Hilfe zu ermöglichen;
- positive Besetzung von Genussintensivierung bei gleichzeitiger Ablehnung von Autonomie- und Kontrollverlust;
- zeitliche Strukturierung des Konsums und seine Integrierung in die Alltagsorganisation;

- Integration des Konsums in die funktionalen Anforderungen der konventionellen Lebens- und Arbeitskontexte;
- Vermeidung eines drogenorientierten Lebensstils;
- Distanz zur öffentlichen Drogenszene; und
- Unterlassung des Konsums, wenn die finanziellen Mittel zum Drogenerwerb nicht ausreichen (vgl. Kolte und Schmidt-Semisch 2024: 202 ff.).

Diese Untersuchungen zum kontrollierten Drogengebrauch hatten ihren Höhepunkt in den 1990er und der ersten Hälfte der 2000er Jahre, wurden aber nicht nur in Bezug auf Heroin durchgeführt, sondern – mit vergleichbaren Ergebnissen – auch mit Blick auf andere illegale Drogen:[1] Insbesondere für Kokain wurde gezeigt, dass kontrollierter Kokainkonsum nicht nur möglich, sondern eher sogar die Regel ist.[2] Und diese Erkenntnisse betreffen keineswegs nur schnupfbares Kokainhydrochlorid, sondern (allerdings in deutlich abgeschwächter Form) auch seine rauchbar gemachte Variante Crack:

> „Es gibt keinen Zweifel, dass Crack ein hohes Suchtpotential hat. Doch unbestreitbar ist auch der Beweis, dass sowohl Kokain als auch Crack kontrolliert gebraucht werden können. Der Glaube, Crack mache sofort süchtig, hat keine Grundlage" (Erickson et al. 1994: 84).

Dies haben auch die Arbeiten von Susann Hößelbarth (2014 und 2024) sowie Carl Hart (2021: 206 m.w.V.) eindrucksvoll bestätigt. Eine neuere Untersuchung weist kontrollierte bzw. moderate Konsumformen zudem auch für amphetaminartige Stimulanzien (z. B. ‚Speed', 'Pep', ‚Crystal Meth') aus (Rosenkranz et al. 2023; Rosenkranz 2024).

Zu bedenken ist bei diesen Untersuchungen freilich, dass sie sich in einem illegalen und mithin klandestinen Bereich bewegen, was dazu führt, dass diese Konsummuster in nicht unerheblichem Ausmaß sozial unsichtbar bleiben (wollen), was exakte Aussagen zur Verbreitung dieses Phänomens nahezu unmöglich macht. Gleichwohl relativieren sie die lange dominante (und in weiten Teilen auch heute immer noch existente) Konzentration von Drogenforschung

---

[1] Vgl. insgesamt Csete (2016) sowie Müller und Schumann (2011); für Cannabis etwa Hilliker et al. (1981); Schneider (2000); Soellner (2000); Borchers-Tempel und Kolte (2002); zu Ecstasy etwa: Krollpfeifer (1997); Schroers und Schneider (1998); Schmidt-Semisch (1998); Degenhardt et al. (2010).

[2] Zu nennen sind hier die Arbeiten von Köhler & Grau (2021); Cohen (1984) und Cohen & Sas (1993), Erickson et al. (1994) sowie von Waldorf et al. (1991), Mugford (1994), Hess et al. (1999) bzw. Kemmesies (2004).

7.1 Die ‚Entdeckung' des kontrollierten Drogengebrauchs

und -politik auf das Suchtpotenzial einzelner Substanzen und eine Problemwahrnehmung, die vom generalisierten Bild einer defizitären Persönlichkeit bei Drogenkonsumierenden präformiert wird. Vielmehr stellt sich der kontrollierte Gebrauch z. B. von Heroin zusammenfassend in drei Varianten dar, nämlich als: 1) eine eigenständige, relativ stabile Gebrauchsvariante, 2) ein Gebrauchsmuster innerhalb des Prozesses des Herauswachsens aus der Sucht und 3) ein Produkt der Überwindung des Abhängigkeitsstatus (Weber und Schneider 1992: 46; Harding et al. 1980).

Wichtig ist an dieser Stelle auch zu betonen, dass insbesondere die Varianten 2 und 3 häufig das Resultat dessen sind, was Klingemann & Sobell (2006) als Selbstheilung beschreiben, also als die Veränderung eines als problematisch empfundenen Konsummusters ohne die Hilfe Dritter. Ähnlich wie beim kontrollierten Gebrauch illegalisierter Drogen, handelt es sich bei der Selbstheilung um ein Phänomen, das lange Zeit für unmöglich gehalten wurde. Allerdings entsteht bei genauerer Betrachtung ein ganz anderes Bild. Für Sobell (2006) sind selbstorganisierte Ausstiege aus der Sucht nicht nur möglich, sondern sogar eher die Regel. Ebenso, wie es keinen quasi natürlichen (oder linearen) Verlauf der Suchtentwicklung (Sobell 2006: 8) gebe, sondern es sich dabei vielmehr um Prozesse mit zahlreichen Brüchen sowie Vor- und Zurückentwicklungen handele, so gebe es auch viele Wege in die Sucht und ebenso viele aus ihr heraus (Klingemann 2021: 17 ff.). Dies gelte für legale und illegalisierte Drogen gleichermaßen. Allerdings gilt auch hier, was wir oben hinsichtlich der Wechselwirkungen zwischen dem Suchtwissen und dem konkreten Verhalten besprochen hatten: Der selbst organisierte Weg aus einem problematischen Konsummuster wird umso wahrscheinlicher, je mehr Zutrauen die betreffende Person hat, dies auch bewerkstelligen zu können. Mindestens ebenso wichtig sei allerdings, so Klingemann & Zulewska (2006: 197), das Zutrauen des sozialen Umfeldes und das Maß der sozialen Unterstützung, welches wiederum „stark von den jeweiligen Alltagskonzepten von ‚Sucht' abhängt, die in den Bezugsgruppen der Süchtigen vertreten werden."

Viele Personen in Drogenforschung und -politik verbanden mit diesen Ergebnissen zum kontrollierten Drogengebrauch sowie zur Selbstheilung die Hoffnung auf eine grundsätzliche Veränderung von Drogenpolitik. Hatte bereits Harding in seinem Beitrag von 1981 vermutet, dass die Entdeckung des kontrollierten Konsums zu einer Normalisierung des illegalen Drogengebrauchs und zu seiner Einbeziehung in den kulturellen Gesamtkomplex führen könne, so wurde der kontrollierte Konsum für einige nun zur drogenpolitischen Zielkategorie: Wenn es diese so genannten kontrollierten Konsummuster wirklich gab, wenn sie sich als eine recht stabile Konsumvariante und keineswegs nur als Vorstufe eines abhängigen Konsums darstellten, sondern gerade umgekehrt häufig als Ergebnis eines Herauswachsens aus der Sucht verstanden werden mussten, dann sollte es doch auch möglich sein, Drogen*politik* perspektivisch in Drogen*kultur* münden zu lassen. Nicht mehr nur für Kaffee, Tee und Alkohol sollte es in unseren westlichen Ländern eine kulturelle Einbettung und damit eine selbstverständliche Drogenerziehung (vgl. Nilson-Giebel 1981) geben, sondern man plädierte z. B. mit Christian Marzahn für eine ‚gemeine Drogenkultur' (s. o. Kap. 2.3).

Die Voraussetzung für eine solche Drogenkultur (und damit für einen weiter verbreiteten kontrollierten Konsum) allerdings sei, so die entsprechende Argumentation, die Entkriminalisierung bzw. Legalisierung der illegalen Substanzen. In diesem Sinne titelte etwa Scheerer (1986) „Autonomer Drogengebrauch statt Strafjustiz"; Bülow (1989a:123) plädierte für die „Etablierung eines auf Ritualen und Sanktionen gegründeten Kontrollsystems, das den nicht abhängig machenden Umgang mit Heroin lehr- und lernbar machen könnte" (ähnlich Legnaro 1991: 26 f.); und für Schmidt-Semisch (1990: 123 f.) galt der „legale Zugang zu Heroin als Voraussetzung für Heroin-Kultur".

Der Begriff des kontrollierten Konsums hat sich also mit seiner politischen Nutzung erweitert: Stand er zunächst vor allem für die Ergebnisse einer Forschung, die sich gleichermaßen deskriptiv wie innovativ nicht mehr allein auf die vermeintlich Süchtigen konzentrierte, sondern auch andere, nicht-kompulsive Gebrauchsmuster zu ihrem Gegenstand machte, so wurde er spätestens mit Beginn der 1990er Jahre auch zur Zielkategorie einer veränderten Drogenpolitik. Diese war an Entkriminalisierung und Legalisierung, gelegentlich auch an Marzahns gemeiner Drogenkultur orientiert, die dieser eigentlich vor dem Zugriff der Politik geschützt sehen wollte:

> „Nicht nur ein Widersinn, sondern eine Anti-Utopie, ein Horror-Trip wäre Drogenkultur als Programm, als Verordnung, als Strategie von oben. Das wäre das Soma-Programm der ‚Brave new World'. Niemand darf deshalb darauf hoffen, Drogenkultur zur herrschenden Politik zu machen. Nur als in Ruhe gelassene Vielheit ist sie denkbar" (Marzahn 1994: 49).

In Ruhe gelassen wurde diese Vielheit in den vergangenen Jahrzehnten zwar nicht, aber immerhin fand der kontrollierte Drogenkonsum die Aufmerksamkeit einiger Therapeut:innen, was die Therapielandschaft nachhaltig verändern sollte.

7.2 Kontrollierter Gebrauch als therapeutisches Programm

Wir hatten oben besprochen, dass eine der empirisch herausgearbeiteten Varianten des kontrollierten Konsums das Ergebnis der Überwindung des Abhängigkeitsstatus ist. Dieses Phänomen griffen einige Therapeut:innen auf und begannen, es in tertiärpräventive bzw. therapeutische Konzepte umzusetzen, wobei der kontrollierte Konsum in der Regel sogar zum Namensgeber der entsprechenden verhaltenstherapeutischen Programme wurde.

Im deutschsprachigen Raum ist das wohl bekannteste Programm zum Kontrollierten Drogengebrauch das sogenannte ‚Kontrollierte Trinken' (Körkel 2005). Das mit dem Kontrollierten Trinken benannte therapeutische Konzept – das eben nicht mehr (nur) die Abstinenz zum Ziel hat – hatte zu Beginn der 2000er Jahre insofern Bedeutung, als sein Vorgehen an einer der Grundfesten der Suchttherapie kratzte. Wie auch mit Blick auf andere Drogen, so sah man auch und gerade beim Alkoholismus die einzig erfolgversprechende Maßnahme in der totalen und lebenslangen Abstinenz des/der Betroffenen: Wie etwa die Anonymen Alkoholiker (AA) ging man davon aus, dass abstinente Alkoholiker:innen beim ersten Schluck Alkohol wieder mit dem zwanghaften Trinken begännen – ja, beginnen müssten:

> „Wer einmal zum Alkoholiker geworden ist, bleibt Alkoholiker für sein ganzes Leben. Wir AA lassen das ‚erste Glas' stehen, dessen Genuss unweigerlich den Anfang des erneuten Abstiegs für jeden von uns bedeuten würde. Jeder Alkoholiker, der es schafft, jenes oft zitierte erste Glas stehen zu lassen, wird mit sich und dem Leben wieder fertig. Familiäre, berufliche und finanzielle Schwierigkeiten lassen sich lösen, wenn man nüchtern ist. Erfolg, Glück und Zufriedenheit stellen sich nach und nach ein."[3]

Seit einigen Jahren ist diese Sicht der Alkoholsucht durch Forschungen zum kontrollierten Konsum von Alkoholiker:innen relativiert worden, aus denen hervorgeht, dass zahlreiche Alkoholiker:innen in der Lage sind, ein kontrolliertes, mäßiges Konsummuster zu erlernen (Körkel 2015). In diesem Sinne wird kontrolliertes Trinken durchaus auch als alternatives Therapiekonzept für die Behandlung von Problemtrinkern betrachtet (Körkel 2020). Der Erfolg dieser Behandlungsform hängt nach Körkel (2000: 173) dabei wesentlich von drei Aspekten ab, nämlich den „Bedingungen

---

[3] https://www.anonyme-alkoholiker.de/downloads/Wer-ist-Alkoholiker.pdf (Zugegriffen: 16.06.2024).

- des Konsumenten (z. B. Abhängigkeitsschwere, Zutrauen in die eigene Fähigkeit des kontrollierten Trinkens),
- des Behandlungsprogramms (Vermittlung von Kompetenzen des kontrollierten Trinkens in ausreichender Form) und
- des Lebensumfelds (Unterstützung durch den Partner, Arbeitstätigkeit usw.)."

Es wird deutlich, dass es in allen drei Bereichen vor allem darum geht, dass das kontrollierte Trinken überhaupt für möglich gehalten wird, d. h. es wird erst möglich, wenn es auch im Bewusstsein der Betroffenen, aber auch der Therapierenden sowie des sozialen Nahfeldes als Möglichkeit existiert. Ziel des verhaltenstherapeutischen Programms ist dabei die Rückgewinnung der Selbstkontrolle über die Alkoholmenge bzw. das Trinkmuster sowie über die Umstände des Konsums.

Ähnliche Programme haben Joachim Körkel und seine Kolleg:innen sowohl zum ‚Kontrollierten Rauchen' (Drinkmann 2002: 82 f.) als auch für den kontrollierten Gebrauch illegalisierter Drogen („Kompetenz im selbstbestimmten Substanzkonsum", KISS, vgl. Becker et al. 2009) entwickelt. Das Gemeinsame dieser Programme ist das oben beschriebene, veränderte Drogen- und Konsumierendenbild: Man geht davon aus, dass es nicht die Drogen sind, die Macht über bestimmte Menschen haben, sondern dass Menschen auf bestimmte Art mit diesen Substanzen umgehen, ihren Konsum grundsätzlich aber auch verändern und mithin steuern können. Der kontrolliert Konsumierende ist also Voraussetzung und Ziel der Programme zugleich.

Allerdings haben diese therapeutisch produzierten, kontrollierten Drogengebrauchenden nur wenig mit den untersuchten Personen von Harding, Zinberg usw. zu tun. Bereits Zinberg hatte 1979 darauf hingewiesen, dass die Unterschiede zwischen ‚abhängig' und ‚kontrolliert' Konsumierenden weder in der Verfügbarkeit der Droge oder gar der Droge selbst noch in spezifischen Persönlichkeitsmerkmalen lägen, sondern vor allem im soziokulturellen Bereich. Während in den therapeutischen Programmen mit bestimmten Maßnahmen (etwa Konsumtagebüchern oder Zielvereinbarungen) gearbeitet wird, um die Kontrolle über den Gebrauch (wieder) zu erlangen, haben die Konsumierenden aus den Forschungen zum kontrollierten Gebrauch ihre Regeln und Normen so selbstverständlich und stark internalisiert, dass sie sich häufig gar nicht bewusst darüber sind, dass sie überhaupt bestimmten Regeln und Kontrollmechanismen folgen (Zinberg 1979: 308).

Ähnlich differenziert auch Joachim Körkel (2005: 168) seine Begrifflichkeit, wenn er sagt, man dürfe ‚kontrolliertes Trinken' keineswegs mit ‚normalem Trinken' verwechseln:

"'Normales Trinken' liegt vor, wenn jemand ohne vorherigen Trinkplan aus der Situation heraus entscheidet, ob er Alkohol (weiter)trinkt oder nicht (,nach momentaner Lust und Laune'). Der Begriff des ,kontrollierten Trinkens' ist auch nicht deckungsgleich mit dem ,moderaten Trinken': Als ,moderates Trinken' wird ein Alkoholkonsum bezeichnet, der weder auf körperlicher, psychischer, familiärer, sozialer, arbeitsbezogener, finanzieller noch juristischer Ebene Probleme und Schäden nach sich zieht" (Körkel 2005: 168).

Vielleicht kann man Körkel so zusammenfassen, dass beim ,Kontrollierten Konsum' eben die bewusste (Selbst-)Kontrolle im Vordergrund steht, beim ,normalen' und ,moderaten' Konsum hingegen eher eine nicht-problematisierte Autonomie des Handelns.

Abschließend sei auf eine noch relativ junge Variante des kontrollierten bzw. moderaten Drogengebrauchs hingewiesen, das sogenannte Microdosing, bei dem lediglich Kleinstdosen psychedelischer Substanzen konsumiert werden (Johnstad 2018). Dementsprechend geht es bei dieser Form des Konsums auch nicht um Berauschung oder das Erreichen eines veränderten Bewusstseinszustandes, sondern neben erhöhter Leistungsfähigkeit und gesteigerter Kreativität vor allem auch um das Selbstmanagement von psychischen Problemen, die Verbesserung des psychosozialen Wohlbefindens oder die Verbesserung der Selbsteinsicht und Achtsamkeit (Pop und Dinkelacker 2023; Lea et al. 2020). Allerdings ist die wissenschaftliche Evidenz in diesem Bereich noch nicht zufriedenstellend, z. B. weil in den bislang vorliegenden Studien „Personen mit schlechten oder gar keinen Erfahrungen systematisch unterrepräsentiert sind und mögliche Placebo-Effekte gar nicht untersucht wurden" (Kretschmann und Legnaro 2024: 362 f.; Bornemann 2020).

7.3 Von der Drogen- zur Suchtprävention

Vielleicht ist es eine der wichtigeren Veränderungen in der Drogen- und Suchtforschung, dass sich mit der Entdeckung des kontrollierten Konsums nicht nur das Bild der (vermeintlich zwangsläufig entstehenden) Sucht, sondern damit zugleich auch das Verständnis von Drogen ganz allgemein wandeln musste. Denn im Grunde machte die neue Vielfältigkeit der Gebrauchsmuster vor allem klar, dass es nicht Suchtmittel sind, die einen Konsumenten gewissermaßen versklaven, sondern dass verschiedene Konsumierende Drogen auf recht unterschiedliche Art und zu verschiedenen Zwecken benutzen. Und das musste (zumindest theoretisch) auch eine Resonanz im präventiven Bereich haben, in dem sich mit Beginn der 1990er Jahre eine Neuausrichtung der präventiven Konzepte ankündigte.

Paradigmatisch steht hierfür die 1990 von Guido Nöcker publizierte Arbeit *Von der Drogen- zur Suchtprävention.* Entscheidend bei diesen neuen Konzepten ist die (zumindest theoretisch geforderte) Abkehr vom bis dahin dominierenden Ziel der Abstinenz und die Hinwendung zur Zielvorstellung eines verantwortlichen und reflektierten, mithin eines ‚kontrollierten' oder besser: ‚moderaten Gebrauchs'. Denn dort,

> „wo auf der Basis einer toleranten Grundhaltung eine Begleitung möglich ist, bietet sich auch die Chance, über Drogenkonsum, insbesondere die möglichen negativen Erfahrungen, in einer anderen Weise zu sprechen als zuvor. Die Tatsache, den Rauschmitteln nicht mehr einfach die Schuld für erlebte negative Erfahrungen zuschieben zu können, weil unter bestimmten Voraussetzungen der Konsum eben genussvoll sein kann, macht den Konsumenten deutlich, dass sie an diesen Voraussetzungen selbst auch teilhaben, d. h. Verantwortung tragen und nicht nur Spielball oder Opfer sind [...] So können die Jugendlichen erkennen, dass es erheblich auf sie selbst ankommt, dass ihr Handeln Konsequenzen hat, die auf sie selbst und andere zurückwirken" (Nöcker 1990: 212 f.; vgl. auch Nöcker 1991).

Im Kontext dieses neuen Denkens gewannen einerseits die Konzepte der Risikominderung und *harm reduction* (worauf wir im folgenden Kap. 8 ausführlicher eingehen werden) an Einfluss. Andererseits erhielten im Jugendbereich Präventionsansätze Beachtung, welche die präventiven Zielsetzungen nicht mehr auf Abstinenz und „Einfach-Nein-Sagen"-(können) reduzierten, sondern als „Realziele" die Verhinderung eines längerfristigen Missbrauchsverhaltens bzw. die „Verhinderung von Abhängigkeitsentwicklungen bei dauerhaftem Missbrauch durch Ermöglichung eines kontrollierten Konsums" (Franzkowiak 1999: 66) anstrebten. Franzkowiak formuliert in diesem Kontext das Konzept des Risikomanagements bzw. der Risikokompetenz, wobei als Zielkategorien etwa „‚Riten des Genießens' in Verbindung mit ‚Regeln für (sichere) Räusche'" vorgeschlagen werden (Franzkowiak 1999: 72). Noch ein Stück weiter gedacht wurden diese Ansätze von Sting und Blum (2003: 87), die Suchtprävention ganz generell als Bildungsaufgabe verstanden wissen wollen:

> „Es muss also eine *drogenbezogene Bildung* initiiert werden, die in den Gesamtprozess sozialer Bildung integriert ist, bei dem es um die Qualifizierung der Lebenspraxis und des sozialen Zusammenlebens einschließlich der somatischen, körperbezogenen Aspekte geht [...]. Ausgangspunkt einer derartigen Bildungsarbeit könnten das Bedürfnis nach Rausch und die Suche nach Grenzerfahrungen sein [...]. Darüber hinaus ist die Beschäftigung mit der Drogenkultur der Gesellschaft wichtig, die einerseits konkretes Wissen über die verfügbaren Drogen beinhaltet und andererseits zur Auseinandersetzung mit dem kulturellen und sozialen Status von Rausch und Sucht anregt" (Sting und Blum 2003: 88).

Eine solche drogenbezogene Bildung ist allerdings bis heute weitgehend eine Wunschvorstellung geblieben: Ihr Ziel ist die Vermittlung drogenkulturellen Wissens und reflektierter Rausch- und Konsumkompetenz, die letztlich ja der Ermöglichung eines kontrollierten oder besser autonomen Gebrauchs dienen soll und so gesehen eine salutogenetisch orientierte Perspektive auf Drogenkonsum (Schmidt-Semisch 2014) einnimmt. Staatlich betriebene bzw. finanzierte Drogen- und Suchtprävention setzt allerdings auch weiterhin vornehmlich auf abschreckende Botschaften, betont die negativen Aspekte des Drogenkonsums, will mit Lebenskompetenz-Trainings Abstinenz bewirken und würde Sozialarbeiter:innen, die in ihrem Jugendzentrum die ihnen Anvertrauten in Drogenkultur bildeten, auch heute noch schlicht für verrückt erklären und möglicherweise auch strafrechtlich zur Verantwortung ziehen. Und selbst da, wo eine ausgewogenere Information über Drogen angestrebt und gegeben wird, ist das Ziel dieser Maßnahme nicht der moderate Gebrauch, sondern weiterhin die Abstinenz. Das bedeutet freilich keineswegs, dass diese Art der Prävention dadurch an Effektivität oder gar Effizienz gewonnen hätte (vgl. hierzu ausführlich Quensel 2010).

Insgesamt muss man konstatieren, dass sich so etwas wie moderater Drogenkonsum als Zielvorgabe in primär- und sekundärpräventiven Konzepten zwar gelegentlich in der Theorie, aber kaum in der Praxis widerspiegelt. Das wiederum wirft die Frage auf, wie sich die präventiven Ausrichtungen und Maßnahmen z. B. vor dem Hintergrund der anstehenden Regulierung von Cannabis zukünftig gestalten werden, die ja insbesondere den so genannten (moderaten) Freizeitkonsum im Visier hat. Mit einem plakativen ‚Just Say No' wird man hier nicht weiterkommen.

7.4 Zusammenfassung

Die ‚Entdeckung' des kontrollierten bzw. moderaten Drogengebrauchs hat das Drogenbild zumindest in Teilen der Wissenschaft und der Fachwelt stark verändert. In diesem Zusammenhang wurde der kontrollierte Drogengebrauch einerseits schnell zur Zielkategorie einer alternativen Drogenpolitik und die mit ihm transportierten und assoziierten Aspekte der Autonomie und Selbstbestimmung ließen eine Drogenkultur (Marzahn 1994) denk- und wünschbar erscheinen, in deren Kontext autonome Konsumierende unter dem Motto „Recht auf Genuss" (Scheerer 1992: 17) ihren jeweiligen Konsumbedürfnissen nachgehen können sollten. Andererseits wurde diese emphatische Rede von der Selbstbestimmung der Konsumierenden im präventiven und therapeutischen Kontext jedoch bald von dem Ruf nach Selbstkontrolle beim Konsum übertönt, die es durch spezialisierte Programme herzustellen gilt. Der auf diese Weise veränderte Blick auf Sucht und Drogen beeinflusste selbstverständlich auch die drogenpolitische Praxis vor Ort, wo man allerdings vor allem mit den Folgen des Drogenverbotes und der abstinenz-orientierten Leidensdruck-Politik konfrontiert war, die seit den 1990er Jahren in Deutschland nun allmählich durch eine akzeptanz-orientierte Drogenarbeit und -politik ergänzt wurde. Diesen Entwicklungen werden wir uns im nächsten Kapitel zuwenden.

Weiterführende Literatur

Kemmesies, U.E. 2004. Zwischen Rausch und Realität. Drogenkonsum im bürgerlichen Milieu. Wiesbaden: VS Verlag

Klingemann, H. 2021. Sucht. Selbstheilung ist möglich, 3. Auflage. Lengerich: Pabst Science Publishers

Körkel, J. 2015. Kontrolliertes Trinken bei Alkoholkonsumstörungen: Eine systematische Übersicht. In: Sucht 61, S. 147–174.

Quensel, S. 2010. Das Elend der Suchtprävention. Analyse – Kritik – Alternative. Wiesbaden: VS Verlag.

Schippers, G. & Cramer, E. 2002. Kontrollierter Gebrauch von Heroin und Kokain. In: Suchttherapie 3, S. 71–80.

Von der Abstinenz zur Akzeptanz 8

In diesem Kapitel erfahren Sie ...

- warum es zur Entwicklung der akzeptierenden Drogenarbeit kam und welche Rolle HIV/AIDS dabei spielte,
- warum Methadonsubstitution, Drogenkonsumräume und die Verschreibung von Heroin gesundheitlich erfolgreiche Angebote der akzeptierenden Drogenarbeit sind,
- dass die Einrichtung dieser Angebote aber häufig vor allem ordnungspolitisch motiviert ist und dem Management der Drogenkonsumierenden in der Öffentlichkeit dient,
- warum diese urbane Kontrollpolitik dazu führt, dass die Konsumierenden sich selbst und anderen Konsumierenden ein Recht auf Teilhabe am öffentlichen Raum absprechen, und
- dass die akzeptierende Drogenpolitik bis heute im Schatten der Prohibition operieren muss und warum dies ihre Wirksamkeit limitiert.

8.1 Der lange Weg zur Akzeptanz

In Kap. 4.4 war deutlich geworden, welche physischen, psychischen und sozialen Verelendungs-Effekte die deutsche Leidensdruck-Politik der 1970er und 1980er Jahre bewirkt hatte. Diese abstinenz-orientierte Politik sah in den Konsumierenden illegaler Drogen vor allem Kriminelle, zielte auf die konsequente Verhinderung jeden Drogenkonsums und machte den dokumentierten Verzicht auf Drogengebrauch zur Voraussetzung von Hilfeleistungen und der Behandlung im Rahmen von Langzeittherapien. Diese wiederum fanden häufig in Einrichtungen statt, die Gefängnissen ähnelten (und auch ähneln sollten) und deren Erfolgsquoten einigermaßen bescheiden waren (Bossong 1983). Dies lag vor allem auch daran, dass die stationäre Langzeittherapie eine sehr hochschwellige und damit selektive Form der Drogenarbeit war, die Hilfe für diejenigen ausschloss, die ihren Konsum (momentan) nicht aufgeben wollten oder konnten. Insbesondere die wachsende soziale und gesundheitliche Verelendung oft langjähriger und älterer Drogengebraucher, verbreiteter Mischkonsum und hohe Sterberaten wiesen auf profunde Versorgungslücken im Leistungsspektrum der damaligen Drogenarbeit hin (Stöver 1992: 465). Nach einer Sichtung der internationalen Ergebnisse hinsichtlich solcher und ähnlicher Therapie- und Behandlungseinrichtungen konstatierte Stephan Quensel seinerzeit,

„daß alle intramuralen Behandlungsprogramme – gleich welcher Art – auf dem Drogenfeld gescheitert sind, und zwar aus so prinzipiellen Gründen, daß die Hoffnung, ‚sie schrittweise verbessern' zu können, aufgegeben werden muß" (Quensel 1985:157).

Die deutsche Drogenpolitik, so der Tenor, war mit ihrer politischen und therapeutischen Fixierung auf absolute Abstinenz gescheitert. Als Konsequenz setzte sich in Teilen der Fachwelt die Erkenntnis durch, dass das immense Ausmaß an Leid und Verelendung unter den Drogenkonsumierenden weniger die Folge des Drogenkonsums selbst war, sondern vor allem die Folge der repressiven Abstinenzpolitik.

Den vielleicht entscheidenden Schub erhielt die Kritik an der abstinenzorientierten und kriminalisierenden Drogenpolitik schließlich durch HIV und AIDS. Es wurde immer deutlicher, dass der intravenöse Drogenkonsum (vor allem unter den Bedingungen der Illegalität) zahlreiche HIV-Infektionen bedingte: Unsterile Spritztechniken, die gemeinsame Benutzung von Spritzen *(needle sharing)* sowie eine im Allgemeinen desolate physische, psychische und soziale Situation machte große Teile der intravenös Drogenkonsumierenden zu prädestinierten Opfern des Virus. Mit schlichter Repression, so begannen einige Mirarbeiter:innen der Drogen- und Suchthilfe zu erkennen, war es nicht mehr möglich, dem Elend der Betroffenen, aber auch den Ängsten in der Bevölkerung zu begegnen: Insofern wurde die Bedrohung durch AIDS gewissermaßen zur Befreiung der Diskussion (Eisenbach-Stangl et al. 2000: 159).

In den folgenden Jahren etablierte sich neben der weiterbestehenden abstinenzorientierten die so genannte akzeptanzorientierte bzw. akzeptierende Drogenarbeit. Um die Betroffenen früher und besser zu erreichen, aber auch um sie länger in den neu konzipierten Behandlungs- und Beratungszusammenhängen

8.1 Der lange Weg zur Akzeptanz

zu halten, suchten Sozialarbeiter:innen nun den direkten Kontakt zu den Konsumierenden. Diese den Drogengebrauch akzeptierenden Formen der Hilfe zielten konzeptionell einerseits auf die Aufhebung der Ausgrenzung, andererseits aber vor allem auch auf die Vermeidung oder Verringerung der gesundheitlichen und sozialen Verelendung:

> „Unter den Stichworten ‚niedrigschwellige', ‚suchtbegleitende' oder ‚akzeptierende' Drogenarbeit ging es neben der Absenkung zu hoher Schwellen darum, Hilfegewährung nicht mehr an einen Abstinenzwillen zu knüpfen, sondern ‚voraussetzungslose' Hilfe als Ergänzung zum Drogenfreiheitsparadigma zu leisten" (Stöver 1992: 465).

Für die neue Richtung dieser pragmatischen Drogenhilfe stand nun nicht mehr die Abstinenz an erster Stelle der zu erreichenden Ziele, sondern vor allem die Sicherung des Überlebens der Klientel sowie die Verringerung von Risiken beim intravenösen Drogenkonsum *(harm reduction)*. Die Angebote reichten von Aufenthalts- und Übernachtungseinrichtungen über Spritzen- und Kondomvergabe bis hin zu medizinischer Basishilfe, Straßensozialarbeit, Rechts- und Sozialhilfeberatung sowie Krisenintervention.

Um die Mitte der 1980er Jahre waren in Deutschland zudem Forderungen nach Methadonprogrammen laut geworden, also nach einer Substitutionsbehandlung der Opiatabhängigkeit. Obwohl diese Behandlungsform z. B. in den USA damals bereits vergleichsweise etabliert war, gab es in Deutschland erhebliche Bedenken. Man befürchtete, durch eine solche Behandlung weite sich der illegale Markt aus (Heckmann 1985: 130 f.), sie trüge nicht zur Reduzierung der Beschaffungskriminalität bei (Täschner 1988), sie hielte ‚Drogenabhängige' von einer Therapie ab (Ärztekammer Berlin 1987), sie führe zu Mehrfach-Abhängigkeit (Heckmann 1985) und würde eine offizielle Verharmlosung der Opiatsucht bedingen (Täschner 1988). Ärzt:innen, die Methadon oder Codein verschrieben, wurden als ‚Dealer in Weiß' gebrandmarkt und mit straf- und berufsrechtlichen Ermittlungsverfahren überzogen (Grimm 1985: 3 f.; vgl. auch Ullmann 2012).

Erst Ende der 1980er Jahre begann dann der Widerstand der Politik, aber auch der deutschen Ärzteschaft gegen die Substitutionsbehandlung langsam zu bröckeln, wobei auch hier die Bedrohung durch HIV/AIDS die Perspektive veränderte. 1987 beschloss die nordrhein-westfälische Landesregierung, das erste wissenschaftlich begleitete Methadonprogramm in Deutschland einzuführen, das die positiven Erfahrungen, die man aus den USA, Großbritannien oder den Niederlanden bereits kannte, umfassend bestätigte: Die Substitution verbesserte und stabilisierte die gesundheitliche, psychische und soziale Situation der Betroffenen, verminderte das Risiko von Überdosierungen sowie von HIV- und anderen Infektionen und senkte bis zu einem bestimmten Grad auch Beschaffungsprostitution und -kriminalität (Bossong 1992; Gölz 1992). Seit Mitte der 1990er Jahre hat sich die Substitutionsbehandlung zunehmend etabliert, sodass 2022 in Deutschland 2444 substituierende Ärzt:innen rund 81.200 gemeldete Substitutionspatient:innen versorgten (Bundesinstitut für Arzneimittel und Medizinprodukte 2023; vgl. auch Hönekopp und Stöver 2011).

Eine ähnliche Entwicklung nahm eine weitere institutionalisierte Form der akzeptierenden Drogenarbeit: die so genannten Drogenkonsumräume (DKR). Dabei handelt es sich um Räume, in denen vor allem Opiate, aber auch andere Substanzen (z. B. Kokain und Crack) unter hygienischen und kontrollierten Bedingungen intravenös, in vielen DKR auch inhalativ und nasal konsumiert werden können. Auch wenn die hier konsumierten Drogen weiterhin illegal beschafft werden müssen, werden in dem geschützten Setting der DKR Infektionen (Cleirec et al. 2018) und Drogentodesfälle (Dammer et al. 2018) vermieden, der Kenntnisstand zu Risiken des Drogengebrauchs und zu Möglichkeiten eines *safer use* verbessert (RKI 2016) sowie die Motivation der Betroffenen, weiterführende Hilfe in Anspruch zu nehmen, erhöht (Stöver et al. 2019). Der DKR ist *das* Symbol für einen risikoarmen Drogengebrauch: Ein Schutzraum, der Kriminalisierung vermeiden und gesundheitliche Risiken minimieren soll.

Drogenkonsumräume werden in Europa bereits seit mehreren Jahrzehnten betrieben. Bereits in den 1970er Jahren gab es in den Niederlanden und in der Schweiz erste solche Einrichtungen, die zwar rechtlich noch nicht abgesichert, aber gleichwohl toleriert waren. Auch in Deutschland gab es schon Ende der 1980er Jahre kurzzeitig entsprechende, tolerierte Angebote in Bremen und Bonn (vgl. Zurhold et al. 2001: 16). Allerdings waren die o.g. positiven Effekte – ebenso wie bei der Substitution – lange umstritten und die Einführung der DKR von harten Auseinandersetzungen begleitet. Auch die ersten deutschen DKR, die 1994 in Hamburg und Frankfurt am Main eingerichtet wurden, operierten in den ersten Jahren in einer rechtlichen Grauzone. Ihre Einrichtung wurde von offizieller Seite zum Teil kategorisch und mit der Begründung zurückgewiesen, eine solche Einrichtung diene der Förderung des Konsums illegaler Drogen und sei daher zu verbieten. Auch nachdem im Jahr 2000 mit dem § 10a BtMG die rechtliche Grundlage für das Betreiben entsprechender Räumlichkeiten geschaffen war, blitzte dieses Argument noch einmal zum Jahreswechsel 2002/2003 in regionalen und überregionalen Tageszeitungen auf, wenn auch in einer etwas ungewöhnlichen Weise:

"Wegen der Einrichtung eines Druckraumes für Heroinabhängige beschuldigte die Bielefelder Staatsanwaltschaft den örtlichen Polizeipräsidenten, drei leitende Polizeibeamte sowie einen Mitarbeiter und zwei Vorstandsmitglieder der Drogenberatung e. V. der Förderung des Konsums illegaler Drogen. In der Presse wurde dieser Prozess als ordnungspolitischer roll back und Versuch kritisiert, einen progressiven, an den sozialen Bedürfnissen der Konsumenten orientierten Ansatz zu untergraben" (Schmidt-Semisch und Wehrheim 2010: 143).

Solcherlei Auseinandersetzungen sind zwar mittlerweile weitgehend Geschichte, sodass es weltweit inzwischen über 100 und allein in Deutschland über 30 Drogenkonsumräume gibt.[1] Aber auch wenn sich die Angebote der akzeptierenden Drogenarbeit in den vergangenen Jahren etabliert und gefestigt haben, so bleibt ihre Akzeptanz doch auch ambivalent, denn ihre Angebote erfüllen keineswegs nur gesundheitspolitische Funktionen. Darum wird es im folgenden Abschnitt gehen.

8.2 Akzeptanz als Kontrolle: Ambivalenzen Akzeptierender Drogenarbeit

Der Akzeptierenden Drogenarbeit, so hatte ich oben gesagt, ging es nicht mehr um die Herstellung von Abstinenz um jeden Preis, sondern darum, dass die Abhängigen die Phase ihres Konsums lebend überstehen. Diese Idee der Schadensminimierung *(Harm Reduction)* und der Wille zur bedingungslosen und pragmatischen Hilfe haben dazu geführt, dass niedrigschwellige Angebote und Überlebenshilfen, welche die Drogenkonsumierenden in ihrem ‚So-Sein' akzeptierend annehmen, heute nahezu flächendeckend in der Bundesrepublik Deutschland realisiert sind.

Von Vertreter:innen einer kritischen Kriminologie wurde die akzeptierende Drogenarbeit allerdings dahingehend kritisiert, dass sie sich zu sehr auf diesen humanitären Hilfeaspekt der Drogen*arbeit* beschränke, während sie die akzeptierende Drogen*politik* vernachlässige. Zwar sei diese Beschränkung auch eine Stärke, die maßgeblich zum Erfolg der akzeptierenden Drogenarbeit beigetragen habe. Zugleich sei sie aber auch eine Schwäche, weil die grundsätzliche Kritik an der kriminalisierenden Drogenpolitik dabei häufig zu kurz käme. Sebastian Scheerer verdeutlichte seine Kritik seinerzeit mit einer Analogie zum

---

[1] Zu den deutschen Standorten: https://www.drogenkonsumraum.de/de/standorte (Zugriff: 16.06.2024).

gesellschaftlichen Umgang mit der (lange Zeit ebenfalls kriminalisierten) Homosexualität, in deren Kontext man sich gerade nicht darauf beschränkt habe, die Kriminalisierung bestehen zu lassen und allenfalls in deren Rahmen für karitative Erleichterungen und Überlebenshilfen zu sorgen:

> „*Akzeptierende Schwulenarbeit* wäre ja eine denkbare *Alternative zur Kriminalisierung* gewesen: Einrichtung von Treffpunkten für Schwule, Aufklärung über safer sex, Verteilung von Kondomen, Spezialeinrichtungen für jugendliche Schwule, für ältere Schwule, für Eltern von Schwulen. Dazu eine fortschrittliche Organisation namens ‚akzept' und viele viele Kongresse zugunsten der Schwulen. Doch sind wir froh, dass es kam, wie es gekommen ist" (Scheerer 2002: 117 f.; Herv. im Original).

In der Drogenpolitik hingegen, so Scheerer weiter, hielte man es für vernünftig, den Pfad der Kriminalisierung beizubehalten und lediglich in ihrem Rahmen für gewisse karitative Erleichterungen und („akzeptierende") Überlebenshilfen zu sorgen. So plädierten etwa Klaus Schuller und Heino Stöver (1990: 11) dafür, dass „der Anspruch der Akzeptanz vor dem Hintergrund des politisch Machbaren […] diskutiert und realisiert werden" müsse. Zwar wollte man in diesem Zusammenhang auch über weitergehende politische Veränderungen nachdenken (etwa Stöver 1990: 186 ff.), aber gleichwohl, so Scheerer, beschränke man sich doch weitgehend darauf, „die Dinge ein wenig anders zu problematisieren sowie neue Treffpunkte einzurichten, die Angebote zu differenzieren, zu humanisieren und zu medizinalisieren" (Scheerer 2002: 118). Was Scheerer im Grunde kritisiert, ist das Arrangement der akzeptierenden Drogen*arbeit* mit der fortbestehenden Kriminalisierung der Drogengebraucher:innen. Dieses Arrangement sei gleichsam der Preis, den die akzeptierende Drogenarbeit gezahlt habe, um im Umkehrschluss staatliche Gelder für ihre Projekte zu erhalten.

Diese Kritik an der akzeptierenden Drogenarbeit wurde in den vergangenen Jahren von den Vertreter:innen dieses Ansatzes durchaus aufgegriffen. In dem vom ‚Bundesverband für akzeptierende Drogenarbeit & humane Drogenpolitik' (Akzept e. V.) und der Deutschen Aidshilfe (DAH) 2021 verabschiedeten ‚Leitbild akzeptierende Drogenarbeit' wird das politische Mandat der akzeptierenden Drogenarbeit explizit betont. Dies bedeute,

> „dass Menschen in der akzeptierenden Drogenarbeit […] sich fach- und drogenpolitisch einmischen, um die Bedürfnisse und Bedarfe der Menschen aufzugreifen und abzudecken, […] gesundheitspolitische Veränderungen [zu] initiieren und die Interessen der Drogengebraucher*innen in den Mittelpunkt [zu] rücken […] den Folgen der Kriminalisierung entgegen[zu]wirken […], Prozesse von Stigmatisierung und Diskriminierung entgegen[zu]wirken, und zwar sowohl auf politischer als auch auf

8.2 Akzeptanz als Kontrolle: Ambivalenzen Akzeptierender Drogenarbeit

fachlicher Ebene, […] [und] schließlich den Schutz der Menschenwürde von Drogengebraucher*innen [zu] sichern" (Akzept e. V. und DAH 2021: 5 f.)

Vor diesem Hintergrund habe akzeptierende Drogenarbeit das Ziel, die gesellschaftlichen Akteur:innen für die Bedürfnisse von Menschen, die Drogen gebrauchen, zu sensibilisieren und aktiv gegen jede Form der Ausgrenzung, Stigmatisierung und Kriminalisierung einzutreten (Akzept e. V. und DAH 2021: 13).

Allerdings kann auch diese Positionierung der akzeptierenden Drogenarbeit nicht darüber hinwegtäuschen, dass ihre inkludierend, entstigmatisierend und entkriminalisierend gemeinte Akzeptanz immer auch von ordnungspolitischen Interessen aufgegriffen wird, die sie unter der Hand in eine Art „exkludierende Toleranz" (Schmidt-Semisch und Wehrheim 2010: 147) bzw. „institutionelle Exklusion" (Klaus und O'Reilly 2023) verwandeln. Das bedeutet, dass die Maßnahmen der akzeptierenden Drogenarbeit (z. B. Drogenkonsumräume) keineswegs nur gesundheits-, sondern immer auch ordnungspolitische Funktionen erfüllen, indem sie den öffentlichen Raum von Konsumhandlungen und verschiedenen Unordnungserscheinungen entlasten (sollen). Den gesellschaftlichen Hintergrund dieser ordnungspolitischen Transformation bilden Entwicklungen, die man zum Begriff einer *urbanen Kontrollpolitik* zusammenbinden kann (ausführlicher Wehrheim 2002). Ein zentrales Merkmal urbaner Kontrollpolitik ist dabei die räumliche Exklusion, die Teil eines Kontinuums „sozialer Ausschließung" (Cremer-Schäfer und Steinert 1998) ist, das von Diskriminierung über Ghettoisierung bis hin zu Inhaftierung reicht.

Wie bereits gesagt, wächst dem von der akzeptierenden Drogenarbeit als Schutzraum konzipierten Drogenkonsumraum im Kontext urbaner Kontrollpolitik die Funktion der Entlastung des öffentlichen Raums zu. Ausgangspunkt sind dabei die so genannten Offenen Drogenszenen, d. h. soziale Netzwerke von Drogenkonsumierenden, deren Lebensmittelpunkt im öffentlichen Raum liegt (Müller et al. 2009) und die mit vielfältigen Problemen (schlechte Gesundheitszustände, soziale Verelendung, psychische Erkrankungen etc.) assoziiert werden (Dammer et al. 2018; Kamphausen und Werse 2021). Spätestens seit den 1990er Jahren ist dieses Phänomen in vielen europäischen und deutschen Großstädten zu beobachten (exemplarisch für Zürich vgl. Grob 2018). Merkmale dieser Szenen, die sich häufig in Stadtzentren, insbesondere an Hauptbahnhöfen und anderen Knotenpunkten des öffentlichen Verkehrs bilden, sind der öffentliche Konsum und Handel einer Vielzahl unterschiedlicher illegalisierter Substanzen sowie diverse Arten von Risikoverhaltensweisen (Waal 2014; Belina 2011), was von der

Polizei, der Politik und der Bevölkerung als Ärgernis und Bedrohung der öffentlichen Sicherheit und Ordnung und mithin als gravierendes soziales Problem wahrgenommen wird (Prepeliczay und Schmidt-Semisch 2021; Kammersgaard 2020).

Nachdem viele Jahre vergeblich versucht wurde, dieses Problem durch die repressive Verdrängung der Drogenszene aus dem Stadtbild (das so genannte „Junkie-Jogging") zu lösen, geht man seit einigen Jahren in immer mehr Städten dazu über, „die Drogenszenen zu managen, ihre Auswüchse in kalkulierbaren Bahnen zu halten und ihnen hierfür segregiert Sonderräume zuzuweisen" (Klaus und O'Reilly 2023: 144). Stichworte sind hierbei etwa die „sozialverträgliche Regulierung" (Renn 1999) oder die „Stadtverträglichkeit" (Salis Gross 2011) des Drogenproblems. Die dahinterstehende Logik ist so einfach wie pragmatisch: Wenn es Störungen im öffentlichen Raum durch drogenkonsumierende Personen gibt und es zugleich unrealistisch erscheint, Drogenkonsum in nennenswertem Maße zu verhindern, dann ist es gleichermaßen Erfolg versprechend wie ökonomisch, einen bestimmten Teil des Raumes abzutrennen, ihn als ‚Ort der Andersheit' zu deklarieren, das belästigende Verhalten an diesem Ort zu konzentrieren und damit die Abweichung gleichsam aus dem öffentlichen Raum zu verbannen (Schmidt-Semisch 2000: 181). Der Drogenkonsumraum wird so zum Kontrollraum, der nicht nur das Problem, sondern auch seine Kontrolle aus der Öffentlichkeit verschwinden lässt und diese Kontrolle überdies von der Polizei (zumindest tendenziell) auf die Soziale Arbeit verlagert.

Besonders offensichtlich zeigt sich diese Entwicklung in der Schweiz, wo sich die Aufgaben und Tätigkeiten von ‚Polizei' und ‚Sozialer Arbeit' anzunähern scheinen. Einerseits gibt es eine (zivile, aber bewaffnete) ‚Gruppe' von Polizist:innen, die „freundschaftliche, quasi-informelle Beziehungen" (Pineiro et a. 2021: 29) in die Drogenszene pflegen und ihren Auftrag mit einer grundsätzlich akzeptierenden Haltung umsetzen:

> „Die ‚Gruppe' hat ihre polizeiliche Praxis in gewisser Hinsicht an das Verhalten der Suchtmittelabhängigen angepasst. Sie entwickelte ein szenetaugliches Policing, das gleichermaßen repressive wie schadensmindernde Elemente beinhaltet" (Pineiro et al. 2021: 29).

Andererseits gibt es die so genannte ‚Aufsuchende Sozialarbeit mit ordnungsdienstlichen Aufgaben' (ASOA), die als uniformierte mobile Interventionsgruppen in Quartieren patrouillieren sowie einschlägige Plätze und Orte aufsuchen und dabei Methoden der sozialen Arbeit mit ordnungsdienstlichen Ansätzen kombinieren, was auch schon, so Pineiro et al. (2021), zur Redewendung ‚Sozialarbeiter

8.2 Akzeptanz als Kontrolle: Ambivalenzen Akzeptierender Drogenarbeit

als Sheriff' geführt habe. Zwar verfolge die ASOA durchaus auch Ansätze der aufsuchenden Hilfe, allerdings stehe

> „bei diesem Typus der ordnungsdienstlichen Suchthilfe primär die öffentliche Ordnung im Zentrum: Orte des illegalen Drogenkonsums (öffentliche Toiletten, Parkanlagen) werden gezielt inspiziert, Drogenkonsumierende aus der Öffentlichkeit weggewiesen und an die Kontakt- und Anlaufstellen (K&A) vermittelt. Gänzlich anders als bei der aufsuchenden Jugend- und Sozialarbeit dienen Akzeptanzorientierung und Schadensminderung hier letztlich der Erhöhung des öffentlichen Sicherheitsgefühls und der Durchsetzung der öffentlichen Ordnung – im Grund genommen eine klassische polizeiliche Aufgabe" (Pineiro et al. 2021: 29; vgl. auch Rubin und Sidler 2021).

Eine solche Annäherung der Aufgaben von Sozialer Arbeit und Polizei ist in Deutschland bislang noch nicht erfolgt, strukturelle Ähnlichkeiten seien aber, so Klaus und O'Reilly (2023: 149 f.) auch für die hiesigen Verhältnisse durchaus zu erkennen. Zwar könnten durch Drogenkonsumräume sowie durch Einrichtungen wie Kontaktcafés, Aufenthaltsmöglichkeiten und die neuerdings viel diskutierten ‚Akzeptanzflächen' oder ‚Toleranzzonen' (Prepeliczay und Schmidt-Semisch 2021; Bancroft und Houborg 2020) materielle Ressourcen und Schutzräume zur Verfügung gestellt werden, die das Überleben auf der Straße sicherten, gesundheitliche Negativspiralen abfederten und Repression abschwächten. Zugleich aber, so Klaus & O'Reilly weiter, würde durch die ‚Einhegung von Personengruppen' der Kontrollzugriff auf Drogenkonsumierende erleichtert. Der Zugriff erfolge dabei nicht mehr allein über Akteur:innen der Sicherheitsbehörden, sondern – im Sinne einer ‚spezifischen Allianz' zwischen den Institutionen ‚Verbrechen & Strafe' und ‚Schwäche & Fürsorge' (Cremer-Schäfer und Steinert 1997: 444) – vor allem auch durch die niedrigschwellige Drogenhilfe im Sinne von „appropriate combinations of harm reduction and restrictive measures" (Waal et al. 2014: 1). In dieser Gemengelage mit dem Fokus auf praktischer Überlebenshilfe verliere sich der drogenpolitische Anspruch mehr und mehr und mutiere zu einem „rhetorischen Feigenblatt sozialarbeiterischer Selbstvergewisserung" (Klaus und O'Reilly 2023: 150).

Bei alledem sei es gewissermaßen der eigentliche Clou dieser Strategie, dass sich die marginalisierten Nutzer:innen der akzeptierenden Angebote diese Raumzuweisungen aneigneten und die Narrative der räumlichen Segregation übernähmen:

"Sie sprechen sich selbst und anderen Konsumierenden ein Recht auf Teilhabe am öffentlichen Raum ab. Im Verlauf ihrer Nutzung deuten die Adressat:innen der Drogenhilfe Strukturen institutioneller Segregation in ein individuelles Sicherheitsbedürfnis und gesellschaftliche Ungleichverhältnisse in persönliche Defizite um" (Klaus und O'Reilly 2023: 149; vgl. auch Streck 2016: 398 ff.).

Im Ergebnis entstehen auf diese Weise ‚Räume für Drogenkonsumierende', die sich deutlich von jenen Räumen unterscheiden, die ‚nicht für Drogenkonsumierende' sind: bestimmte Stadtteile, Einkaufszentren, Bahnhöfe, zentrale Plätze etc. Die vermeintliche Akzeptanz des Drogenkonsumraums legitimiert zugleich ein Verständnis des öffentlichen Raums als No-Go-Area für den Personenkreis der Konsumierenden, wobei im Fokus dieser räumlich-kontrollierenden Segregation keineswegs nur die Drogengebrauchenden stehen, sondern auch etliche andere unerwünschte Personen, etwa ‚Bettler', ‚Obdachlose' oder ‚Alkis' (etwa Legnaro und Klimke 2022).

So betrachtet kann die akzeptanzorientierte Drogenarbeit mit Michael Schabdach auch als Bestandteil einer symbolischen (Kontroll-)Politik verstanden werden.

"Ohne dass die strukturelle Ausrichtung der Drogenpolitik einer Veränderung unterzogen wird, kann sich die Politik durch die Anerkennung der drogenpolitischen Strategie der Akzeptanz als liberale Instanz inszenieren. Der Öffentlichkeit kann demonstriert werden, dass man bereit ist, drogenabhängigen Personen Hilfe zu Teil werden zu lassen. Dabei darf allerdings hinsichtlich der Etablierung akzeptanzorientierter Arbeitsansätze nicht von einer wirklichen Akzeptanz von Drogenkonsumenten oder gar von einer Entkriminalisierung des Drogenkonsums gesprochen werden" (Schabdach 2009: 246).

Die beschriebene Kontrollpolitik legt allerdings nicht nur die Annäherung zwischen Polizei und Sozialer Arbeit nahe und bedient sich der akzeptierenden Drogenarbeit im Sinne eines „Managements der Drogenkonsumierenden in der Öffentlichkeit" (Pineiro et al. 2021: 30), sondern die ihr weiterhin zugrunde liegende Drogenprohibition limitiert maßgeblich den Wirkungsbereich der akzeptanzorientierten Hilfsangebote, die stets in ihrem Schatten operieren müssen.

8.3 Akzeptanz im Schatten der Prohibition

Die akzeptierende Drogenpolitik ist angetreten, die Folgen der abstinenzorientierten Leidensdruckpolitik zumindest abzumildern – und das auch mit einigem Erfolg. Gleichwohl musste sie ihre Angebote und Maßnahmen stets in die übergeordnete Drogenpolitik einpassen, die auch weiterhin eben keine akzeptierende, sondern (zumindest mit Blick auf die illegalisierten Drogen) eine verbietende Drogenpolitik ist. Das bedeutet, dass die Prohibition weiterhin die Geschäftsgrundlage der akzeptierenden Drogenarbeit ist und die Rahmenbedingungen setzt, unter denen diese ihre Angebote gestalten muss und gestalten kann. Und genau dies hat erhebliche Konsequenzen für die akzeptierende Drogenarbeit, deren Maßnahmen dadurch deutlich eingeschränkt werden. Zwei Beispiele, die für eine vermeintlich große Akzeptanz stehen, können dies verdeutlichen: Erstens die Drogenkonsumräume und zweitens die Vergabe von Heroin unter ärztlicher Aufsicht in so genannten Diamorphinambulanzen.

Wie wir oben gesehen haben, wurde die Idee der Drogenkonsumräume entwickelt, um den Konsumierenden einen Schutzraum zu bieten, in dem sie sich ihre jeweiligen Drogen ohne Angst vor polizeilicher Verfolgung und unter hygienisch guten Bedingungen applizieren können. Bereits bei der politischen Umsetzung der Drogenkonsumräume gingen dabei akzeptierende Motive und Kontrollbedürfnisse einer Nicht-Akzeptanz (z. B. von Konsum im öffentlichen Raum) Hand in Hand. Und diese Ambivalenz setzt sich auch in den derzeit geltenden gesetzlichen Regelungen des § 10a BtMG zur „Erlaubnis für den Betrieb von Drogenkonsumräumen" fort. So wird in Abs. 2 Punkt 7 als ein Mindeststandard formuliert:

> „genaue Festlegung des Kreises der berechtigten Benutzer von Drogenkonsumräumen, insbesondere im Hinblick auf deren Alter, die Art der mitgeführten Betäubungsmittel sowie die geduldeten Konsummuster; offenkundige Erst- oder Gelegenheitskonsumenten sind von der Benutzung auszuschließen".

Mit diesem Ausschluss von Erst- oder Gelegenheitskonsumenten schließt man genau jene Personen aus dem gesundheitsförderlichen Setting aus, die von ihm in gesundheitlicher und sozialer Hinsicht möglicherweise am nachhaltigsten profitieren würden. Bis vor kurzem war in § 10a Abs. 4 BtMG überdies festgelegt:

"Eine Erlaubnis nach Absatz 1 berechtigt das in einem Drogenkonsumraum tätige Personal nicht, eine Substanzanalyse der mitgeführten Betäubungsmittel durchzuführen oder beim unmittelbaren Verbrauch der mitgeführten Betäubungsmittel aktive Hilfe zu leisten."

Diese Regelung zwang die Konsumierenden nicht nur dazu, weiterhin Straftaten zu begehen, indem sie sich die bevorzugten Drogen in unkontrollierter Qualität auf dem Schwarzmarkt besorgen müssen, sondern sie verbot der vermeintlich gesundheitsförderlichen, akzeptierenden Drogenarbeit auch noch, diese Drogen im Sinne eines Verbraucherschutzes auf gesundheitsschädliche Verunreinigungen zu untersuchen. Diese Regelung wurde zum 27. Juli 2023 aufgehoben und durch den § 10b BtMG „Erlaubnis für die Durchführung von Modellvorhaben zu Substanzanalysen" ergänzt, wonach ein so genanntes ‚Drug Checking' seither in Form von Modellprojekten möglich, aber keineswegs flächendeckend implementiert ist.[2] Insgesamt muss man also dementsprechend feststellen, dass sich die Akzeptanz des Drogenkonsumraums auf als abhängig und mithin als krank diagnostizierte Personen beschränkt, die ihre Drogen auf dem Schwarzmarkt illegal erwerben und (solange noch kein Drug Checking implementiert wurde) in verunreinigtem Zustand konsumieren müssen: Der Drogenkonsumraum ist so gesehen ein höchst selektives Angebot.

Ähnliche Paradoxien begleiten auch die Umsetzung der ärztlichen Vergabe von so genannten Originalstoffen, womit in diesem Fall die Verschreibung von Heroin gemeint ist. Diese Behandlungsform, bei der Ärzt:innen Opiatabhängige durch die Verschreibung eines Opiats behandeln, war bis in die 1920er Jahre gängige Praxis. Dabei ging es nicht darum, ein Opiat durch ein anderes zu „substituieren", sondern es handelte sich um „Opiaterhaltungstherapien" beziehungsweise um das, was man heute als „Originalstoffvergabe" bezeichnet. Das heißt, Morphinabhängige wurden mit Morphin behandelt: „Mit diesen Opiaterhaltungstherapien waren die meisten Patienten beschwerdefrei, sozial integriert und arbeitsfähig" (Ullmann 2005: 93). 1928 beschloss dann allerdings der Deutsche Ärztetag in Danzig (Gdańsk) als einheitliche Grundlinie, dass Opiatkonsumenten zur Erlangung der Abstinenz in Entziehungsanstalten einzuweisen seien:

„Bei Morphinisten und anderen Personen, die von Suchtstoffen abhängig sind, ist das Behandlungsziel die Drogenabstinenz. Die Methode der Wahl bei der Behandlung Abhängiger des Opiattyps ist stets die stationäre Langzeittherapie in geschlossenen Einrichtungen" (zit.n. Weinrich 1986: 11).

---

[2] Vgl. zu den Potenzialen des Drug Checking ausführlich die Beiträge in Tögel-Lins et al. 2019.

8.3 Akzeptanz im Schatten der Prohibition

In den Jahren danach sollte diese Art der Behandlung in Deutschland verboten bleiben und erst in den 2000er Jahren allmählich wiederentdeckt werden. Neben erfolgreichen Beispielen aus England und Holland legte im deutschsprachigen Raum 1995 zunächst die Schweiz ein Heroin- beziehungsweise Morphinprogramm mit 1000 Plätzen auf, dessen Ergebnisse vielversprechend waren. Ab 2002 wurde die Heroinvergabe dann auch in mehreren deutschen Städten im Rahmen eines Modellprojekts erprobt, das in der „ausdrücklichen Empfehlung" mündete, „diese Behandlungsform in die Regelversorgung Heroinabhängiger aufzunehmen" (Naber und Haasen 2006: 125; EMCDDA 2012). Im Mai 2009 stimmte der Deutsche Bundestag der Heroinvergabe im Rahmen der Regelversorgung und damit sogenannten Diamorphinambulanzen zu. Allerdings hat dies bis heute (noch) nicht zu einem umfassenden Angebot geführt, nur in wenigen deutschen Städten finden sich entsprechende Vergabestellen[3], in denen allerdings nur etwa ein Prozent der Substitutionspatient:innen in Deutschland eine Behandlung mit Diamorphin erhält (Bührig 2020: A16 f.).

Diese geringe Anzahl an Patient:innen ist vor allem darauf zurückzuführen, dass die Aufnahme in die Heroinvergabe an enge Vorgaben geknüpft ist. Neben umfangreichen Anforderungen an die verschreibende bzw. ausgebende Institution sind insbesondere von den Patientinnen und Patienten bestimmte Voraussetzungen zu erfüllen. Nach § 5a Abs. 1, Ziffer 2 und 3 BtmVV müssen sie „eine seit mindestens fünf Jahren bestehende Opiatabhängigkeit verbunden mit schwerwiegenden somatischen und psychischen Störungen bei derzeit überwiegend intravenösem Konsum" aufweisen sowie mindestens „zwei erfolglos beendete Behandlungen der Opiatabhängigkeit [...] von denen mindestens eine eine sechsmonatige Behandlung nach § 5 sein muss". Schließlich muss „der Patient das 23. Lebensjahr vollendet" (§ 5a, Abs. 1, Ziffer 4 BtmVV) haben.

Diese hohen Hürden galten in ähnlicher Form auch bei der Einführung der Methadonsubstitution in den 1990er Jahren und wurden bereits damals immer wieder kritisiert. Denn immerhin bedeuten sie im Grunde nichts anderes, als dass man nur jenen Konsumierenden eine qualitativ hochwertige (weil legal produzierte und gehandelte) Substanz zu gewähren bereit ist, die bereits in hohem Maße sozial und gesundheitlich geschädigt und/oder verelendet sind. Denjenigen, die noch nicht krank genug (geworden) sind, die Heroin anders konsumieren (z. B. intranasal oder inhalativ) und insbesondere auch die, die Heroin nur probieren wollen oder nur gelegentlich konsumieren, bleibt der Konsum

---

[3] Vgl. zu den aktuellen Diamorphinambulanzen in Deutschland: http://www.diamorphin-behandlung.de (Zugriff: 16.06.2024).

der qualitätskontrollierten und insoweit weniger gesundheitsschädlichen Substanz verwehrt.

Auch wenn also Drogenkonsumräume und die Heroinvergabe unter ärztlicher Aufsicht den dafür zugelassenen Personen erhebliche gesundheitliche und soziale Vorteile bieten, so bleiben diese gesundheitsförderlichen Settings doch den allermeisten Drogenkonsumierenden verschlossen und können in diesem Sinne auch nicht als niedrigschwellige Angebote verstanden werden. Gleichzeitig verweist dieser Ausschluss auf die Einpassung dieser Angebote in die bestehende prohibitive Drogenpolitik, die weiterhin nicht am Akzeptanz-, sondern am Abstinenzparadigma ausgerichtet ist. Bernd Dollinger hat dies folgendermaßen auf den Punkt gebracht:

> „Akzeptierende Strategien werden demnach vorrangig für ‚Abhängige' angedacht, Konsum hingegen scheint derart risikobehaftet zu sein, dass er minimiert und möglichst früh unterbunden werden soll" (Dollinger 2012: 42).

Während man also die Risiken des Drogenkonsums beschwört, werden jene Risiken, die durch die verbietende Drogenpolitik selbst gesetzt werden (s. o.), völlig ausgeblendet. Das ist umso erstaunlicher, weil die Erfolge von Drogenkonsumräumen und Heroinvergabe ja gerade durch die partielle Aussetzung dieser verbietenden Drogenpolitik zustande kommen:

> „Die Drogenkonsumräume sind gesundheitsförderlich, weil sie das Bedürfnis befriedigen, Drogen abseits von staatlicher Verfolgung in einem geschützten Rahmen konsumieren zu können. Der Erfolg von Substitution im Allgemeinen und Heroinvergabe im Besonderen resultiert aus dem Umstand, dass die Konsumierenden legal eine qualitativ hochwertige Substanz erhalten, was sie von der Beschaffung von teuren und verunreinigten Substanzen auf dem schwarzen Markt und damit auch von Verfolgungs-, Verheimlichungs- und Bestrafungsrisiken befreit: In beiden Fällen ist es die partielle ‚Legal-Stellung' des Konsums bzw. der Substanz, die die Gesundheit der Betroffenen fördert" (Schmidt-Semisch 2014: 211 f.).

Ähnliches gilt auch für das seit Mitte 2023 in Deutschland mögliche Drug Checking: Auch hier werden für die illegalen Drogen die (im legalen Bereich selbstverständlichen) Aspekte der Qualitätssicherung der Substanzen und mithin des Verbraucherschutzes beherzigt und durch diese Annäherung an den Umgang mit legalen Drogen Gesundheitsgewinne realisiert.

Insofern spricht aus einer Gesundheitsperspektive vieles dafür, die prohibitiven Elemente der herrschenden Drogenpolitik zu minimieren und in eine deutlich weniger gesundheitsschädliche und weniger selektive Regulation zu überführen.

Wie eine solche Politik aussehen könnte, dafür gibt es mittlerweile einige Beispiele und Modelle, aber auch weitergehende Überlegungen, denen wir uns im folgenden Kapitel zuwenden.

8.4 Zusammenfassung

Die akzeptierende Drogenarbeit entstand als Ergänzung der abstinenzorientierten Drogenpolitik und trat den Drogenkonsumierenden nicht mehr als Kriminellen gegenüber, sondern als Personen, die bedingungsloser, niedrigschwelliger Hilfsangebote bedürfen, ohne dass die Inanspruchnahme dieser Hilfen an den Willen zur Abstinenz gebunden war. Neben Aufenthalts- und Übernachtungseinrichtungen, Spritzen- und Kondomvergabe, medizinischer Basishilfe, Straßensozialarbeit etc. waren es vor allem die Substitutionsbehandlung mit Methadon, die Einrichtung von Drogenkonsumräumen sowie die Implementierung von Diamorphinambulanzen, die zu enormen gesundheitlichen und sozialen Verbesserungen bei den Konsumierenden führten. Gleichzeitig wurden diese Angebote allerdings auch im Kontext einer urbanen Kontrollpolitik und im Sinne des Managements der Drogenkonsumierenden im öffentlichen Raum instrumentalisiert, was die akzeptierende Drogenarbeit ein Stück weit in deren Ziele verstrickte und weiterhin verstrickt. Da die akzeptierende Drogenarbeit zudem stets im Schatten der Prohibition agieren muss, ist die Reichweite und Wirksamkeit ihrer Angebote häufig begrenzt.

Weiterführende Literatur

Bancroft, M & Houborg, E. 2020. Managing Coexistence: Resident Experiences of the Open Drug Scene and Drug Consumption Rooms in Inner Vesterbro, Copenhagen. In: Contemporary Drug Problems 47, S. 210–230

Kammersgaard, T. 2020. Being 'in place', being 'out of place': problematising marginalised drug users in two cities. In: International Journal of Drug Policy, Vol. 75, 102589.

Klaus, L. & O'Reilly, M. 2023. Institutionelle Exklusion: Akzeptierende Drogenarbeit und Alltagsräume marginalisierter Drogenuser*innen. In: Hunold, D., Brauer, E. & Gangelmaier, T. (Hrsg.), Stadt. Raum. Institution. Wiesbaden: Springer VS, S. 139–151.

Pineiro, E., Pasche, N. & Locher, N. 2021. Die ‚Care-Seite' der Repression: Konjunkturen eines akzeptanzorientierten Policing von Drogenkonsum in öffentlichen Räumen. In: Suchtmagazin 47, H. 3&4, S.27–30.

Stöver, H. (Hrsg.) 1999. Akzeptierende Drogenarbeit: Eine Zwischenbilanz. Freiburg i.B. Lambertus.

Von der Repression zur Regulierung

In diesem Kapitel erfahren Sie ...

- warum das globale Drogenverbot als gescheitert betrachtet werden muss,
- welche wissenschaftlichen Erkenntnisse und Argumente dafürsprechen, Drogenverbote durch Formen der Regulierung zu ersetzen und wie diese aussehen,
- welche Wirkungen und Nebenwirkungen solche Regulierungen in jenen Staaten hatten, die Cannabis mehr oder weniger legal zugänglich gemacht haben,
- warum für eine Änderung der Drogenpolitik auch ein grundsätzlich anderes Denken und Reden über Drogen notwendig ist,
- was eine pathogenetische von einer salutogenetischen Perspektive auf Drogengebrauch unterscheidet und
- wie eine moderne, salutogene Drogenpolitik mit dem Ziel einer *Drug Literacy* umrissen werden kann.

9.1 Die gescheiterte Prohibition

Wie in den vorangegangenen Kapiteln deutlich geworden ist, haben Drogenverbote weder in der Vergangenheit noch in der Gegenwart dazu geführt, dass die jeweiligen Substanzen nicht mehr produziert, gehandelt und konsumiert worden sind. Vielmehr spricht alle Evidenz dafür, dass diese Verbote eine Vielzahl an Problemen im Umgang mit den jeweiligen Substanzen verschlimmert, wenn nicht gar erst erzeugt haben. Zugleich bewirkt die prohibitive Drogenpolitik eine Reihe gesundheitlicher, sozialer, kultureller und politischer Probleme, die mit dem Verbot zwar nicht immer bezweckt worden sind, die sich aber gleichwohl als nicht-intendierte Nebenfolgen realisiert haben (Herschinger 2024; Cohen et al.

2022; Csete et al. 2016). Im Folgenden sollen einige dieser problematischen Aspekte der Prohibition noch einmal zusammenfassend in den Blick genommen werden.

Am offensichtlichsten ist dabei zunächst, dass die trotz der Verbote stets fortbestehende Drogennachfrage regelmäßig durch Angebote einer illegalen Ökonomie befriedigt wird (vgl. Kap. 4.3). Dabei ist in aller Regel zwar davon auszugehen, dass es sich bei diesen Formen des Drogenhandels um einvernehmliche Tausch- bzw. Verkaufsakte handelt, zugleich aber ist die illegalisierte Ware nicht durch Gesetze geschützt. Das bedeutet, es gibt keinerlei Kontroll- und Garantiemechanismen hinsichtlich der Tauschhandlung als solcher, vor allem aber auch nicht mit Blick auf die Qualität der gehandelten Substanz, weshalb die Konsumierenden nie wissen, welche Substanzen in welchen Mengen die jeweils erworbene Droge tatsächlich enthält. Überdosierungen und toxische Wirkungen von Streckmitteln können die Folge sein. Darüber hinaus steigt aufgrund der Risikozuschläge der Preis der illegal gehandelten Substanzen mit jeder Handelsstufe enorm an, was zwar für die Verkäufer:innen durchaus attraktiv ist, die Konsumierenden aber nicht selten in unterschiedliche Formen der Beschaffungskriminalität oder -prostitution drängt.

Diese Problematik betrifft zwar auch jene Mehrheit der Konsumierenden illegalisierter Drogen, die bei der Wahl ihrer Dealer:innen gegebenenfalls etwas wählerischer agieren können, weil sie einen unproblematischen, moderaten oder kontrollierten Konsum praktizieren (Csete et al. 2016); sie betrifft aber vor allem jene Konsumierenden, die sich auf der Straße oder im Kontext der offenen Drogenszenen ihre bevorzugten Drogen (u. a. Heroin und Kokain sowie seit einigen Jahren v. a. auch die rauchbare Kokain-Variante: Crack; vgl. Neumeier und Kühnl 2023) organisieren müssen. Diese Personen, die neben ihrem kompulsiven Drogengebrauch oder ihrer Abhängigkeit oft noch eine ganze Reihe weiterer psychischer, physischer und sozialer Probleme (Traumatisierungen, Obdachlosigkeit, Missbrauchs- oder Gewalterfahrungen, fehlende Krankenversicherung, Sprachbarrieren etc.; vgl. Bruns und Woike 2023; Kiefer 2023; Albrecht 2023) aufweisen, sind in der Regel auf den Stoff angewiesen, der auf der Straße gerade angeboten wird. Der Konsum erfolgt dann häufig mehr oder weniger direkt im Anschluss an den Kauf an öffentlichen Orten, was zu weiteren sozialen (etwa Diskriminierungen, Stigmatisierungen, Vertreibungen, gewaltsame Übergriffe) und gesundheitlichen Problemen (z. B. durch unhygienische Applikationsbedingungen, Vergiftungen oder Überdosierungen) führen kann.

Neben diesen unmittelbaren negativen Auswirkungen der Prohibition auf die sozialen und gesundheitlichen Bedingungen der Konsumierenden, werden freilich auch noch weitere, grundsätzlichere Bedenken gegen die Drogenverbote vorgebracht. Da wird zum einen die Doppelmoral eines vermeintlich liberalen Rechtsstaats beklagt, der es uns zwar erlaubt, das ‚Nervengift' Alkohol in beliebigen Mengen zu erwerben und zu konsumieren sowie uns mit diesem Konsum gegebenenfalls auch selbst zu schädigen, der uns zugleich aber den Genuss bzw. den Erwerb einer Vielzahl anderer Substanzen mit ähnlichen Risiken verbietet und (s. o.) mit diesem Verbot die Gefährlichkeit dieser Substanzen sogar noch potenziert (vgl. hierzu jüngst aus der Perspektive des Notfallmediziners: Rücker und Bizer 2023).

Zum anderen kann man fragen, welchen Sinn es für einen sich als liberal verstehenden Rechtsstaat hat, Verbote eines allenfalls selbstschädigenden Verhaltens (bzw. eines opferlosen Delikts, Kap. 4.3) aufrecht zu erhalten, die in aller Regel ungestraft von Millionen Bürger:innen mehr oder weniger regelmäßig übertreten werden – und dies ja nicht nur von jenen Personen, die wir als Drogenkonsumierende in der Öffentlichkeit identifizieren, sondern vor allem auch von der weit größeren Gruppe an Konsumierenden, die diese Substanzen (meist im privaten Rahmen) ohne weitere Probleme konsumieren. Diese unüberschaubare und letztlich auch unkontrollierbare Masse an Gesetzesverstößen bedingt einerseits so etwas wie eine ‚Normalisierung des Rechtsbruchs' und andererseits eine höchst selektive Durchsetzung der Prohibition.

Dabei weist diese selektive oder ungleiche Durchsetzung der Prohibition historisch eine gewisse, oft rassistisch konnotierte Regelmäßigkeit auf. So zielten in den USA bereits die ersten Opiatverbote gegen Ende des 19. Jahrhunderts explizit auf die Konsumform der chinesischen Einwander:innen, während gegen die ‚weißen Formen' des Opium- und Morphingebrauchs strafrechtliche Sanktionen seinerzeit nicht erwogen wurden (Kap. 3.3). Dieses Muster habe sich dann zu Beginn des 20. Jahrhunderts zunächst im „mythical ‚negro cocaine fiend', which prominent newspapers, physicians and politicians readily exploited" (Hart und Hart 2024: 607) und später dann in den 1930er Jahren fortgesetzt, als die „connection between marijuana use by blacks and violent crime" (Hart 2021:161) rassistisch motiviert übertrieben und insbesondere von Harry Anslinger mit der Aussage befeuert worden sei: „Marijuana is the most violence-causing drug in the history of mankind." Diese ‚Reefer-Madness'-Rhetorik, dieses Narrativ des „crazed Negro drug fiend" (Hart 2021: 139) ziehe sich durch die gesamte amerikanische Drogenpolitik, tauche hier als „superhuman Negro cocaine fiend" (Hart 2021: 185) und an anderer Stelle als „crazy nigger on PCP" (Hart 2021: 190) auf und sei eine wiederkehrende Begründung in Fällen, in denen weiße Polizisten schwarze Männer brutal behandeln oder gar töten. Diese rassistische Grundierung zieht sich durch die gesamte US-amerikanische Drogenpolitik:

„In the U.S., overall rates of illicit drug use and opioid misuse among Black people are very similar to those among White people[...]. However, Black people are more likely to be arrested, prosecuted, convicted, and incarcerated – with longer sentences – for drug offenses [...]. Notably, sentencing disparities persist even after accounting for baseline differences in criminal history and crime severity[...]. Moreover, the possession or distribution of drugs that are perceived to be more commonly used by Black people (e.g., crack cocaine) than by White people (e.g., powder cocaine) have been associated with harsher sentences, despite approximately similar harm/benefit profiles and chemical constitutions" (Earp et al. 2021: 8; vgl. auch Miron und Partin 2021).

Gerade Crack sei dabei ein gutes Beispiel dafür, dass es (zumindest) der US-amerikanischen Drogenpolitik nicht um die Gesundheit und das Wohlbefinden der Konsumierenden gehe, sondern dass diese auch heute noch von einem tiefsitzenden Rassismus geleitet werde. Während der ‚Crackhysterie' der 1980er Jahre „Crack was being blamed for everything from black unemployment to misrepresented high murder rates to crack babies" (Hart 2021: 202). Die Strafen für Crack-Taten seien in dieser Zeit extrem erhöht worden, was zu der oft beschriebenen Masseneinsperrung vor allem schwarzer Männer geführt habe, die bis heute fortdauere: Der schwarze Psychologie-Professor Carl Hart spricht daher vom Drogenkrieg auch als einem „War on Us" (Hart 2021: 15; vgl. auch Nyberg 2024; Block und Obioha 2012).

Auch für Deutschland wurden schon früh entsprechende Narrative problematisiert, die etwa die Angst vor Drogen oder vor Sucht mit der Angst vor dem Fremden oder im Bild des ‚ausländischen Dealers' zwei ‚Feindbilder' miteinander verknüpfen (Graebsch 1998; Stehr 1998). Seit einigen Jahren wird zudem konstatiert, dass es im Rahmen des sogenannten ‚Racial Profiling' dazu kommt, dass ausländische Personen oder solche mit dunklerer Hautfarbe eher bzw. öfter verdächtigt, kontrolliert, verhaftet und verurteilt werden als weiße Personen (Klaus 2024; Ruch 2022; Niemz und Singelnstein 2022).

Aber auch unabhängig von dem Aspekt der beschriebenen selektiven, ungleichen und rassistisch konnotierten Durchsetzung der Prohibition bedingt diese Durchsetzung für diejenigen, die sie betrifft, erhebliche individuelle und soziale Probleme und Leiden. So kann zum Beispiel eine Anklage oder Vorstrafe wegen Drogenbesitzes dazu führen, dass Jugendliche ihrer Schule verwiesen werden und in der Folge ihre Lebens- und Berufschancen nachhaltig beeinträchtigt sind (Cohen et al. 2022: 2027). Zudem sind nicht nur die US-amerikanischen, sondern auch die bundesdeutschen Gefängnisse (wenn auch auf einem deutlich niedrigeren Gesamtniveau) zu erheblichen Teilen mit Personen gefüllt, die im Zusammenhang mit Drogen- und/oder Beschaffungsdelikten verhaftet und inhaftiert wurden (Statistisches Bundesamt 2021: 20) und deren weitere soziale und

9.1 Die gescheiterte Prohibition

gesundheitliche Lebenschancen durch diesen Umstand erheblich beschnitten werden (Thane 2015), wobei – was häufig vergessen wird – auch deren Angehörige und Kinder unter der Inhaftierung leiden, also gewissermaßen mitbestraft werden (Sandmann und Knapp 2018; Kappenberg und Krell 2016).

Abgesehen davon sollte man den ‚War on Drugs' allerdings auch als das wahrnehmen, was er tatsächlich ist, ein Krieg (Herschinger 2024: 500), dem in den vergangenen Jahrzehnten viele tausend Menschen zum Opfer gefallen sind: *Erstens* Konsumierende, die aufgrund der durch die Prohibition gesetzten Bedingungen (s. o.) erkrankt und gestorben sind, *zweitens* Drogenproduzent:innen und -händler:innen, die in Auseinandersetzungen untereinander oder aber mit staatlichen (polizeilichen und militärischen) Kräften (sowohl in den Herkunfts- als auch den Abnahmeländern der Drogen) ums Leben gekommen sind, aber freilich auch, *drittens,* staatliche Einsatzkräfte (und auch völlig Unbeteiligte), die in diesen Kämpfen ihr Leben gelassen haben. Zudem gibt es etliche Länder, in denen nach wie vor die Todesstrafe auf Drogendelikte steht (etwa China, Vietnam, Singapur oder Iran; vgl. Harm Reduction International 2022). Für den Iran meldete Amnesty International im Juni 2023 bereits 173 Hinrichtungen wegen Drogendelikten im laufenden Jahr.[1]

Cohen et al. weisen zudem darauf hin, dass die Logik des Drogenkriegs keineswegs nur das Strafsystem durchzieht, sondern tief in zahlreiche andere soziale Bereiche hinreicht und diese mitgestaltet:

> „Drug war logic is made concrete, not just within criminal legal systems, but also through mandated drug reporting and monitoring systems in treatment and healthcare settings, compulsory drug testing in employment and for the receipt of social services, the proliferation of zero-tolerance workplaces and schoolzones, mandated treatment in order to receive resources or avoid loss of benefits, background checks forwork and housing, and numerous other measures [...] As a result, the drug war's frontline enforcers are no longer police alone but now include physicians, nurses, teachers, neighbours, social workers, employers, landlords, and others who are required to engage in these forms of surveillance and punishment" (Cohen et a. 2022: 2025 f.).

Die *Global Commission on Drug Policy* fordert vor dem Hintergrund aller dieser oben aufgeführten Aspekte schon seit Jahren ein Umdenken in der Drogenpolitik ein und bemängelte bereits 2015 „The Negative Impact of Drug Control on Public Health: The Global Crisis of Avoidable Pain". Ihr Report von 2021 ist noch eindeutiger und trägt den Titel: „Time to End Prohibition". Und auch bei

---

[1] https://www.amnesty.de/allgemein/pressemitteilung/iran-anstieg-hinrichtungen-drogendelikte-todesstrafe Zugriff: 15.06.2024.

den Vereinten Nationen hat offensichtlich ein Umdenken begonnen: Am 20. September 2023 veröffentlichte der UN-Hochkommissar für Menschenrechte einen Bericht mit dem Titel „Human rights challenges in addressing and countering all aspects of the world drug problem". In diesem Bericht wird das Scheitern der strafenden Drogenpolitik und des weltweiten Drogenkrieges konstatiert und ein alternatives Vorgehen eingefordert, das auf den Menschenrechten basiert. Zu den zentralen Handlungsempfehlungen des Berichts – „to develop effective drug policies grounded in human rights" – zählen unter anderen:

> „Adopt alternatives to criminalization, ‚zero tolerance' and elimination of drugs, by considering decriminalization of usage; and take control of illegal drug markets through responsible regulation, to eliminate profits from illegal trafficking, criminality and violence […] In the case of decriminalization, review convictions and/or sentences and, where appropriate, quash, commute or reduce convictions and/or sentences […] Consider developing a regulatory system for legal access to all controlled substances" (United Nations 2023: 18).

Ähnliche Forderungen, Diskussionen und Empfehlungen existieren in der Wissenschaft bereits seit langem (vgl. etwa Inciardi 1999; Husak und de Marneffe 2005; Gerlach und Stöver 2012). Nachdem in den vergangenen Jahren immer mehr US-Bundesstaaten und auch einige andere Länder (einschließlich der Bundesrepublik Deutschland) angefangen haben, zumindest mit Blick auf Cannabis neue Wege in der Drogenpolitik zu beschreiten, könnte auch eine insgesamt veränderte Drogenpolitik in den Bereich des Möglichen rücken. Im folgenden Kapitel wird es daher zunächst darum gehen, welche Wirkungen und Effekte die jüngsten Veränderungen in der Cannabispolitik entfaltet haben.

9.2 Regulierungsmodelle und ihre Effekte

Wenn vom Ende der Prohibition oder auch einem legalen Zugang zu Drogen die Rede ist, dann fallen gemeinhin die Begriffe *Legalisierung*, *Entkriminalisierung* oder *Entpönalisierung* (Bartels 2024: 589 f.; Jungblut 2007: 286). Eine *Entpönalisierung* ist dann gegeben, wenn die rechtliche Veränderung lediglich darin besteht, die Strafe für eine bestimmte Handlung herabzusetzen, also etwa mildere Strafen zuzulassen und/oder Höchststrafen herabzusetzen. *Entkriminalisiert* man aber eine bislang verbotene Handlung (also z. B. den Erwerb, Besitz oder Handel mit Cannabis), dann nimmt man diese Handlung aus dem Strafrecht heraus. Dies wiederum kann den Wegfall jeglicher formeller Sanktion bedeuten, aber auch mit der Einführung neuer funktionaler Äquivalente verbunden sein. Letzteres

9.2 Regulierungsmodelle und ihre Effekte

würde bedeuten, man überführt eine Handlung etwa ins Ordnungswidrigkeitengesetz (OWiG), womit weiterhin eine staatliche Sanktion für bestimmte Handlungen oder bestimmte Ausführungen dieser Handlung möglich ist: Zum Beispiel kann man den Besitz einer Droge bis zu einer bestimmten (kleinen) Menge straflos stellen, aber bei darüber hinaus gehenden Mengen gleichwohl Sanktionsmöglichkeiten eröffnen. Bei der *Legalisierung* einer Droge wiederum wird diese Substanz (relativ) frei verfügbar und Anbau, Erwerb und Besitz der Droge sind zumindest für bestimmte Gruppen der Bevölkerung unter bestimmten Umständen explizit erlaubt. Das bedeutet allerdings nicht, dass eine solche Legalisierung zu einer unkontrollierten regellosen Situation im Umgang mit der jeweiligen Substanz führt: So ist der Alkohol in den meisten Ländern der Welt zwar legalisiert, seine Herstellung, Vermarktung, Kennzeichnung und Darreichung, sein Verkauf, Ausschank und Konsum unterliegen allerdings vielfältigen rechtlichen Regelungen und Gesetzen, die auch weiterhin Sanktionen, etwa für eine unerlaubte Abgabe an Jugendliche, unsachgemäße Herstellung oder für Verunreinigungen der Getränke, vorsehen. Insofern erzeugt der inzwischen sehr emotional besetzte Begriff der Legalisierung häuft falsche Assoziationen. Zielführender und auch von der Sache her plausibler erscheint es daher, den Begriff der *Regulierung* zu verwenden, wenn von Überlegungen zu einer weniger oder nicht prohibitiven Drogenpolitik die Rede ist.

Gegenstand solcher Regulierungen war in den vergangenen Jahren vor allem Cannabis. Zum einen haben in den vergangenen Jahren eine Vielzahl an Staaten den Gebrauch von Cannabis zu medizinischen Zwecken freigegeben, zum anderen wurden in manchen Staaten aber auch die Verbote des freizeitmäßigen Konsums von Cannabis gelockert: So ist der Besitz von kleineren Mengen Cannabis in Portugal seit 2001 und in Tschechien seit 2010 entkriminalisiert; auf Malta darf man seit 2021 bis zu vier Cannabispflanzen privat anbauen bzw. bis zu sieben Gramm Marihuana straffrei besitzen, während der Handel mit der Substanz sowie ihr Konsum in der Öffentlichkeit nach wie vor verboten sind (Bartels 2024: 590). In den Niederlanden wurde der Besitz von kleinen Mengen (bis zu fünf Gramm) Cannabis sowie deren Verkauf und Erwerb in den so genannten Coffee-Shops zwar seit den 1970er Jahren im Sinne des Opportunitätsprinzips toleriert, Cannabis war und ist aber keineswegs legalisiert. Vor allem blieb auch der Handel größerer Mengen weiterhin illegal, womit die Betreiber:innen der Coffeeshops bis heute vor der sogenannten „Backdoor"-Problematik stehen: Sie dürfen zwar bis zu fünf Gramm Cannabis pro Kunden verkaufen, aber größere Mengen nicht einkaufen, weshalb sie weiterhin auf den Schwarzmarkt angewiesen sind und im Grunde stets ‚mit einem Fuß im Gefängnis' stehen. Um dieser Situation zu begegnen, haben hier Ende 2023 allerdings Experimente mit legal produziertem Marihuana begonnen (zu unterschiedlichen Möglichkeiten, Cannabis zu regulieren, vgl. z. B. Transform Drug Policy Foundation 2023: 45).

Weitergehende Regulierungen, die volljährigen Personen den Umgang mit Cannabis explizit erlauben, gibt es bisher vor allem in drei Staaten, zu denen seit einigen Jahren eine wachsende Zahl an US-Bundestaaten (mit sehr unterschiedlichen Regularien) gehören sowie seit 2013 Uruguay und seit 2018 Kanada. Dabei unterscheiden sich die rechtlichen Modelle erheblich voneinander: Während Uruguay einem nichtkommerziellen, staatlichen Modell folgt, hat sich Kanada für ein marktwirtschaftliches Modell entschieden.

„In Uruguay gibt es drei Möglichkeiten, legal Cannabis zu beziehen: Selbst zuhause anbauen, in einem Cannabisclub Mitglied sein oder in einer Apotheke Cannabis kaufen. Legal ist nur eine Variante pro volljähriger Person, man muss sich also entscheiden, und offiziell registrieren muss man sich für die gewählte Variante dann auch. Privatwirtschaftliche Gewinne werden hier an keiner Stelle erzielt. In Kanada erwirbt man legales Cannabis demgegenüber in kommerziellen Shops mit staatlicher Lizenz. Eine Registrierungspflicht gibt es hier nicht, reguliert wird dafür an anderer Stelle: Es ist beispielsweise genau festgelegt, wie die Cannabisverpackungen auszusehen haben, wie neutral sie gehalten sein müssen und welche Flächen für Markenbezeichnungen genutzt werden dürfen" (Bartels 2024: 590).

Interessant ist aber nun, welche Effekte diese Regulierungen auf den Konsum, den Handel, die Kriminalität etc. haben, wobei an dieser Stelle vor allem die Erfahrungen aus Kanada, den USA und Uruguay im Fokus stehen werden, da diese sich am weitesten auf einen legalen, regulierten Zugang zu Cannabis zubewegt haben. Zwar sind die Zeiträume der bestehenden Regulierungen noch zu kurz, um wirklich profunde Aussagen treffen zu können, aber lang genug, um erste entsprechende Effekte zu benennen.

Die politisch am meisten diskutierte Frage ist dabei sicherlich, wie sich der Konsum bei einem regulierten Zugang insgesamt und insbesondere mit Blick auf Jugendliche verändert. Während Manthey et al. (2022: 8) es nicht für ausgeschlossen halten, dass eine erhöhte Verfügbarkeit von Cannabis den Konsum ansteigen lassen könnte, kommen etliche andere Studien zu dem Ergebnis, dass der Konsum zwar insgesamt leicht ansteigt, vor allem aber bei jenen Konsumierenden, die bereits vor der legalen Regulierung Cannabis konsumiert haben (Zellers et al. 2022; für Uruguay: Sperling und Souverein 2019; für Kanada: Callaghan et. Al. 2019). Auch unter Jugendlichen scheint der Konsum nicht nennenswert zuzunehmen (Bailey et al. 2023; Hawke und Henderson 2021), wobei den Befürchtungen, ein erleichterter Zugang zu Cannabis könne zu einem erhöhtem Konsum bei

9.2 Regulierungsmodelle und ihre Effekte

Jugendlichen führen, zumindest in Kanada die Erwartung gegenüber steht, dass durch die Regulierung eine transparentere Präventionsarbeit möglich wird, was auch explizit in der kanadischen Gesetzgebung formuliert werde:

> „So sind die Abgabeformen von Cannabis auf dem legalen Markt in Kanada streng reguliert. Die Verpackungen werden schlicht gehalten und einheitlich gestaltet. Es ist genau festgelegt, welche zwei, wohlgemerkt kleinen, Flächen auf der immer identisch aussehenden Grundcannabisverpackung für Markenkennzeichnungen verwendet werden dürfen, welche Warnhinweise wo wie stehen – die Packungen sind in ihrem gesamten Erscheinungsbild vollständig vermessen und reguliert. Darüber hinaus gilt, außer in den Cannabisshops selbst, ein striktes Werbeverbot für Cannabisprodukte in Kanada, und für Edibles, die für jugendliche Konsument:innen besonders reizvoll sein könnten, gelten Obergrenzen im Hinblick auf den THC-Gehalt" (Bartels 2024: 596; Rubin-Kahana et al. 2022: 1).

Dabei weist Bartels (2024: 591) zurecht darauf hin, dass viele der Studien ihren normativen Fixpunkt implizit immer noch bei der Abstinenz setzen würden. Dies ist zumindest insoweit problematisch, als sich mit einer Regulierung ja das gesellschaftliche Setting elementar ändert und kulturelle und kommunikative Risikominderungs-Aspekte möglich werden, die unter Prohibitionsbedingungen nicht vorhanden sind. Das bedeutet, auch wenn der Konsum ansteigen würde, müssten damit nicht automatisch auch die gesundheitlichen oder sozialen Probleme zunehmen: Im Gegenteil könnten die problematischen Aspekte gerade durch die gesellschaftliche Akzeptanz sowie durch angstfreie Kommunikation und kulturelle Einbindung des Drogenbrauchs auch reduziert werden.

Eine zweite zentrale Frage ist, inwieweit durch eine Regulierung der Schwarzmarkt zurückgedrängt werden könnte. Insgesamt weisen hier die bisherigen Erfahrungen und Ergebnisse darauf hin, dass ein nennenswerter Anteil der Nachfrage zwar auf dem legalen Markt befriedigt (werden) wird, der schwarze Markt aber (zunächst) nicht vollständig verschwindet. Während vor allem auch die Preisgestaltung auf dem legalen Markt eine wichtige Rolle dafür spielt, inwieweit er dem illegalen Markt vorgezogen wird, bleibt der schwarze Markt aber auch aus anderen Gründen für manche Personen attraktiv: So könne es ein Vorteil des Schwarzmarktes sein, dass hier größere Einkäufe (mit ggf. auch entsprechenden Rabatten) möglich sind (Mahamad et al. 2020: 345); zugleich sprächen gegebenenfalls die Anonymität und der Habitus der Konsumierenden für eine solche Entscheidung, auch wenn die (kontrollierte) Qualität der Substanzen eher für den legalen Markt sprächen. Insgesamt kann man mit Bartels zusammenfassen:

„Der Schwarzmarkt für Cannabis kann in den bisher bekannten Zeiträumen also durch die Legalisierung nicht komplett verdrängt werden, da die Konsument:innen ihre Kaufentscheidungen auf der Grundlage einer Vielzahl von Faktoren treffen, bei denen der legale Markt gegenüber dem illegalen nicht flächendeckend und unmittelbar im Vorteil ist. Zumindest in Kanada konstatieren die vorliegenden Studien aber eine langsame Verlagerung vom illegalen zum legalen Cannabismarkt in den Jahren seit der Legalisierung" (Bartels 2024: 593).

Schließlich kann man im Rahmen einer Regulierung von Cannabis die Frage aufwerfen, inwieweit sich die entsprechenden Kriminalitätsraten verändern, wobei es nicht überrascht, dass die auf Cannabis bezogenen Straftaten nahezu vollständig zurückgehen (Owusu-Bempah et al. 2021). Allerdings gilt dieser Befund nicht für Minderjährige, was darauf zurückzuführen ist, dass dieser Personengruppe der Zugang zu Cannabis weiterhin verboten ist (Gunadi und Shi 2022). In diesem Falle könne die Regulierung sogar dazu führen, das Minderjährige durch einen verschobenen Fokus der Behörden häufiger oder härter für Cannabis-Besitz bestraft bzw. entsprechende Anzeigen seltener fallen gelassen würden als zuvor: „Eine Legalisierung von Cannabis für Volljährige sollte also nicht ohne den Rechtsstatus von Cannabis bei Minderjährigen gedacht werden" (Bartels 2024: 595).

So viel zu den bisherigen empirischen Erfahrungen mit der Regulierung des Umgangs mit Cannabis in den USA, in Kanada und Uruguay. Vor dem Hintergrund der entsprechenden Erfahrungen will man den Weg der Regulierung nun auch in Deutschland gehen: Nach der letzten Bundestagswahl hatten SPD, BÜNDNIS 90/DIE GRÜNEN und FDP Ende 2021 in ihrem Koalitionsvertrag vereinbart, in der laufenden Legislaturperiode das Verbot von Cannabis durch eine kontrollierte Abgabe an Erwachsene zu Genusszwecken zu ersetzen. Geplant wurde dabei ein sogenanntes Zwei-Säulen-Modell „CARe" („Club-Anbau und Regional-Modell"). Umgesetzt wurde davon bislang die Säule 1, also der sogenannte Club-Anbau, zu dessen Ausgestaltung das „Gesetz zum kontrollierten Umgang mit Cannabis und zur Änderung weiterer Vorschriften" (CanG) am 23. Februar 2024 im Deutschen Bundestag und am 22. März 2024 im Bundesrat beschlossen wurde. Das CanG trat am 01. April 2024 in Kraft.

Danach ist der Besitz von bis zu 25 g (im privaten Raum bis zu 50 g) Cannabis künftig straffrei und Erwachsenen der private Eigenanbau von bis zu drei Cannabis-Pflanzen zum Eigenkonsum sowie der gemeinschaftliche, nicht-gewerbliche Eigenanbau zum Eigenkonsum in so genannten Anbauvereinigungen bzw. Genossenschaften erlaubt. Diese nicht-gewerblichen Anbauvereinigungen dürfen nur mit behördlicher Erlaubnis Cannabis anbauen, wobei dieser Anbau gemeinschaftlich unter aktiver Mitwirkung der Mitglieder erfolgen soll und das

9.2 Regulierungsmodelle und ihre Effekte

so produzierte Cannabis auch nur an Mitglieder zum Eigenkonsum abgegeben werden darf. Die einzelnen Anbauvereinigungen dürfen max. 500 Mitglieder haben, wobei diese Mitglieder erwachsen sein und ihren Wohnsitz oder gewöhnlichem Aufenthalt in Deutschland haben müssen. Die Abgabe des Cannabis ist mit einer strikten Pflicht zur Überprüfung der Mitgliedschaft und des Alters verbunden. Es dürfen max. 25 g pro Tag bzw. 50 g pro Monat pro Mitglied abgegeben werden, bei Heranwachsenden zwischen 18 und 21 Jahren ist die Abgabe auf 30 g pro Monat mit einem THC-Gehalts von höchsten 10 % begrenzt. Für Minderjährige bleibt der Besitz von Cannabis verboten, ebenso der Konsum in ihrer Gegenwart; die Weitergabe von Cannabis an diese Personengruppe, bleibt eine Straftat. Zugleich gilt ein allgemeines Werbe- und Sponsoringverbot für Cannabis im Allgemeinen und für die Anbauvereinigungen im Besonderen. Darüber hinaus ist der Konsum von Cannabis in Sichtweite z. B. zu Schulen, Kinder- und Jugendeinrichtungen, Kinderspielplätzen sowie öffentlich zugänglichen Sportstätten verboten und in Fußgängerzonen in der Zeit von 7 bis 20 Uhr untersagt – womit die oben angesprochene, raumorientierte Kontrollpolitik auch in die Cannabis-Regulierung Eingang gefunden hat.

Das CanG wird von vielen Seiten kritisiert, wobei Akteure sowohl aus Polizei und Justiz als auch aus der Wissenschaft bemängeln, dass in dem Gesetz von der Wortwahl bis hin zu den Strafrahmen weiterhin die nahezu hundert Jahre andauernde Prohibition nachwirke und die zahlreichen Regelungen und Verbote weder den Konsumierenden die erhoffte Freiheit beim Konsum noch den Kontrollbehörden die erhoffte Entlastung bei der Kontrollarbeit brächten (vgl. exemplarisch die Stellungnahme des Schildower Kreises e. V. 2023). Infrage steht insbesondere auch, ob die getroffenen Regelungen den Handel auf dem schwarzen Markt im erhofften Maße reduzieren und den Jugendschutz stärken können. Entsprechende Evaluationsergebnisse oder Ähnliches liegen zum gegenwärtigen Zeitpunkt selbstverständlich noch nicht vor. Eine solche Evaluation hätte freilich am besten auch vor der Einführung der Regulierung, also im Vorfeld der rechtlichen Änderung beginnen sollen, um valide Aussagen über die durch die Regulierung der Cannabisabgabe bewirkten Veränderungen machen und deren Auswirkungen auf Gesellschaft und individuelle Gesundheit untersuchen zu können. Diese Chance wurde allerdings verpasst (vgl. Schmidt-Semisch et al. 2024: 12).

In der zweiten Säule sind regionale Modellvorhaben mit kommerziellen Lieferketten vorgesehen, in deren Rahmen Unternehmen die Produktion, der Vertrieb und die Abgabe von Genusscannabis an Erwachsene in einem lizensierten und staatlich kontrollierten Rahmen ermöglicht werden soll. Mit diesem Vorgehen sollen die Auswirkungen einer kommerziellen Lieferkette auf den Gesundheits-

und Jugendschutz sowie den Schwarzmarkt wissenschaftlich untersucht werden. Ein entsprechendes Gesetz zu Säule 2 – analog zum „Gesetz zum kontrollierten Umgang mit Cannabis und zur Änderung weiterer Vorschriften" hinsichtlich Säule 1 – liegt derzeit (Stand: Mitte Juni 2024) allerdings noch nicht vor und es ist auch nicht abzusehen, ob es zu einem solchen Gesetz überhaupt noch kommen wird.

Unabhängig von den Entwicklungen in Deutschland, kann man die besprochenen Erfahrungen aus den USA, Kanada und Uruguay mit Bartels so deuten, dass sie selbst dann, wenn man einer Legalisierung nicht das Wort reden wollte, zumindest gegen die Kriminalisierung von Drogen sprächen: „Und der Gedanke ist nicht abwegig, dass das auch andere verbotene Drogen betreffen könnte" (Bartels 2024: 598). Diesen Gedanken werden wir im folgenden Kapitel aufgreifen.

9.3 Umrisse einer salutogenen Drogenpolitik

In Kap. 9.1 sind zahlreiche Argumente versammelt, die belegen, dass die Drogenprohibition ihre selbstgesetzten Ziele nicht erreichen konnte und auch in Zukunft nicht erreichen können wird, sondern dass sie umgekehrt viele soziale und gesundheitliche Probleme durch ihr repressives Vorgehen erst erschaffen hat. Zugleich haben wir gesehen, dass ein Überdenken des Drogenverbots einerseits aus einer Menschrechtsperspektive gefordert wird, andererseits aber auch konkrete soziale und gesundheitliche Gründe für einen grundsätzlichen Paradigmenwechsel in der Drogenpolitik sprechen (Brombacher und Schmidt 2020). Und schließlich wurde in Kap. 8.3 deutlich, dass sich immer dann, wenn die repressiven und kriminalisierenden Maßnahmen zurückgefahren werden, die gesundheitliche Situation der Drogengebrauchenden verbessert – und dies betrifft sowohl die vielen Konsumierenden, die einem weitgehend unproblematischen Gebrauch nachgehen, als auch diejenigen, die problematische Konsummuster aufweisen. Insofern erscheint es sinnvoll, die kriminalpolitische Logik durch eine gesundheitspolitische Rationalität bzw. einen Public Health-Ansatz zu ersetzen, was von zentralen Akteur:innen dieser Multidisziplin auch immer wieder gefordert wird:

„For far too long, many governments have pursued this prohibitionist approach to drugs in the name of public health, despite evidence that, as the Lancet Commission on Public Health and International Drug Policy observed in 2016, the public health ‚harms of prohibition far outweigh the benefits' […] The public health community

9.3 Umrisse einer salutogenen Drogenpolitik

and policy makers need to accelerate action to reduce the health risks associated with drug use and create environments where people who use drugs are not stigmatised and have access to services that keep them healthy; where jails and prisons are not filled with drug users and people who grow, smuggle, or sell drugs as a survival strategy; and where public funds are used for health and social programmes rather than militarised drug enforcement" (Malinowska-Sempruch und Lohman 2022:1 f.; vgl. auch Volkow et al. 2017; APHA 2013).

Seit ihren Anfängen im 19. Jahrhundert ist es das wichtigste Prinzip von Public Health, die Lebens- und Arbeitsbedingungen aller Menschen so zu gestalten, dass sie Gesundheit fördern und vor Krankheiten (präventiv) schützen: „Public Health ist die öffentliche Sorge um die Gesundheit aller" (Zukunftsforum Public Health 2021: 2). Auf der 1. Internationalen Konferenz zur Gesundheitsförderung, der sog. Ottawa Charta von 1986, wurde dieses Ziel folgendermaßen konkretisiert: Gesundheitsförderung, so heißt es dort, ziele auf einen Prozess, „allen Menschen ein höheres Maß an Selbstbestimmung über ihre Gesundheit zu ermöglichen und sie damit zur Stärkung ihrer Gesundheit zu befähigen". Um (im Sinne der Gesundheitsdefinition der WHO) ein ‚umfassendes körperliches, seelisches und soziales Wohlbefinden' zu erlangen, sei „es notwendig, dass sowohl einzelne als auch Gruppen ihre Bedürfnisse befriedigen, ihre Wünsche und Hoffnungen wahrnehmen und verwirklichen sowie ihre Umwelt meistern bzw. verändern können" (WHO 1986: 96).

Nimmt man diese Ausführungen beim Wort, dann handelt es sich beim Konzept der Gesundheitsförderung um ein emanzipatives und partizipatives Projekt, das dem Subjekt eine aktive Rolle verleiht, indem der Fokus auf die Selbstbestimmung über Gesundheit gelegt wird. Gesundheit wird dementsprechend in diesem Verständnis nicht mehr (nur) von Ärzt:innen oder anderen Therapie- und Heilberufen (wieder) hergestellt, sondern vielmehr von den „Menschen selbst in ihrer alltäglichen Umwelt geschaffen und gelebt: dort, wo sie spielen, lernen, arbeiten und lieben" (WHO 1986: 99) und, so kann man in vorliegendem Kontext ergänzen, natürlich auch dort, wo sie psychoaktive Substanzen – seien sie nun legal oder illegal – konsumieren. Es ist unschwer zu erkennen, dass die prohibitive Drogenpolitik dem oben skizzierten Prinzip einer ‚öffentlichen Sorge um die Gesundheit' sowie den entsprechenden Vorstellungen von Gesundheitsförderung und insbesondere der Idee der ‚Selbstbestimmung über Gesundheit' nicht entspricht. Vielmehr handelt es sich eher um eine repressiv-paternalistische Politik, die gesundheitsförderliche Rahmenbedingungen für Drogenkonsum systematisch sabotiert.

Lässt man sich aber auf den Primat der Gesundheit(sförderung) ein, dann kommt man m. E. nicht umhin, zunächst unsere grundsätzliche Art des Denkens über Drogen und Drogenkonsum (selbst-) reflexiv auf den Prüfstand stellen. Dieses, vor allem auch medial beeinflusste Denken sei, so hat es Stephan Quensel im Jahre 1980 auf den Punkt gebracht, vor allem von stereotypen Bildern geprägt: Bilder

> „von Drogentoten in Toiletten, ausgemergelten und arbeitsunfähigen Haschisch-Orientalen, Heroin-Laboratorien – Bilder, die durch entsprechend farbige Stories von minderjährigen Prostituierten, LSD-Selbstmorden und allmächtigen Dealerorganisationen plastisch ergänzt werden" (Quensel 1980: 2).

Es ist keine Frage, dass die dominierenden Drogen-Bilder Mitte der 2020er Jahre andere sind als 1980. Aber auch wenn die Bilder im Zitat z. B. durch ‚Zombiedroge Tranq', ‚Darknet-Händler', ‚Crystal Meth-Exzess' oder auch ‚Opioidkrise' zu ersetzen wären, so hat sich unser grundsätzliches Denken und Reden über Drogenthemen doch seither kaum verändert: Drogen sind so einheitlich negativ besetzt, dass wir sie immer nur von ihrem negativen Ende her bewerten (können). Und das gelte auch, so MacCoun und Reuter (2008: 231), für den Umgang der Politik mit wissenschaftlichen Erkenntnissen. Die beiden Autoren haben aus ihrer Erfahrung mit der politischen Berücksichtigung wissenschaftlicher Evidenz im Drogenbereich acht ‚unspoken rules' einer evidenzbasierten Drogenpolitik abgeleitet, nach denen z. B. Ergebnisse der Drogenforschung immer nur dann als wichtig erachtet würden, wenn sie das negative Drogenbild bestätigen; Evidenz für mögliche positive Effekte von Drogenkonsum würde hingegen nicht beachtet.

Aber möglicherweise reicht das Problem der Sprache auch bis in die aktuellen Konzepte der ‚Harm Reduction' hinein. Der New Yorker Psychologie-Professor Carl Hart hat in seinem Buch *Drug Use for Grown-Ups. Chasing Liberty in the Land of Fear* darauf hingewiesen, dass gerade auch die (durchaus gut gemeinte) Rede von ‚Harm Reduction' zu den durchgehend negativen Vorstellungen von Drogen beitrage (Hart 2021: 60 f.). Da ‚Harm Reduction' ein gleichsam exklusiver Begriff im Kontext der Drogenhilfe sei, reproduziere gerade auch die akzeptierende Drogenarbeit permanent die Verbindung von ‚Drogen' und ‚Harm'. Dies wiederum verschleiere, dass die allermeisten Menschen Drogen konsumierten, ohne konsumbezogene Probleme zu entwickeln (s. o.). Vor diesem Hintergrund, so Carl Hart, sei es notwendig, anders über Drogen zu sprechen:

> „We need a new term, new language; because the language we use shapes how we think and behave. We need to think about drugs and behave in a more nuanced manner. We need to cut the bullshit and stop pretending drugs inevitably – and only – lead to undesired outcomes" (Hart 2021: 62).

9.3 Umrisse einer salutogenen Drogenpolitik

Bei der Suche nach einer Antwort auf die Frage, welche Rolle Public Health in diesem Zusammenhang spielen könnte, muss man allerdings zunächst mit Rogeberg (2015: 352) konstatieren, dass auch „the public health tradition seems to pay scant attention to the subjectively perceived benefits from use of intoxicants". Vielmehr nehmen Public Health-Ansätze häufig vor allem Prävention sowie Behandlung von Abhängigkeitserkrankungen in den Blick und fokussieren dabei auf evidenzbasierte Maßnahmen in diesen Bereichen (z. B. Volkow et al. 2017). Insofern wird auch in den meisten Public Health-Publikationen Drogenkonsum grundsätzlich eher als negativ betrachtet, und die entsprechenden Maßnahmen zielen vor allem auf eine Reduzierung des Konsums. Hierbei handelt es sich um die klassische krankheitsorientierte (‚pathogenetische') Sichtweise, die sich vorrangig mit der Entstehung, Behandlung und Verhinderung von Krankheit befasst und dabei jeden Konsumakt als einen Schritt in diese Richtung versteht, wenn nicht der Konsum selbst bereits pathologisiert wird. Indem wir auf diese Weise vom negativen Ende der Sucht oder des Missbrauchs auf Drogen blicken, erscheinen uns dann nahezu alle potenziellen Konsummuster auf dem Kontinuum zwischen Abstinenz und Sucht als problematisch Abb. 9.1.

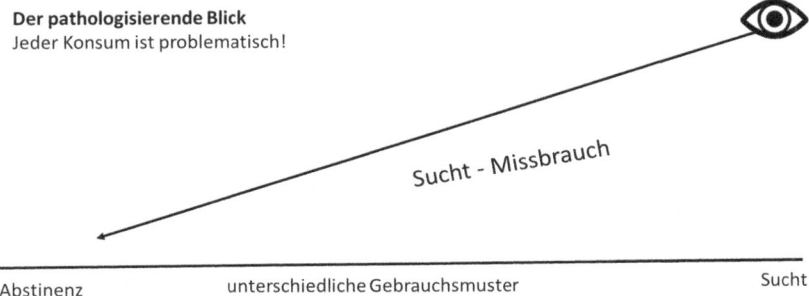

Abb. 9.1 Der pathologisierende Blick. (Eigene Darstellung, angelehnt an: Schmidt-Semisch 2014: 214)

Einer (akzeptierenden) Gesundheitsförderung, die sich einer salutogenetischen Sichtweise verpflichtet fühlt, könnte es hingegen gelingen, die diskursive Fixierung auf die Reduzierung von Schäden (Harm Reduction) aufzulösen und die Public Health-Perspektive im Sinne einer ‚öffentlichen Sorge um die Gesundheit aller' fruchtbar zu machen. Emerson und Haden (2017) formulieren das wie folgt:

„The goal of a public health approach is to maximize benefits and minimize harms of psychoactive substances, promote the health and wellness of all members of a population, reduce inequities within the population, and ensure that the harms associated with interventions and laws are not disproportionate to the harms of the substances themselves" (Emerson und Haden 2017: 177).

Eine solche an Gesundheitsförderung orientierte Perspektive geht von der realistischen Grundannahme aus, dass es eine drogenfreie Gesellschaft nicht geben kann. Da Menschen schon immer Drogen genommen haben und dies auch weiterhin tun werden, versteht sie Drogenkonsum nicht als etwas, das grundsätzlich bekämpft und verhindert werden muss. Vielmehr knüpft sie ihre Überlegungen an die wissenschaftliche Evidenz, dass die allermeisten Menschen, die (derzeit) illegalisierte Substanzen konsumieren, keine Probleme mit ihrem Konsum entwickeln (vgl. Kap. 7.1). Eine weitere evidente Grundannahme ist dabei, dass Drogen in aller Regel auch nicht konsumiert werden, um krank und süchtig zu werden, sondern stets vor allem deshalb, weil sich die jeweiligen Konsumierenden von ihrem Gebrauch die Erzeugung positiver oder die Vermeidung negativer Gefühle, Erlebnisse oder Befindlichkeiten versprechen. D. h. von den Konsumierenden wird eine ganze Fülle von (je individuellen und kulturell geprägten) Bedürfnissen an diese Substanzen und ihren Konsum herangetragen, die durchaus positiv gewertet werden sollten und mit ‚Drogenmissbrauch' oder ‚Sucht' nicht erfasst werden können.

Vor dem Hintergrund dieser Grundannahmen verliert die pathogenetische Perspektive mit ihrer zentralen Frage ‚Was macht krank?' an Gewicht. Aus einer salutogenetischen Perspektive ist es fruchtbarer zu fragen: Was hält die meisten Konsumierenden gesund? Warum und wie gelingt es ihnen, gerade keine exzessiven Konsummuster zu entwickeln? Wie funktioniert sozial integrierter Drogengebrauch? Welche kulturellen und gesellschaftlichen Rahmenbedingungen unterstützen einen unproblematischen Drogengebrauch? Die salutogenetische ist eine ressourcenorientierte Perspektive und nimmt Drogenkonsum nicht als ein (ausschließlich) suchterzeugendes und daher zu vermeidendes Risikoverhalten in den Blick, sondern fragt auch nach den vielfältigen unproblematischen Konsummustern und den dafür notwendigen gesellschaftlichen Bedingungen, um diese im Sinne von Gesundheitsförderung zu unterstützen (Abb. 9.2).

9.3 Umrisse einer salutogenen Drogenpolitik

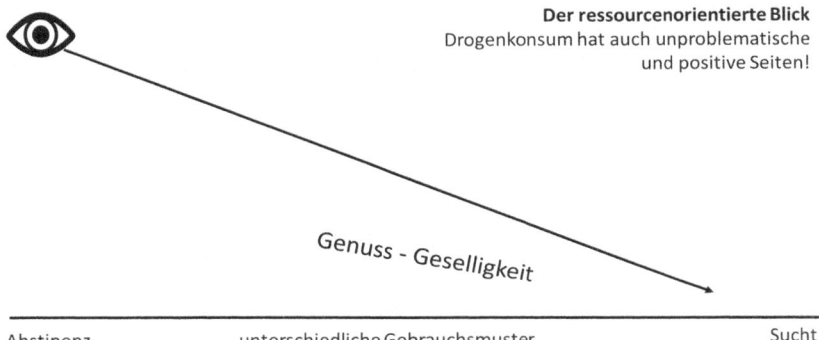

Abb. 9.2 Der ressourcenorientierte Blick. (Eigene Darstellung, angelehnt an: Schmidt-Semisch 2014: 215)

Eine salutogene, ressourcenorientierte wäre nicht eine abstinenzorientierte Drogenpolitik, die staatlich verordnete (Gesundheits-)Ziele mittels Drogenverboten durchsetzt, sondern es ginge ihr vielmehr – gerade umgekehrt – darum, sich an den Bedürfnissen und Gesundheitszielen der Drogengebrauchenden zu orientieren:

> „Und diese bestehen sicherlich nicht darin, für den Gebrauch verunreinigter Substanzen bestraft und diskriminiert zu werden, sondern zielen eher darauf, qualitativ einwandfreie und geprüfte und damit in ihrer Wirkung einschätzbare Substanzen zu konsumieren; und sie zielen insgesamt auf gesundheitsförderliche Rahmenbedingungen, unter denen sie nicht als Verirrte oder Kranke stigmatisiert und verfolgt, sondern als Menschen anerkannt werden, die individuelle, aber gleichwohl gleichwertige Prioritäten und Gesundheitsziele haben, wie alle anderen auch" (Schmidt-Semisch 2014: 216).

Diese Prioritäten und Gesundheitsziele mögen uns nicht immer gefallen oder erscheinen uns gar als gesundheitsabträglich, betrachten wir aber selbstreflexiv unsere eigenen Biographien, dann wissen wir auch, dass wir die unterschiedlichen Dimensionen von Gesundheit (körperlich-physische, psychische, soziale und spirituelle) zu unterschiedlichen Zeiten in unserem Leben ganz verschieden gewichten, dass bestimmte Dimensionen von Gesundheit manchmal einfach nicht wichtig genug sind und dass gelegentlich potenzielle Gesundheitsrisiken „zugunsten positiver Wirkungen in Kauf genommen" (Berthel et al. 2020: 13; Hehlmann et al. 2018: 250) werden.

Eine salutogen ausgerichtete Drogenpolitik versteht und respektiert Drogenkonsum als ein legitimes Bedürfnis und sinnhaftes Verhalten, das aber zugleich gesundheitsförderlicher Rahmenbedingungen bedarf, wie wir sie exemplarisch in Kap. 2.3 („Was ist Drogenkultur?") angedeutet haben. Diese Rahmenbedingungen fokussieren unter anderem auf einen Verbraucherschutz, der die Qualität der Drogen ebenso sicherstellt, wie er eine offene Kommunikation und Information über die problematischen, aber auch über die positiven Wirkungen psychoaktiver Substanzen unterstützt. Das Ziel solcher Bedingungen könnte etwas sein, das Gundula Barsch z. B. mit dem Begriff der *Drogenmündigkeit* zu fassen sucht, deren Förderung mit allen Methoden verbunden sei, „die auf Befähigen, Ermächtigen und Ermöglichen abzielen und als Drogenerziehung bezeichnet werden sollen" (Barsch 2018: 81). Als Kernbereiche einer solchen Drogenerziehung gelten ihr dabei:

> „Drogenkunde in ihren informativen, kulturellen und technischen Aspekten [..] Genussfähigkeit in ihren technischen, motivationalen, sinnlichen, sozialkulturellen und ethischen Elementen […] Kritikfähigkeit mit analytischen, reflexiven und ethischen Dimensionen […] sowie Fähigkeiten zum Risikomanagement, die ebenfalls informative, technische, sozialkulturelle und ethische Komponenten beinhalten" (Barsch 2018:80).

Während in ähnlicher Weise auch Sting & Blum (2003) für eine „drogenbezogene Bildung" plädieren, bezieht sich das *Canadian Institute for Substance Use Research* (2015; 2019) an der University of Victoria auf den in den Gesundheitswissenschaften gebräuchlicheren Begriff der *Health Literacy* (deutsch etwa: Gesundheitskompetenz) und spricht entsprechend von *Drug Literacy*. Diese Drogen(konsum)kompetenz kann als der Erwerb von Wissen und Fähigkeiten definiert werden, die erforderlich sind, um sich in einer „world full of drug-related pressures, promises and panaceas" (Canadian Institute for Substance Use Research 2015) zurechtzufinden und zu überleben. Um „drogenkompetent" zu sein bzw. zu werden, müssten die Personen dazu befähigt werden:

> „assess the complex ways in which drugs impact the health and wellbeing of individuals, communities and societies […] explore and appreciate diversity related to the reasons people use drugs, the impact of drug use and the social attitudes toward various drugs […] recognize binary constructs (e.g., good vs. bad) and assess their limitation in addressing complex social issues like drug use […] recognize how official responses to drugs may have less to do with the drug than with other factors […] develop social and communication skills in addressing discourse and behaviour related to drugs […] develop personal and social strategies to manage the risks and harms related to drugs" (Canadian Institute for Substance Use Research 2015).

Alle wissenschaftliche Evidenz spricht für einen Paradigmenwechsel von pathologisierenden zu salutogenen, ressourcenorientierten Ansätzen in Drogenpolitik und Drogenforschung. Mit einem Fokus auf Aspekten einer *Health and Drug Literacy* könnte Public Health eine wichtige Rolle bei der Ausgestaltung gesundheitsförderlicher Rahmenbedingungen spielen. Aber dies wäre gewissermaßen nur die ‚software' einer nicht-prohibitiven, salutogenen Drogenpolitik. Die Voraussetzung für die Umsetzung einer solchen Drogenpolitik wäre allerdings eine grundlegende Änderung an der ‚hardware' unserer (bislang) weiterhin repressiven, auf staatliche Verbote und Bestrafung setzenden Prohibition, die nicht nur ein offenes und angemessenes Sprechen über Drogenkonsum und Drogengenuss sabotiert, sondern die vor allem (staatlich erzeugtes) Leid sowie gesundheitliche und soziale Probleme in einem Ausmaß verursacht hat und weiterhin erzeugt, wie die Drogen selbst es nie vermocht hätten.

9.4 Zusammenfassung

Insgesamt kann man feststellen, dass das globale Drogenverbot gescheitert ist, eine Ansicht, die mittlerweile von den meisten Wissenschaftler:innen, aber auch von vielen politischen Akteur:innen geteilt wird. Das hat dazu geführt, dass sich inzwischen einige Bundesstaaten der USA sowie vereinzelte Nationalstaaten (wie etwa Uruguay oder Kanada, aber neuerdings auch Deutschland) dazu entschlossen haben, zumindest Cannabis aus der Liste der verbotenen Drogen herauszulösen und einer legalen Regulierung zuzuführen. Die ersten wissenschaftlichen Ergebnisse zu dieser Umsteuerung sind ermutigend und deuten darauf hin, dass es keineswegs zu den befürchteten Dammbruchszenarien kommt, sondern sich die Veränderungen des Konsums in einem begrenzten Rahmen bewegen. Insofern erscheint es durchaus plausibel und legitim, zumindest darüber nachzudenken, die begonnenen drogenpolitischen Veränderungen auch auf andere illegalisierte Drogen zu übertragen. Entsprechende Forderungen existieren schon lange und werden inzwischen auch z. B. von den Vereinten Nationen unterstützt. Dabei geht es u. a. darum, Drogenpolitik unter dem Primat der Gesundheit zu betreiben, d. h. gesundheitsförderliche Rahmenbedingungen für Drogenkonsum zu schaffen und den Bürger:innen eine *Drug Literacy* zu ermöglichen, die es ihnen erlaubt, ihren Drogengebrauch bestmöglich nach den eigenen Prioritäten zu managen. Das bedeutet sicherlich nicht, dass damit alle Probleme, die Menschen mit Drogen haben können, verschwinden werden, aber es bedeutet, dass ihnen durch die staatliche Politik nicht auch noch zusätzliches Leid zugefügt wird.

Weiterführende Literatur

Barsch, G. 2018. Drogenmündigkeit: Von der Suchtprävention zur Drogenerziehung. In: Heyden, M.v., Jungaberle, H. & Majić, T. (Hrsg.). Handbuch Psychoaktive Substanzen. Wiesbaden: Springer, S.69–82

Bartels, O. 2024. Effekte der Cannabislegalisierung. Empirische Forschungen aus Kanada, Uruguay und den USA. In: Feustel, R., Schmidt-Semisch, H. & Bröckling, U. (Hrsg.), Handbuch Drogen in sozial- und kulturwissenschaftlicher Perspektive, 2., vollständig überabeitete und ergänzte Auflage. Wiesbaden: Springer VS, S. 587–600

Cohen, A., Vakharia, S., Netherland, J & Frederique, K. 2022. How the war on drugs impacts social determinants of health beyond the criminal legal system. In: Annals of Medicine 54, S. 2024–2038

Hart, C.L. 2021. Drug Use for Grown-Ups. Chasing Liberty in the Land of Fear. New York: Penguin Press

Transform Drug Policy Foundation 2023. Cannabis Regulieren. Ein Praxisleitfaden. 3., aktua-lisierte und erweiterte Auflage. Transform Drug Policy Foundation

Resümee

10

Die Ausführungen dieses Bandes haben deutlich gemacht, dass der Drogengebrauch ein ubiquitäres, ein allgegenwärtiges Phänomen ist, das die Geschichte der Menschheit seit Jahrtausenden begleitet und das auch heute in allen Kulturen und Gesellschaften mehr oder weniger verbreitet ist. Die entsprechenden Konsumbedürfnisse, -motive und -erwartungen sind dabei höchst unterschiedlich und verweisen einerseits auf individuelle Prioritäten, andererseits aber stets auch auf sozial und kulturell geprägte Bedeutungen, Symboliken und Wissensbestände. Insofern sind Drogenwirkungen nie nur auf die jeweilige Substanz (Drug) und die oder den Konsumierende:n (Set), sondern maßgeblich auch auf die sozialen, kulturellen und politischen Rahmenbedingungen (Setting) zurückzuführen. Diese Rahmenbedingungen können wiederum höchst unterschiedlich ausgestaltet sein: Sie können durch kulturelle und rechtliche Regulierungen Schutz gewähren, indem sie drogenkulturelles Wissen zur Verfügung stellen, eine entsprechende Kommunikation ermöglichen, eine gute und verlässliche Qualität der Substanzen sichern und auf diese Weise Verbraucherschutz praktizieren. Sie können aber auch durch entsprechende Verbote geprägt sein, welche die Konsumierenden kriminalisieren und pathologisieren, sie hinsichtlich der Wirkungen und der Qualität der Substanzen im Ungewissen lassen und offene Kommunikation weitgehend unmöglich machen.

Verbote dieser Art hat es in den vergangenen Jahrhunderten immer wieder gegeben, zunächst regional begrenzt, später im Sinne eines globalen Prohibitionsregimes. Verbunden sind diese Verbote einerseits durch den Umstand, dass sie in aller Regel nicht aus gesundheitlichen, sondern aus vielfältigen anderen (politischen, ökonomischen, religiösen, rassistischen etc.) Gründen initiiert wurden – häufig auch nur, weil man eines „nützlichen Feindes" (Bruun & Christie 1991) bedurfte. Andererseits ist es ihnen nie gelungen, den Gebrauch der jeweils verbotenen Substanzen vollständig und nachhaltig zu unterbinden. Im Gegenteil haben die staatlichen Verbote stets dazu geführt, dass man die Kontrolle über Herstellung, Handel und Qualität der jeweiligen Substanzen verlor. Zudem macht die Illegalität die Drogen für den Schwarzmarkt attraktiv, weil sie mit hohen Risikozuschlägen belegt werden können, und stiftet die Schwarzmarkthändler:innen gleichsam dazu an, die Substanzen mit allerlei Mitteln zu strecken, um den Profit noch einmal zu maximieren – auf Kosten der Gesundheit der Konsumierenden.

Allerdings schädigt die Prohibition nicht nur die körperliche Gesundheit der Konsumierenden, sondern beeinträchtig nachhaltig auch die psychischen und sozialen Dimensionen ihrer Gesundheit. Sie beschneidet z. B. die sozialen und berufliche Lebenschancen, wenn Jugendliche wegen Drogenbesitzes angeklagt und daraufhin von der Schule oder aus der Ausbildung geworfen werden; sie beeinträchtigt die sozialen und gesundheitlichen Dimensionen, wenn Personen im Zusammenhang mit Drogen- oder Beschaffungsdelikten verhaftet und inhaftiert werden; und sie schafft Leid nicht nur bei den Gefangenen, sondern auch bei ihren Angehörigen und Kindern, die unter der Inhaftierung leiden und so gleichsam mitbestraft werden.

Betrachtet man die aktuellen Debatten um eine Regulierung von Cannabis in Deutschland, dann vermitteln die Gegner dieser Regulierung den Eindruck, als sei es im Namen einer wie auch immer definierten Gesundheit der richtige Weg, den *War on Drugs*, der ja im Grunde vor allem ein Krieg gegen die Konsumierenden ist, fortzuführen. Einen Krieg, der Tote und Verwundete auf allen Seiten fordert, aufseiten der Konsumierenden, die aufgrund der Rahmenbedingungen erkranken und sterben, aufseiten der Drogenproduzent:innen und -händler:innen, die in internen Kämpfen sowie in Auseinandersetzungen mit Polizei oder Militär ihr Leben lassen, und schließlich aufseiten der staatlichen Einsatzkräfte, aber auch der Journalist:innen und der Unbeteiligten, die im Kreuzfeuer dieser Kämpfen sterben oder verletzt werden.

Stellt man abschließend auch noch in Rechnung, dass die allermeisten Konsumentinnen und Konsumenten illegalisierter Drogen – abgesehen von der staatlichen Verfolgung – keine Probleme mit ihrem Drogengebrauch haben und diejenigen, die einen problematischen Gebrauch entwickeln, insbesondere durch die von der Prohibition gesetzten Rahmenbedingungen in ihrer Gesundheit bedroht und geschädigt werden, dann ist es an der Zeit, diesen *War on Drugs* zu beenden – und dies betrifft keineswegs nur Cannabis, sondern das gesamte Spektrum der illegalisierten Drogen resp. Genussmittel. Das Ende des Drogenkriegs würde zu einer erheblichen Friedensdividende nicht nur hinsichtlich der Kosten für Justiz und Polizei, sondern auch mit Blick auf die körperliche, psychische und soziale Gesundheit der Konsumierenden im Besondren und der Gesellschaft im

10 Resümee

Allgemeinen führen und damit die individuelle und öffentliche Gesundheit und Sicherheit verbessern.

So gesehen sind ‚Drogen & Sucht' eigentlich kultur- und gesundheitswissenschaftliche, aber keine kriminologischen Themen – oder sollten es zumindest m. E. nicht sein. Gleichwohl tragen sanktionshistorische und regulierungskritische Forschungen, welche die Genese sowie die Risiken und Nebenwirkungen von Prohibition, Kriminalisierung und Stigmatisierung im Kontext von Drogen untersuchen, dazu bei, das Ziel einer salutogenen, gesundheitsförderlichen Drogenpolitik zu befördern. Das viele Jahrzehnte währende, ‚natürliche Experiment' der (globalen) Prohibition hat in diesem Zusammenhang überzeugende Evidenz dafür geliefert, dass es sich beim vermeintlichen Drogenproblem im Grunde um ein Drogenpolitikproblem handelt.

Die gute Nachricht ist: Die prohibitiven und kriminalisierenden Drogengesetze sind kontingent und verhandelbar, sie können geändert und durch Regulierungen ersetzt werden, die dem Anliegen der Gesundheitsförderung und des Gesundheitsschutzes sowie der öffentlichen Gesundheit und Sicherheit tatsächlich Rechnung tragen. Für entsprechende Ausgestaltungen wird dann aber weniger kriminologische als vielmehr gesundheitswissenschaftliche und Public Health-Expertise benötigt.

Glossar

Amphetamine *Amphetamine* sind synthetische Drogen und gehören zur Gruppe der *Stimulanzien*, zu denen unter anderem auch *Methamphetamin* oder *Kokain* zählen. Illegal gehandeltes Amphetamin wird auch als „*Speed*" oder „*Pep*" bezeichnet. Amphetamine haben eine euphorisierende und v. a. antriebssteigernde Wirkung, weshalb sie auch als *Weckamine* bezeichnet werden. Als Medikament waren sie früher als Appetitzügler im Einsatz, heute sind sie nur noch bei Narkolepsie und zur Behandlung einer Aufmerksamkeitsdefizits- bzw. Hyperaktivitätsstörung (ADHS) indiziert. Illegale Verwendung finden oder fanden *Amphetamine* als Dopingmittel im Ausdauersport oder als Wachhalter von z. B. Berufskraftfahrer:innen (Scherbaum 2019: 24). Im zweiten Weltkrieg wurde das Methamphetaminpräparat *Pervitin* vom NS-Regime bzw. der Wehrmacht zur Leistungssteigerung und Reduktion der Kampfhemmung eingesetzt und zu diesen Zwecken von Piloten und Soldaten massenhaft eingenommen (Ohler 2024). Heute wiederum kennt man es unter dem Namen *Cristal Meth*.

Ayahuasca *Ayahuasca* bezeichnet einen bitteren Sud, der aus der Lianenart *Banisteriopsis caapi* und *N,N-Dimethyltryptamin*-haltigen Blättern des Kaffeestrauchgewächses *Psychotria viridis* zusammengekocht wird, stark psychedelisch wirkt und mit dem sich Schamanen der Amazonas-Völker in Trance versetzen. Der Gebrauch von *Ayahuasca* ist in den amazonischen Ländern Brasilien, Bolivien, Peru, Kolumbien und Ecuador verbreitet. In jüngerer Zeit gibt es einen regelrechten Ayahuasca-Tourismus, bei dem westliche Reisende in speziell angebotenen Retreats den halluzinogenen Trank Ayahuasca einnehmen. „Die Motivation westlicher Touristen ist häufig durch Wünsche nach persönlicher Einsicht, Selbstaktualisierung und spiritueller Erfahrung geprägt, wobei auch Hoffnung auf körperliche Heilung eine Rolle spielen kann. Der Ayahuasca-Tourismus in Südamerika kann mit einigen Einschränkungen als

Sonderform psychedelischer Psychotherapie angesehen werden" (Wolf 2024: 709).

Benzodiazepine *Benzodiazepine* sind eine Gruppe von verschreibungspflichtigen Psychopharmaka, die als Entspannungs- und Beruhigungsmittel *(Tranquilizer)* oder als Schlafmittel *(Hypnotika)* verabreicht werden. Sie wirken beruhigend, angstmindernd, muskelentspannend und antiepileptisch. Bekannte Vertreter dieser Medikamentengruppe sind z. B. *Diazepam* (etwa Valium® oder Faustan®) und *Flunitrazepam* (etwa Rohypnol®).

Betel Das *Betelkauen* ist vor allem in Süd- und Südostasien verbreitet. Dabei wird ein Stück der *Areca-Nuss* (Kern der Frucht der Betelpalme) zusammen mit frischen Blättern des Betelpfeffers und etwas Kalk gekaut. Die Konsument:innen streben eine angeregte Entspannung bei guter Grundstimmung an, wobei die angestrebte Wirkung aus Stimulation und Entspannung, so Scherbaum (2019: 210), der Wirkung des Tabakrauchens ähnlich sei.

Bio-psycho-soziales Modell Das bio-psycho-soziale Modell geht auf Engel (1977) zurück, der bemängelte, dass das lange dominante bio-medizinische Modell (der Medizin) psychische und soziale Einflüsse auf Gesundheit und Krankheit weitgehend ausblende. Den Hintergrund bildet unter anderem die Erkenntnis, dass die deutliche Steigerung der Lebenserwartung in den sogenannten entwickelten Ländern in den zurückliegenden ca. 150 Jahren keineswegs nur auf den medizinischen Fortschritt zurückgeführt werden könne. Vielmehr hätten eine ganze Reihe von biologischen, psychologischen und sozialen Faktoren eine Rolle gespielt, die erst durch ihre komplexen Wechselwirkungen zu der erheblichen Steigerung der Lebenserwartung geführt hätten. Seit den 1980er Jahren orientiert man sich daher in den Gesundheitswissenschaften und Public Health nicht mehr ausschließlich an einem bio-medizinischen, sondern vor allem auch am bio-psycho-sozialen Modell. Zudem fragt man nicht mehr nur in pathogenetischer Manier danach, was krank macht, sondern stellt vor allem auch die salutogenetische Frage: Was hält den Menschen gesund? (Holst 2022; Faltermaier 2023).

Cannabis *Cannabis* gehört zur Familie der Hanfgewächse und hat eine Jahrtausende alte Geschichte der Nutzung als Heil- und Rauschmittel. Meist werden drei Arten der Cannabispflanze unterschieden: *Cannabis sativa, Cannabis indica* und *Cannabis ruderalis,* wobei für die Herstellung von Cannabisprodukten als psychoaktive Genussmittel vorrangig die ersten beiden Arten verwendet werden. Es gibt unterschiedliche Cannabisprodukte mit vielfältigen Bezeichnungen und mit verschiedenen THC-Gehalten: *Marihuana* (auch *Weed, Gras, Pot* usw.) bezeichnet die weiblichen Blüten (mit oder ohne Blätter), *Haschisch* (auch *Shit* oder *Dope*) nennt man das gepresste Harz der Hanfpflanze und *Haschischöl* ist ein dickflüssiger Extrakt aus dem Harz. In der Regel werden Cannabis-Produkte pur oder mit Tabak gemischt in (selbst gedrehten) Joints und in Pfeifen geraucht oder seit einigen Jahren vermehrt auch mit Vaporizern ver- oder gedampft – gelegentlich werden sie auch in Form von Nahrungsmitteln (z. B. als Kekse) zubereitet (vgl. ausführlicher zu Wirkung, Wirkungsweise etc.: Hoch et al.2019; Scherbaum 2019: 36–53).

Coca *Coca* bzw. die Blätter des Coca-Strauches werden von der Bewohner:innen der Anden seit Jahrtausenden aus einer Vielzahl an religiösen und kultischen Gründen, vor allem aber als Genussmittel konsumiert. *Coca*-Blätter enthalten etliche verschiedene Alkaloide, wobei *Kokain* den größten Anteil einnimmt. Das in den gekauten Blättern enthaltene *Kokain* wird durch den Speichel und die Magensäfte zu *Ekgonin* umgewandelt, dessen toxische Eigenschaften erheblich schwächer sind als bei Kokain, weshalb das Coca-Kauen und der bei uns verbreitete Kokainkonsum pharmakologisch zu unterscheiden sind. Neben den Alkaloiden enthalten die Blätter auch Eisen, Phosphor, Kalzium sowie verschiedene Vitamine, was eine mangelhafte Ernährung durchaus bereichern kann. Neben einer Energiesteigerung, einer Körpertemperaturerhöhung und der Verbesserung der Stimmung, bewirkt das Konsumieren von Coca auch eine verbesserte Nahrungsumsetzung, indem der Speichelfluss und die Magensäfte angeregt werden. Die Erhöhung der Körpertemperatur erleichtert wiederum das Leben im kalten Hochland der Anden (vgl. ausführlicher Scheffer 1989)

Codein *Codein* ist ein Alkaloid des *Opiums* und wird als Schmerzmittel (meist in Kombination mit *Paracetamol)* sowie als Hustenstiller verwendet. Gelegentlich wird es auch im Rahmen der Opioid-Substitution eingesetzt.

Crack *Crack* ist eine rauchbar gemachte Version von Kokain. Um *Crack* herzustellen, wird *Kokain* z. B. mit *Backpulver* (etwa *Ammoniumhydrogencarbonat*) versetzt und dann mit Wasser aufgekocht. Dabei entstehen dann weißlich-gelbe Kristalle oder wie man in der Szene sagt: ‚Steine', die dann in Pfeifen geraucht werden und dabei ein spezifisches Crack-Geräusch machen. Durch den chemischen Prozess bekommt das ursprüngliche Kokain eine intensivere, aber auch kurzlebigere Wirkung (vgl. Scherbaum 2019: 112).

Cristal Meth Slangname für *Methamphetamin*. Sie auch *Amphetamine*.

Ecstasy siehe *Entaktogene*.

Etaktogene Mit dem Begriff *Etaktogene* wird eine Gruppe von psychoaktiven Substanzen bezeichnet, unter deren Einfluss die eigenen Emotionen intensiver wahrgenommen werden. Der Begriff wurde von dem US-amerikanischen Chemiker David E. Nichols (1986) eingeführt, wobei die Wirkung mit gehobener Stimmung, gesteigerter Empathie und Selbstsicherheit sowie verstärkter interpersoneller Kommunikationsfähigkeit beschrieben wird (Hermle & Schuldt

2018). Die bekanntesten Vertreter dieser Stoffgruppe sind Substanzen, die als *Ecstasy* gehandelt werden und zu denen z. B. *Methylendioxymethylamphetamin (MDMA), Methylendioxyamphetamin (MDA)* oder *Methylendioxyethylamphetamin (MDEA)* gehören. Diese Substanzen wurden in den 1990er Jahren einerseits durch ihre Verbreitung in einer jugendlichen Party-Subkultur mit ihren ekstatischen Tanzritualen („Techno-Raves") populär (Neumeyer und Schmidt-Semisch 1997). Andererseits wurden und werden sie in kleinen Gruppen von Bekannten und Freund:innen eingenommen, „um den gemeinsamen Umgang zu vertiefen. Hierbei werden meist ruhige soziale Tätigkeiten ausgeübt und es wird viel gesprochen. *Ecstasy* wirkt introspektionsfördernd und beruhigend" (Scheerbaum 2019: 65). Studien zeigen zudem die Wirksamkeit einer *MDMA*-gestützten Psychotherapie bei der Behandlung einer Posttraumatischen Belastungsstörung (PTBS) (Mithoefer et al. 2013.; Oehen et al.2013).

Fentanyl *Fentanyl* ist ein synthetisches *Opioid*. Es ist um ein Vielfaches potenter als z. B. *Morphin* und wird bei starken und sehr starken akuten und chronischen Schmerzen eingesetzt. Es kann als Injektion, Pflaster, Nasenspray und durch Aufnahme über die Mundschleimhaut appliziert werden und wird per Betäubungsmittelrezept verschrieben. In den Vereinigten Staaten prägt *Fentanyl* seit den 2010er Jahren die sogenannte Opioid-Krise und wird dort für eine hohe Zahl von Todesfällen durch Überdosierung verantwortlich gemacht. Inzwischen ist illegal hergestelltes *Fentanyl* auch in Europa und Deutschland als Beimengung zu *Heroin* aufgetaucht, wird gelegentlich auch als *synthetisches Heroin* verkauft und hier auch im Zusammenhang mit Überdosierungen erwähnt. Siehe auch *Opioide* sowie *Opioid-Krise*.

Halluzinogene Unter dem Begriff **Halluzinogene** werden verschiedene psychoaktive Substanzen mit ähnlicher Wirkung zusammengefasst. Dazu gehören z. B. *Psilocybin*-haltige Pilze und verschiedene andere halluzinogen wirkende Pflanzen (etwa der mexikanische Zaubersalbei *Salvia Divinorum*, die *Hawaiianische Holzrose*, der *Fliegenpilz*, der *Peyote-Kaktus* mit dem Wirkstoff *Meskalin* oder *Ayahuasca*, das u. a. den Wirkstoff *DMT* enthält, sowie bestimmte Nachtschattengewächse wie etwa *Stechapfel, Engelstrompete, Bilsenkraut* oder *Tollkirsche).* Daneben gibt es auch künstlich hergestellte Halluzinogene, etwa *PCP* (auch *Angel Dust)* oder das Narkosemittel *Ketamin,* das in niedriger Dosierung halluzinogene Effekte erzeugt. Das bekannteste Halluzinogen ist wahrscheinlich *LSD,* das erstmals von dem Chemiker Albert Hofmann hergestellt wurde, der dessen halluzinogene Wirkung mehr oder weniger zufällig entdeckte (ausführlich Hofmann 1979). Typische Wirkungen von Halluzinogenen sind tiefgreifende Bewusstseinsveränderungen, wobei Farben, Formen und Geräusche intensiver wahrgenommen werden und eigentlich feste Strukturen anfangen sich zu bewegen und zu (zer-)fließen. Der Verlauf der Rauscherfahrung hängt dabei – mehr als bei anderen psychoaktiven Substanzen – stark von der Person, ihren Erwartungen und der konkreten Konsumsituation ab. Zudem werden die Erfahrungen auch je nach Person und kulturellem Hintergrund unterschiedlich interpretiert: Während sich die einen Eins-Fühlen mit der Welt um sie herum und diesen Erfahrungen sogar eine religiöse Dimension zuschreiben, empfinden andere mitunter Todesangst – wofür auch der Begriff *Horror-Trip* geprägt wurde. Bis in die 1960er Jahren experimentierte man sowohl in der Psychiatrie und Psychotherapie als auch im Militär und in den Geheimdiensten mit Halluzinogenen und *LSD*. Mitte der 1960 Jahre wurden diese Substanzen schließlich zu einem Symbol der Hippie-Ära. Berühmt wurde auch Timothy Leary, der mit seinem Motto ‚turn on, tune in, drop out' die Menschen dazu aufforderte, mit *LSD* und der damit verbundenen Bewusstseinserweiterung ihre Persönlichkeit zu befreien und die Gesellschaft insgesamt positiv zu verändern (Hofmann 2009) – bis LSD dann 1966 in den USA und 1971 auch in Deutschland verboten wurde. Allerdings ist seit den frühen 1990er Jahren eine ‚Renaissance' dieser Substanzen gerade auch in der Forschung zu beobachten: „So stieg die Zahl der Publikationen in renommierten wissenschaftlichen Journals in den Jahren von 1990 bis 2020 erheblich […] Verbunden mit dieser Entwicklung ist die Neueröffnung von dezidiert an Psychedelika forschenden Abteilungen an prominenten Universitäten wie dem Centre for Psychedelic Research am Imperial College in London sowie dem Johns Hopkins Center for Psychedelic and Consciousness Research in Baltimore" (Netter und Steinmetz 2024: 226). Das große, neu erwachte Interesse an Psychedelika ist vor allem auch darauf zurückzuführen, dass man sich von diesen Substanzen neue Anwendungs- und Behandlungsmöglichkeiten mit Blick auf z. B. auf Depressionen, Angststörungen und Substanzgebrauchsstörungen erhofft.

Heroin *Heroin (Diacetylmorphin)* wurde 1874 erstmals hergestellt, und zwar von einem englischen Chemiker, der nach einem Schmerzmittel auf Morphinbasis suchte, das nicht abhängig machen sollte. 1898 ließ sich der ‚Pharmariese' Bayer ein Verfahren zur Synthese von *Diacetylmorphin* unter dem Markennamen *Heroin* schützen und vermarktete die Substanz als nicht-suchterzeugendes Mittel gegen eine Vielzahl von Erkrankungen bei Kindern und Erwachsenen. Nachdem in den folgenden Jahren erkannt wurde, dass auch *Heroin* abhängig machen kann, stellte Bayer die Produktion zu Beginn der 1930er Jahre ein. In den folgenden Jahrzehnten erfolgte das Verbot von *Heroin* mit den im vorliegenden Band erörterten Konsequenzen. Inzwischen darf *Diacetylmorphin* in einigen Ländern wieder im Rahmen der Substitution als Medikament verschrieben werden. Ab 2002 wurde die Heroinvergabe auch in mehreren deutschen

Städten erprobt und aufgrund der positiven Ergebnisse seit Mai 2009 in die Regelversorgung Heroinabhängiger aufgenommen.

Kaffeeschnüffler Friedrich II. setzte ab 1780 Kaffeeschnüffler ein, um festzustellen, wo verbotenerweise Bohnenkaffee geröstet wurde. Die Einfuhr von Kaffee war seinerzeit aufgrund der merkantilistischen Politik stark eingeschränkt, um Geld im Lande zu halten, und das Rösten staatlichen Röstereien vorbehalten (vgl. ausführlicher Schivelbusch 1990: 82 ff.; Maritsch und Uhl 1989: 168 f.).

Kawa *Kawa* (auch *Kava*) ist ein aus den Wurzeln des polynesischen Pfefferstrauchs *(Piper methysticum)* hergestelltes, berauschendes Getränk, das in niedriger Dosis eine stimulierende, mit steigender Dosis auch euphorisierende, entspannende und schlaffördernde Wirkung hat.

Kokain *Kokain* ist ein Alkaloid, das aus den Blättern des *Coca*-Strauches gewonnen wird und das erstmals 1859 von Albert Niemann isoliert wurde. 1863 wurde es von der Firma Merck auf den Markt gebracht und z. B. als Mittel gegen Husten und Depression eingesetzt. Zudem wurde es als Zusatz in Erfrischungsgetränken eingesetzt, etwa in dem sogenannten *Vin Mariani* oder in *Coco Cola,* was allerdings zu Beginn des 20. Jahrhunderts verboten wurde. Kokain hat anregende und euphorisierende Wirkungen, es vermindert das Schlafbedürfnis und steigert die Wachheit, was sich wiederum zu einer motorischen Rastlosigkeit steigern kann. *Kokain* wird häufig nasal konsumiert, also geschnupft, aber auch intravenös und subkutan gespritzt oder in Form von *Crack*-Steinen geraucht (vgl. Scherbaum 2019:107 ff.; Scheffer 1989). Siehe auch *Crack* und *Coca*.

LSD (Lysergsäurediethylamid) *LSD* ist ein Derivat von natürlich vorkommenden Mutterkornalkaloiden. Mutterkorn bzw. der Mutterkornpilz ist ein Schmarotzer, der verschiedene Getreidesorten befällt. Dieser Mutterkornpilz produziert zahlreiche Alkaloide, u. a. auch die *Lysergsäure,* aus der durch einen chemischen Prozess *Lysergsäurediethylamid,* also *LSD,* das am stärksten wirkende, bekannte Halluzinogen entsteht, welches bereits bei sehr geringen Dosen im unteren Mikrogrammbereich Wirkungen hervorruft. Nachdem der Stoff bereits 1938 auf der Suche nach kreislaufstimulierenden Medikamenten erstmalig im Basler Unternehmen Sandoz synthetisiert worden war, entdeckte der Schweizer Chemiker Albert Hofmann am 16. April 1943 erstmals die psychotropen Eigenschaften des *LSD,* weil er zufällig mit der Substanz in Kontakt kam und auf diese Weise die erste *LSD*-Erfahrung überhaupt erlebte (ausführlich Hofmann 1979). Nach der Entdeckung des *LSD* im Jahr 1938 in Basel war es aufgrund seines Potenzials in der Psychotherapie zunächst lange als Medikament erhältlich. Nachdem sie lange verboten waren, erleben entsprechende Forschungen seit einigen Jahren eine Renaissance (Netter und Steinmetz 2024). Siehe auch *Halluzinogene*.

Glossar

MDA eine der Substanzen, die als *Ecstasy* gehandelt und verkauft werden, siehe *Entaktogene*

MDMA eine der Substanzen, die als *Ecstasy* gehandelt und verkauft werden, siehe *Entaktogene*

Meskalin *Meskalin* ist ein halluzinogen wirkendes Alkaloid, das in dem *Peyote-Kaktus (Lopophora williamsii)* enthalten ist. Die *Peyote*-Pflanze ist ein kleiner, runder, langsam wachsender Kaktus mit einem sehr bitteren Geschmack, der in der Wüste von Mexiko bis Texas wächst. Bedeutung hat er heute noch vor allem in der sogenannten Native Church, deren Mitgliedern der Gebrauch in einigen US-Bundesstaaten zu religiösen Zwecken erlaubt ist (ausführlicher Scherbaum 2019: 134 ff.; Furst 1982; La Barre 1982). Siehe auch *Halluzinogene*.

Morphin *Morphin* oder auch *Morphium* ist das Hauptalkaloid des Opiums und wurde erstmals 1804 von dem deutschen Apotheker Friedrich Wilhelm Sertürner in Paderborn isoliert. Morphin ist ein stark wirkendes *Opiat* und wird als Medikament bei starken und stärksten Schmerzen eingesetzt. Aufgrund seiner dämpfenden Wirkung auf das Atemzentrum wird es auch z. B. in der Palliativmedizin zur Behandlung von Luftnot verwendet. Bei einer Überdosierung kann gerade diese Eigenschaft allerdings zu einem Atemstillstand führen. Aufgrund seiner Verwendung als Medikament und entsprechender Zugänglichkeit in Gesundheitssystem, wurde es früher von den sogenannten klassischen Morphinist:innen als Droge konsumiert. Wie in Kap. 3.4 ausgeführt, handelte es sich bei den klassischen Morphinist:innen um eine Gruppe von Personen, die einen privilegierten Zugang zu dieser Substanz hatten, also v. a. um Ärzt:innen sowie Apotheker:innen, aber auch Pflegefachkräfte, die gesellschaftlich integriert und zugleich darauf bedacht waren, ihren Konsum zu verbergen.

Naloxon *Naloxon* ist 1960 zum ersten Mal synthetisiert worden und ist ein Opiatantagonist, der die Wirkungen von allen Opiaten und Opioiden (*Heroin, Morphin, Fentanyl* etc.) aufhebt, d. h. er kann bei Opioid-Überdosierungen als Antidot („Gegengift") verabreicht werden. Das Mittel kommt in der professionellen Drogenhilfe, insbesondere auch in Drogenkonsumräumen zum Einsatz. Mittlerweile gibt es allerdings Überlegungen, dass z. B. auch Polizeibeamt:innen das Mittel mit sich führen sollten. Zudem wird der Risikogruppe der Opioid-Konsumierenden die Substanz als *Take-Home Naloxon* mit nach Hause gegeben, damit im Notfall das lebensrettende Medikament direkt vor Ort ist. Aber obwohl Naloxon seit 2018 auch in Deutschland als Nasenspray zur Verfügung steht, was die Anwendung durch medizinische Laien noch einfacher und sicherer gemacht hat, wird *Take-Home Naloxon* als Drogennotfallprophylaxe in Deutschland bislang kaum umgesetzt (vgl. auch Fleißner et al. 2023).

Opioide *Opioide* sind synthetisch hergestellte Substanzen, die eine morphinartige Wirkung besitzen. Ihre Entwicklung, so etwa Scherbaum (2019 : 142), sei von der Suche nach Schmerzmitteln angetrieben worden, die nicht die euphorisierende und suchterzeugende Wirkung von *Morphin* haben sollten. Zu den bekannteren Opioiden gehören z. B. *Buprenorphin, Methadon, Tilidin, Tramadol* oder auch *Fentanyl*. Letzteres hat vor allem im Zusammenhang mit der sogenannten Opioid-Krise in den USA einige Bekanntheit erlangt. Siehe auch *Opioid-Krise* und *Fentanyl*.

Opioid-Krise Mit der *Opioid*-Krise in den USA wird eine Entwicklung beschrieben, die durch die vom Pharmaunternehmen Purdue Pharma betriebene, aggressive Vermarktung des Schmerzmittels *OxyContin* (Wirkstoff: *Oxycodon*) ausgelöst wurde, was den Konsum des Mittels zwischen 1999 und 2011 um 500 % ansteigen ließ. Bei *OxyContin* handelt es sich um ein *Opioid,* von dem der Hersteller behauptete, dass es aufgrund der Darreichungsform (nämlich einer verlangsamten Wirkstoffabgabe aufgrund einer speziellen Hülle der *OxiContin*-Tablette) nicht abhängig mache. Allerdings konnte man diese verlangsamte Wirkstoffabgabe umgehen, indem man die Tabletten zerstampfte oder zerkaute und den Inhalt dann nasal oder intravenös konsumierte. Das Mittel wurde von Ärzt:innen sehr breit verschrieben und fand auf diese Weise in großen Mengen auch den Weg in den irregulären Gebrauch. Insgesamt kam es so zu einer Zunahme an abhängigen Konsument:innen, insbesondere aber auch zu einer drastischen Zunahme an Überdosierungen: „Involviert sind dabei nicht nur verschriebene Opioide, sondern auch illegale wie Heroin sowie spätestens seit 2013 hochpotentes, illegal hergestelltes Fentanyl […] und zuletzt das noch potentere Carfentanyl […] Diesen Substanzen wandten sich möglicherweise die Konsument:innen zu, denen der legale Weg einer ärztlichen Verschreibung von Opioiden nicht (mehr) offenstand oder die aufgrund einer vorsichtigeren Verschreibungspraxis in den 2010er-Jahren keinen Zugang mehr zu illegal weiterverkauften pharmazeutischen Opioiden hatten" (Bonengel 2024: 127). Die Opioid-Krise in den USA ist so gesehen ein Phänomen, dass vor allem auf die aggressive Vermarktungsstrategie eines Pharmaunternehmens in Verbindung mit einer (zeitweise) allzu laxen, ärztlichen Verschreibungsroutine zurückzuführen ist (ausführlicher Bonengel 2024; zu den rassistischen Aspekten dieser Krise: Hart & Hart 2024)

Opium *Opium* hat eine Jahrtausende währende Geschichte als Genussmittel und Medikament (v. a. zur Schmerzstillung) und wird aus der unreifen Samenkapsel des *Schlafmohns (Papaver somniferum)* gewonnen. Die Samenkapseln werden angeritzt, wodurch (in der Regel über Nacht) ein milchiger Saft austritt, der am nächsten Morgen abgeschabt und in einem Trocknungsprozess zu sogenanntem

Rohopium verarbeitet wird. Im *Opium* sind etwa 40 verschiedene Alkaloide enthalten, wobei die bekanntesten wohl *Morphin* und *Codein* sind (ausführlicher Barop 2021; Seefelder 1990). Siehe auch *Morphin* und *Codein*.

Pathogenese Mit dem Begriff der Pathogenese wird die Entstehung und Entwicklung von Krankheiten einschließlich der daran beteiligten physischen, psychischen und sozialen Krankheitsursachen beschrieben (Faltermaier 2023). Siehe auch *bio-psycho-soziales Modell*.

Peyote Siehe auch *Meskalin*.

Psilocybin *Psilocybin* und *Psilocin* sind die psychoaktiven Wirkstoffe von Pilzen aus der Gattung *Psilocybe* (z. B. *Psilocybe mexikana* Heim, *Psilocybe cubensis* oder auch *Spitzkegeliger Kahlkopf*), die auch als *Zauberpilze, magic mushrooms* oder *halluzinogene Pilze* bezeichnet werden. Siehe auch *Halluzinogene*.

Qat (auch *Kath*) ist eine regional begrenzt (vor allem im Jemen und Südost-Äthiopien) verbreitete Droge. Es handelt sich dabei um die (jungen) Blätter des *Kathstrauchs*, die gekaut werden. Die Wirkung ist von der Dosis abhängig und reicht von einer leicht euphorisierenden und anregenden Wirkung bis hin zu schwereren Rauschzuständen. Es gibt unterschiedlich starke Qat-Sorten, wobei die schwächeren teurer sind und vornehmlich von der Oberschicht konsumiert werden (vgl. ausführlicher Gezon 2012 sowie Gezon 1982).

Racial Profiling Der Begriff Racial Profiling bezeichnet allgemein rassistische polizeiliche Handlungspraktiken, die phänotypische Merkmale (insbesondere Haut- und Haarfarbe) sowie die (vermutete) Herkunft von Personen zum Anlass für die Schöpfung eines Verdachts nehmen. D. h. die Polizei-, Sicherheits-, Einwanderungs- oder Zollbeamt:innen gründen ihr Handeln in diesen Fällen nicht auf auffälliges Verhalten oder objektive Hinweise, sondern beziehen ihren Verdacht ausschließlich oder vor allem aus dem Aussehen oder der (vermuteten) religiösen oder nationalen Zugehörigkeit der adressierten Personen. Racial Profiling ist wohl am häufigsten bei verdachtsunabhängigen Personenkontrollen, aber auch bei anderen polizeilichen Tätigkeiten, wie Razzien, Rasterfahndungen und allgemeinen Verkehrskontrollen, zu beobachten. In Deutschland ist Racial Profiling im Grunde verboten, weil es das Grundprinzip verletzt, dass sich polizeiliches Handeln am Verhalten einer Person auszurichten hat (Klaus 2024; Niemz und Singelnstein 2022, S. 337).

Rohypnol Siehe *Benzodiazepine*.

Salutogenese In den Gesundheitswissenschaften steht Salutogenese für einen Paradigmenwechsel der Beschäftigung mit Gesundheit und Krankheit. Hatte man bis dahin stets die Frage gestellt: „Was mach die Menschen krank?", so führte Antonovsky (1987) die simple und zugleich richtungsweisende Frage danach ein, „was die Menschen eigentlich gesund hält", und sorgte damit weltweit für eine neue Ausrichtung des gesundheitswissenschaftlichen Denkens.

Dabei fragte Antonovsky mit seinem Konzept der Salutogenese nicht so sehr nach lebensweltlichen, sozialen oder materiellen Verhältnissen, die uns krank machen, sondern vielmehr nach dem inneren Konzept eines Menschen, das ihn trotz einer widrigen Lebenswirklichkeit bei guter Gesundheit hält. Einen zentralen Aspekt bildet in diesem Konzept der sogenannte *Sense of Coherence,* das Kohärenzgefühl, das nach Antonovsky „der entscheidende Parameter für die Platzierung auf dem Gesundheits-Krankheits-Kontinuum, also für ein Weniger oder Mehr an Gesundheit" (Franke 2006: 162) ist. Das Kohärenzgefühl hat die drei zentralen Bestandteile Verstehbarkeit, Handhabkeit und Bedeutsamkeit und bezeichnet eine umfassende Art, die Welt und sich selbst wahrzunehmen. Danach bleiben Menschen dann eher gesund, wenn sie die Anforderungen, die ihnen begegnen, einordnen und verstehen können (Verstehbarkeit), wenn sie das Gefühl und auch Möglichkeiten haben, auf die sie betreffenden Ereignisse Einfluss nehmen zu können (Handhabkeit), und wenn die Möglichkeit besteht, unter diesen Bedingungen individuelle oder kollektive Ziele anzustreben und auch zu erreichen (Bedeutsamkeit) (ausführlicher Faltermaier 2023; Franke 2006).

Stimulanzien *Stimulanzien* sind Substanzen, die sich – wie der Name schon sagt – stimulierend und antriebssteigernd auf den Konsumierenden auswirken, etwa *Kokain* oder *Amphetamine,* als legale Droge wäre hier z. B. *Koffein* zu nennen.

Tranq *Tranc* oder *Tranq* bezeichnet den vor allem in der Tiermedizin zur Anwendung kommenden Wirkstoff *Xylazin,* der insbesondere beruhigende bis anästhetisierende Wirkungen hat. In den USA gibt es einen Trend, *Opioide* (vornehmlich *Heroin* und *Fentanyl*) mit *Xylazin* zu strecken oder einen entsprechenden Beikonsum zu betreiben, wodurch die sedierende Wirkung der Opioide verstärkt und/oder verlängert wird. Hauptgrund für die Verbreitung von *Xylazin* ist wohl die unzureichende (legale) Versorgung mit Opioiden. Das Hauptproblem, das aus der Nutzung von *Xylazin* als Streckmittel von Opioiden resultiert, ist, dass es sich bei *Xylazin* nicht um ein Opioid handelt und darum auch *Naloxon* nicht als Antidot eingesetzt werden kann. Siehe auch *Opioid-Krise* sowie *Naloxon.*

Zauberpilze Siehe *Psilocybin.*

Zichorie Die *Zichorie* (auch *Wegwarte* oder *gemeine Wegwarte*) ist eine Pflanzenart aus der Familie der Korbblütler, die vor allem in Europa, aber auch in Afrika verbreitet ist. Die Wurzeln der Zichorie werden bereits seit dem 17. Jahrhundert zur Herstellung von Ersatzkaffee *(Muckefuck)* verwendet. Auch heute gibt es noch zahlreiche Ersatz-Kaffee-Produkte, die vollständig oder teilweise aus Zichorien hergestellt wird.

Literatur

Adler, P.A. & Adler, P 1998. Großdealer und -schmuggler in Kalifornien. Karrieren zwischen Abweichung und Konformität. In: Paul,B. & Schmidt-Semisch, H. (Hrsg.), Drogenealer. Ansichten eines verrufenen Gewerbes. Freiburg i.B.: Lambertus, S. 148–166

Adler, P.A. 1993. Wheeling and Dealing. An Ethnography of an Upper-Level Drug Dealing and Smuggling Community. New York: Columbia University Press

Albrecht, L. 2023. Crackkonsum in der Bahnhofsszene in Bremen. In: rausch – Wiener Zeitschrift für Suchttherapie 12 (3), S. 91–92

Alexander, B.K. 2008. The Globalization of Addiction. A Study in Poverty of the Sprit. Oxford: Oxford University Press

American Public Health Assoziation, APHA 2013. Defining and Implementing a Public Health Response to Drug Use and Misuse. Policy Number: 201312. URL: https://www.apha.org/Policies-and-Advocacy/Public-Health-Policy-Statements/Policy-Database/2014/07/08/08/04/Defining-and-Implementing-a-Public-Health-Response-to-Drug-Use-and-Misuse (Zugegriffen: 05.12.2023)

Arias, E.D. 2021. Cocaine: From Coca Fields to the Streets. Duke University Press

Ärztekammer Berlin 1987. Ärzte gegen Methadon. Stellungnahme des Vorstandes der Ärztekammer Berlin vom 07.September 1987. In: Suchtreport 88 (1), S. 26–27

Austin, G. 1982: Die europäische Drogenkrise des 16. und 17. Jahrhunderts. In: Völger, G. & Welck, K.v. (Hrsg.), Rausch und Realität. Drogen im Kulturvergleich, Band 1. Reinbek: Rowohlt, S. 115–132

Bailey, J., Tiberio, S., Kerr, D., Epstein, M., Henry, K. & Capaldi, D. 2023. Effects of Cannabis Legalization on Adolescent Cannabis Use Across 3 Studies. In: American Journal of Preventive Medicine 64 (3), S. 361–367

Bancroft, M & Houborg, E. 2020. Managing Coexistence: Resident Experiences of the Open Drug Scene and Drug Consumption Rooms in Inner Vesterbro, Copenhagen. In: Contemporary Drug Problems 47, S. 210–230

Barop, H. 2021: Mohnblumenkriege: Die globale Drogenpolitik der USA 1950-1979. Göttingen: Wallstein Verlag

Barop, H. 2023. Der große Rausch. Warum Drogen kriminalisiert werden Eine globale Geschichte vom 19. Jahrhundert bis heute. München: Siedler Verlag

Barsch, G. 2008. Lehrbuch Suchtprävention. Von der Drogennaivität zur Drogenmündigkeit. Geesthacht: Neuland Verlag

Barsch, G. 2018. Drogenmündigkeit: Von der Suchtprävention zur Drogenerziehung. In: Heyden, M.v., Jungaberle, H. & Majić, T. (Hrsg.). Handbuch Psychoaktive Substanzen. Wiesbaden: Springer, S.69–82

Bartels, O. 2024. Effekte der Cannabislegalisierung. Empirische Forschungen aus Kanada, Uruguay und den USA. In: Feustel, R., Schmidt-Semisch, H. & Bröckling, U. (Hrsg.), Handbuch Drogen in sozial- und kulturwissenschaftlicher Perspektive, 2., vollständig überabeitete und ergänzte Auflage. Wiesbaden: Springer VS, S. 587–600

Becker, G., Körkel, J., Happel, V. & Lipsmeier, G. 2009. Reduktion des Drogenkonsums durch Selbstkontrolltraining: Die Wirksamkeit des Programms „KISS"– ein Randomized Controlled Trial. In: Suchttherapie 10, S. 544–545

Becker, H. S. 1973/1963: Außenseiter. Zur Soziologie abweichenden Verhaltens. Frankfurt a. M.: Fischer Verlag

Belina, B. 2011. Disparitäten in der Stadt mittels Strafrecht regieren: governing through crime through space. In Belina, B., Gestring, N., Müller, W. & Sträter, D. (Hrsg.), Urbane Differenzen: Disparitäten innerhalb und zwischen Städten. Münster: Westfälisches Dampfboot, S. 115–131

Berg, M. 2020. Das noble Experiment und sein Erbe. Geschichte und Gegenwart der Prohibition in den USA. In: Aus Politik und Zeitgeschichte 70, H. 49–50, S. 17–23

Berger, C. 2022. Suchtprävention in der Verantwortung: Stigmatisierung überwinden. In: Public Health Forum 30, S. 51–53

Berridge, V. & Edwards, G. 1987. Opium and the People: Opiate Use in Nineteenth-Century England. New Haven: Yale University Press

Blätter, A. 2007. Soziokulturelle Determinanten der Drogenwirkung. In: Dollinger, B. & Schmidt-Semisch, H. (Hrsg.), Sozialwissenschaftliche Suchtforschung, Wiesbaden, S. 83–96

Block, W. & Obioha, V. 2012. War on Black Men: Arguments for the Legalization of Drugs. In: Criminal Justice Ethiks 31 (2), S. 106–120

Blumer, H. 1969: Symbolic Interactionism. Perspective and Method. Englewood Cliffs: Prentice Hall

Boekel, L., Brouwers, E., Weeghel, J. & Garretsen, H. 2013. Stigma among health Professionals towards patients with substance use disorders and its consequences for healthcare delivery: Systematic review. In: Drug and Alcohol Dependence 131, S. 23–35

Bögelein, N. & Meier, J. 2018. Drogenhandel – Typologie einer illegalen Ökonomie. In: Soziale Probleme 29, S. 15–43

Böllinger, L. 2018. Aufstieg und Fall des Cannabis-Verbots. In: Neue Kriminalpolitik 20, H.3., S. 281–299

Bonengel, T. 2024. Die Opioidkrise in den USA: Geschichte und Gegenwart. In: Feustel, R., Schmidt-Semisch, H. & Bröckling, U. (Hrsg.), Handbuch Drogen in sozial- und kulturwissenschaftlicher Perspektive, 2., vollständig überabeitete und ergänzte Auflage. Wiesbaden: Springer VS, S. 125–141

Borchers-Tempel, S. & Kolte, B. 2002. Cannabis Consumption in Amsterdam, Bremen and San Francisco: A Three-City Comparison of Long-term Cannabis Consumption. In: Journal of Drug Issues 32, S. 395–412

Borchfeld, K., Spies, N., Meyer-Steinkamp, R., Stracke, R., Rumpf, H.-J. & Buchholz, A. 2017. Welche Beeinträchtigungen erleben Patienten mit substanzbezogenen Störungen in ihrem Alltag? In: Sucht 63, S. 135–144

Bornemann, J. 2020. The Viability of Microdosing Psychedelics as a Strategy to Enhance Cognition and Wellbeing – An Early Review. In: Journal of Psychoactive Drugs 52, S. 300–308

Bossong, H. 1992. Möglichkeiten und Grenzen der Methadonsubstitution. Eine Übersicht über Forschung, Praxis und bundesdeutsche Diskussion. In: Bossong, H. & Stöver, H. (Hrsg.), Methadonbehandlung. Ein Leitfaden. Frankfurt a. M. und New York: Campus, S. 17–39

Bossong, N. 1983. Kaum ein Hauch von Hilfe. Zur Reichweite und Effizienz der Drogenhilfen. In: Bossong, H., Marzahn, S. & Scheerer, S. (Hrsg.), Sucht und Ordnung. Drogenpolitik für Helfer und Betroffene. Frankfurt a. M.: Extrabuch, S. 28–38

Bourdieu, P. 1982. Die feinen Unterschiede. Kritik der gesellschaftlichen Urteilskraft. Frankfurt a. M.: Suhrkamp

Bourdieu, P. 1983. Ökonomisches Kapital, kulturelles Kapital, soziales Kapital. In: Kreckel, R. (Hrsg.), Soziale Ungleichheiten. Göttingen: Schwartz, S. 183–198

Bourgois, P. 1995. In Search of Respect. Selling Crack in El Barrio. Cambridge: Cambridge University Press

Bourgois, P. 2024. Crackdealer in East Harlem. Widerstand und Selbstzerstörung unter amerikanischer Apartheid. In: Feustel, R., Schmidt-Semisch, H. & Bröckling, U. (Hrsg.), Handbuch Drogen in sozial- und kultur-wissenschaftlicher Perspektive, 2., vollständig überabeitete und ergänzte Auflage. Wiesbaden: Springer VS, S. 733–747

Bröckling, U. 2017. Gute Hirten führen sanft. Über Menschenregierungskünste. Berlin: Suhrkamp

Brombacher, D. & Schmidt, A. 2020. Neue Chancen in der globalen Drogenpolitik: Die Rolle von entwicklungs-, gesundheits- und menschenrechtsorientierten Ansätzen. In: Rausch – Wiener Zeitschrift für Suchttherapie 9, S.144–155

Brownstein, H.H. (Hrsg.) 2016. The Handbook of Drugs and Society. Chichester and West Sussex: John Wiley & Sons

Brownstein, H.H. 2016a. Drugs and Society. In: Brownstein, H.H. (Hrsg.), The Handbook of Drugs and Society. Chichester and West Sussex: John Wiley & Sons, S. 3–13

Bründl, S. & Fuss, J. 2021. Impulskontrollstörungen in der ICD-11. In: Forensische Psychiatrie, Psychologie, Kriminologie 15, S. 20–29

Bruns, S. & Woike, F. 2023. Crack – eine Herausforderung für die großstädtische Suchthilfe und Suchtmedizin. Hier: Hannover. In: rausch – Wiener Zeitschrift für Suchttherapie 12 (3), S. 70–75

Bruun, K. & Christie, N. 1991. Der nützliche Feind. Die Drogenpolitik und ihre Nutznießer. Bielefeld: AJZ

Bucerius, S. 2024. Ethnographie des Dealens. In: Feustel, R., Schmidt-Semisch, H. & Bröckling, U. (Hrsg.), Handbuch Drogen in sozial- und kultur-wissenschaftlicher Perspektive, 2., vollständig überabeitete und ergänzte Auflage. Wiesbaden: Springer VS, S. 647–662

Bühring, P. 2020. Diamorphingestützte Substitutionsbehandlung. Die tägliche Spritze. In: Deutsches Ärzteblatt 1–2/2020, S. A16–A19

Bülow, A. v. 1989a. Entkriminalisierung des Heroinkonsums. In: VOR-SICHT 2, S. 14–15

Bülow, A. v. 1989b. Kontrollierter Heroingenuss – eine bisher kaum bekannte Konsumvariante. In: Kriminologisches Journal 21, S. 118–125

Bundesinstitut für Arzneimittel und Medizinprodukte 2023. Bericht zum Substitutionsregister. URL: https://www.bfarm.de/SharedDocs/Downloads/DE/Bundesopiumstelle/SubstitReg/Subst_Bericht2023.pdf?__blob=publicationFile (Zugegriffen: 05.12.2023)

Bundestagsdrucksache VI/1877, 25. 2. 1971: Entwurf eines Gesetzes zur Änderung des Opiumgesetzes

Bundesverband für akzeptierende Drogenarbeit und humane Drogenpolitik (Akzept e. V.) & Deutsche Aidshilfe (DAH) 2021. Leitbild akzeptierende Drogenarbeit. URL: https://www.aidshilfe.de/meldung/neues-leitbild-akzeptierende-drogenarbeit (Zugegriffen: 16.06.2024)

Callaghan, R., Sanches, M.Benny, C., Stockwell, T., Sherk, A. & Kish, S. 2019. Who consumes most of the cannabis in Canada? Profiles of cannabis consumption by quantity. In: Drug and Alcohol Dependence 205, S.1–8

Canadian Institute for Substance Use Research (2015). Defining Drug Literacy. University of Victoria. URL: https://www.uvic.ca/research/centres/cisur/assets/docs/hs-pp-define-drug-literacy.pdf (Zugegriffen: 16.06.2024)

Canadian Institute for Substance Use Research (2019). Drug/Gambling Education as Health Promotion. Multiple ways to address risk and resilience. University of Victoria. URL: https://www.uvic.ca/research/centres/cisur/assets/docs/iminds/iminds-educ-health-promo.pdf (Zugegriffen: 16.06.2024)

Cleirec, G., Fortias, M., Bloch, V., Clergue-Duval, V., Debaulieu, F. C. & Vorspan, F. 2018. Opinion of health professionals and drug users before the forthcoming opening of the first drug consumption room in Paris: a quantitative cross-sectional study. In: Harm Reduction Journal 15, Article number 53, S. 1–11

Cohen, A., Vakharia, S., Netherland, J & Frederique, K. 2022. How the war on drugs impacts social determinants of health beyond the criminal legal system. In: Annals of Medicine 54, S. 2024–2038

Cohen, P. & Sas, A. 1984. Cocain-Use in Amsterdam in Non-Deviant-Subcultures. In: Addiction Research 2(1), S. 71–95

Cohen, R. & Sas, A. 1993. Ten Years of Cocaine. Amsterdam: University of Amsterdam

Cremer-Schäfer, H. & Steinert, H. 1997. Die Institution „Verbrechen & Strafe" zwischen sozialer Kontrolle und sozialer Ausschließung. In: Hradil, S. (Hrsg.), Differenz und Integration: die Zukunft moderner Gesellschaften; Verhandlungen des 28. Kongresses der Deutschen Gesellschaft für Soziologie in Dresden. Frankfurt a. M.: Campus Verlag, S. 434–447

Cremer-Schäfer, H. & Steinert, H. 1998. Straflust und Repression. Münster: Westfälisches Dampfboot

Csete, J., Kamarulzaman, A., Kazatchkine, M. et al. 2016. Public Health and International Drug Policy. The Lancet 387(2), S. 1427–1480

Dammann, B. & Scheerer, S. 1985. Menschenwürde in der Drogentherapie. In: Psychologie und Gesellschaftskritik 3/1985, S. 77–94

Dammer, E., Schneider, F., Pfeiffer-Gerschel, T., Bartsch, G., & Friedrich, M. 2018. Gesundheitliche Begleiterscheinungen & Schadensminderung. Workbook Harms and Harm Reduction. Deutschland Bericht 2018 des nationalen REITOX-Knotenpunkts an die EMCDDA: DBDD

Danko, D. 2024. Becoming a Marihuana User. In: Feustel, R., Schmidt-Semisch, H. & Bröckling, U. (Hrsg.), Handbuch Drogen in sozial- und kulturwissenschaftlicher Perspektive, 2., vollständig überarbeitete und ergänzte Auflage. Wiesbaden: Springer VS, S. 251–264

Davies, J.B. (1997): The Myth of Addiction. Second Edition. New York: Routledge

Degenhardt, L., Bruno, R. & Topp, L. 2010. Is ecstasy a drug of dependence? In: Drug and Alcohol Dependence 107, S. 1–10

Degkwitz, P. 2002. Theorien und Modelle der Entstehung und des Verlaufs von Drogenabhängigkeit. In: Böllinger, L. & Stöver, H. (Hrsg.), Drogenpraxis. Drogenrecht. Drogenpolitik. Handbuch für Drogenbenutzer, Eltern, Drogenberater, Ärzte und Juristen. Frankfurt a. M.: Fachhochschulverlag, S. 45–65

Dollinger, B. & Schmidt-Semisch, H. 2007. Reflexive Suchtforschung: Perspektiven der sozialwissenschaftlichen Thematisierung von Drogenkonsum. In: Dies. (Hrsg.), Sozialwissenschaftliche Suchtforschung. Wiesbaden: VS-Verlag, S. 7–34

Dollinger, B. & Schmidt-Semisch, H. 2007a. Professionalisierung in der Drogenhilfe. Ein Plädoyer für reflexive Professionalität. In: Dies. (Hrsg.), Sozialwissenschaftliche Suchtforschung. Wiesbaden: VS-Verlag, S. 323–338

Dollinger, B., Gilde, L. & Heppchen, S. 2019. Warum es nützlich sein kann, drogenabhängig zu sein. Pathologisierende Selbstdarstellungen junger Angeklagter. In: Harbusch, M. & Dellwing, M. (Hrsg.), Pathologisierte Gesellschaft. Kriminologisches Journal, 12. Beiheft. Weinheim: Beltz Juventa, S. 154–171

Dollinger, B., Rudolph, M., Schmidt-Semisch, H. & Urban, M. 2014. Konturen einer Allgemeinen Theorie der Kriminalität als kulturelle Praxis (ATKAP). Poststrukturalistische Perspektiven. In: Kriminologisches Journal 46, S. 67-88

Drinkmann, A. 2002. Kontrolliertes Rauchen: Standortbestimmung und Perspektiven. In: Suchttherapie 2, S. 81-86

Earp, B., Lewis, j., Hart, C. & Bioethicists and Allied Professionals for Drug Policy Reform 2021. Racial Justice Requires Ending the War on Drugs. In: The American Journal of Bioethics, 21 (4), S. 4–19

Eisenbach-Stangl, I., Mäkelä, K. & Schmidt-Semisch, H. 2000. Gesellschaftliche Reaktionen auf Drogenkonsum und Drogenprobleme. In: Uchtenhagen, A. & Zieglgänsberger, W. (Hrsg.), Suchtmedizin. Konzepte, Strategien und therapeutisches Management, München und Jena: Urban & Fischer, S. 150–161

Emerson, B. & Haden, M. 2017. Public health and the harm reduction approach to illegal psychoactive substances. In: Quah, S. & Cockerham, W. (Hrsg.), International Encyclopedia of Public Health. Oxford: Academic Press, S. 169–183

Engel, G. 1977. The need for a new medical model: A challenge for biomedicine. In: Science 196, S. 129–136

Erickson, P. G., Adlaf, E.M., Murray, G.F. & Smart, R.G. 1994. The Steel Drug: Cocaine in Perspective. Lexington

Europäische Beobachtungsstelle für Drogen und Drogensucht 2021. Europäischer Drogenbericht 2021: Trends und Entwicklungen, Amt für Veröffentlichungen der Europäischen Union, Luxemburg

Faltermaier, T. 2023. Salutogenese. In: Bundeszentrale für gesundheitliche Aufklärung (BZgA) (Hrsg.), Leitbegriffe der Gesundheitsförderung und Prävention. Glossar zu Konzepten, Strategien und Methoden. URL: https://doi.org/10.17623/BZGA:Q4-i104-3.0. (Zugegriffen 16.06.2024)

Feustel, R. 2013. Grenzgänge. Kulturen des Rauschs seit der Renaissance. München: Wilhelm Fink-Verlag

Feustel, R. 2020. Eine unendliche Geschichte. Von Menschen und Drogen. In: Aus Politik und Zeitgeschichte, 70, H. 49/50, S. 4–9

Feustel, R. 2024. Ein Trick der Vernunft. Die doppelte Kulturgeschichte des Rauschs. In: Feustel, R., Schmidt-Semisch, H. & Bröckling, U. (Hrsg.), Handbuch Drogen in sozial- und kultur-wissenschaftlicher Perspektive, 2., vollständig überabeitete und ergänzte Auflage. Wiesbaden: Springer VS, S. 45–60

Feustel, R., Schmidt-Semisch, H. & Bröckling, U. (Hrsg.) 2024a. Handbuch Drogen in sozial- und kulturwissenschaftlicher Perspektive, 2., vollständig überabeitete und ergänzte Auflage. Wiesbaden: Springer VS

Feustel, R., Schmidt-Semisch, H. & Bröckling, U. 2024. Drogen in sozial- und kulturwissenschaftlicher Perspektive. Eine Einleitung. In: Feustel, R., Schmidt-Semisch, H. & Bröckling, U. (Hrsg.), Handbuch Drogen in sozial- und kulturwissenschaftlicher Perspektive, 2., vollständig überabeitete und ergänzte Auflage. Wiesbaden: Springer VS, S. 1–12

Fisher, C. 2022. The Urge. Our History of Addiction. New York: Penguin Press

Fleißner, S., Stöver, H. & Schäffer, D. 2023. Take-Home Naloxon: Ein Baustein der Drogennotfallprophylaxe auch in Deutschland. In: Bundesgesundheitsblatt – Gesundheitsforschung – Gesundheitsschutz 66 (9), S. 1035–1041

Franke, A. 2006. Modelle von Gesundheit und Krankheit. Bern: Huber

Franzkowiak, P. 1999. Risikokompetenz und „Regeln für Räusche": Was hat die Suchtprävention von der akzeptierenden Drogenarbeit gelernt? In: Stöver, H. (Hrsg.) Akzeptierende Drogenarbeit. Eine Zwischenbilanz. Freiburg i.B.: Lambertus, S. 57–73

Furst, P.T. 1982. Peyote und die Huichol-Indianer in Mexiko. In: Völger, G. & Welck, K.v. (Hrsg.), Rausch und Realität. Eine Kulturgeschichte der Drogen, Band 2. Reinbek: Rowohlt, S. 801–815

Gerlach, R. & Stöver, H. (Hrsg.) 2012. Entkriminalisierung von Drogenkonsumeten – Legalisierung von Drogen. Frankfurt a. M.: Fachhochschulverlag

Gezon, L. 2012. Drug Effects: Khat in Biocultural and Socioeconomic Perspective. London und New York: Routledge

Global Commission on Drug Policy 2015. The Negative Impact of Drug Control on Public Health: The Global Crisis of Avoidable Pain. URL: https://www.globalcommissionondrugs.org/reports. (Zugegriffen: 01.10.2023)

Global Commission on Drug Policy 2021. Time to Ende Prohibition. URL: https://www.globalcommissionondrugs.org/reports. (Zugegriffen: 05.12.2023)

Goertz, S. 2022. Afghanistan und die Taliban. Ein Überblick. Wiesbaden: Springer VS

Gölz, J. 1992. Medizinische Grundlagen und Erfahrungen: Die Praxis der Polamidonsubstitution durch den niedergelassenen Arzt. In: Bossong, H. & Stöver, H. (Hrsg.), Methadonbehandlung. Ein Leitfaden. Frankfurt a. M. und New York: Campus, S. 68–94

Graebsch, C. 1998. Auseisung als Strafe oder: Das geteilte Dealerbild des Rechts. In: Paul, B. & Schmidt-Semisch, H. (Hrsg.), Drogendealer. Ansichten eines verrufenen Gewerbes. Freiburg i.B.: Lambertus Verlag, S.109–125

Grimm, G. 1984 Die Lösung des Drogenproblems. Fakten statt Dogmen! Wissenschaftlich gesicherte Antworten zu Fragen der Abstinenz- und Medikamentenbehandlungen der Drogensucht. Flintbek: Buchverlag Wolf Pflesser

Grob, P.J. 2018. Zürcher ‚Needle-Park'. Ein Stück Drogengeschichte und -politik 1968-2008, 3. Auflage. Zürich: Chronos Verlag

Groenemeyer, A. (Hrsg.). 2010. Doing Social Problems. Mikroanalysen der Konstruktion sozialer Probleme und sozialer Kontrolle in institutionellen Kontexten. Wiesbaden: VS Verlag

Groenemeyer, A. 2012. Drogen, Drogenkonsum und Drogenabhängigkeit. In: Groenemeyer, A & Albrecht, G. (Hrsg.), Handbuch Soziale Probleme, Band 1, Wiesbaden: VS Verlag, S. 433–493,

Gros, H. 1997. Rausch und Realität. Eine Kulturgeschichte der Drogen, Band 2. Stuttgart u. a.: Ernst Klett Verlag

Grund, J.-P. 1993. Drug use as a social ritual. Functionality, symbolism and determinants of self-regulation. Rotterdam: Erasmus Universiteit Rotterdam

Grüsser, S., Poppelreuter, S., Heinz, A., Albrecht, U. & Saß, H. 2007. Verhaltenssucht. Eine eigenständige diagnostische Einheit? In: Der Nervenarzt 78, S. 997–1002

Grütz, M. 2022. Kein Zigarettenverkauf an kommende Generationen. In: Uro-News 26, 9, S. 9

Gutwinski, S & Heinz A. 2022. Veränderungen in der ICD-11: Störungen durch Substanzgebrauch und Verhaltenssüchte. In: Psychiatrische Praxis 49, S. 156–163

Häbel, T. & Gutwinski, S. 2018. Opioide. In: Heyden, M.v., Jungaberle, H. & Majić, T. (Hrsg.). Handbuch Psychoaktive Substanzen. Wiesbaden: Springer, S. 643–658

Hammersley, R. 2020. Sociology of Addiction. In. Pickard, H. & Ahmed, S.H. (Hrsg.), The Routledge Handbook of Philosophie and Sciences of Addiction. London und New York: Routledge, S. 220–228

Harbusch, M. & Dellwing, M. 2019. Pathologisierter Alltag und institutionelle Deutungsmacht. In: Harbusch, M. & Dellwing, M. (Hrsg.), Pathologisierte Gesellschaft. Kriminologisches Journal, 12. Beiheft. Weinheim: Beltz Juventa, S.3–21

Harding, W. 1981. Kontrollierter Heroingenuss – ein Widerspruch aus der Subkultur gegenüber herkömmlichem kulturellen Denken. In: Völger, G. & Welck, K. (Hrsg.), Rausch und Realität. Drogen im Kulturvergleich, Bd. 3. Reinbek/Hamburg: Rowohlt, S. 1217–1231

Harding, W. 1984. Controlled Opiate Use: Fact or Artifact? In: Advances in Alcohol and Substance Abuse 3 (1–2), S. 105–118

Harding, W. 1988. Patterns of Heroin Use: What do we know? In: British Journal of Addictions 83, S 1247–1254

Harding, W., Zinberg, N., Stelmack, M. & Barry, M. 1980. Formerly-addicted-now-controlled Opiate Users. In: International Journal of the Addictions 15, S. 47–60

Harm Reduction International 2023. The Death Penalty for Drug Offences: Global Overview 2022. London: Harm Reduction International

Hart, C. & Hart, M. 2024. Opioid Crisis: Another Mechanism Used to Perpetuate American Racism. In: In: Feustel, R., Schmidt-Semisch, H. & Bröckling, U. (Hrsg.), Handbuch

Drogen in sozial- und kulturwissenschaftlicher Perspektive, 2., vollständig überabeitete und ergänzte Auflage. Wiesbaden: Springer VS, S. 603–614

Hart, C.L. 2021. Drug Use for Grown-Ups. Chasing Liberty in the Land of Fear. New York: Penguin Press

Hartogsohn, I. 2020. American Trip: Set, Setting, and the Psychedelic Experience in the Twentieth Century. Cambridge: The MIT Press

Hawke, L. & Henderson, J. 2021. Legalization of cannabis use in Canada: Impacts on the cannabis use profiles of youth seeking services for substance use. In: Journal of Substance Abuse Treatment 126, S. 1–9

Heckmann, W. 1982. Zur Einführung in ein mystifiziertes Gebiet sozialer Arbeit: Drogentherapie – Erfahrungen, Hoffnungen, Enttäuschungen. In: Heckmann, W. (Hrsg.), Praxis Drogentherapie. Von der Selbsthilfe zum Verbundsystem. Weinheim und Basel: Beltz Verlag

Heckmann, W. 1985. A propos Ersatzdrogen. In: Suchtgefahren 1, S. 128–131

Hehlmann, T., Schmidt-Semisch, H. & Schorb, F. 2018: Soziologie der Gesundheit. München: UVK Verlag

Heinz, A. & Friedel, E. 2014. DSM-5: wichtige Änderungen im Bereich der Suchterkrankungen. In: Der Nervenarzt 85, S. 571–577

Heinz, A., Halil, M., Gutwinski, S., Beck, A. & Liu, S. 2022. ICD-11: Änderungen der diagnostischen Kriterien der Substanzabhängigkeit. In: Der Nervenarzt 93, S. 51–58

Hengartner, T. & Merki, C. 2001. Genussmittel. Eine Kulturgeschichte. Frankfurta. M. und Leipzig: Insel Verlag

Henssler, J., Schubert, T. & Soyka, M. 2018.Beruhigungsmittel: Sedativa und Hypnotika. In: Heyden, M.v., H. Jungaberle, T. Majić. (Hrsg.). Handbuch Psychoaktive Substanzen. Wiesbaden: Springer, S. 585–608

Hermle, L. & Schuldt, F 2018. MDMA. In: Heyden, M.v., Jungaberle, H. & Majić, T. (Hrsg.). Handbuch Psychoaktive Substanzen. Wiesbaden: Springer, S. 551–566

Herschinger, E. 2024. Drogenpolitik und ihre (nicht-intendierten) Effekte. Die Praxis der globalen Prohibition und des „War on Drugs". In: Feustel, R., Schmidt-Semisch, H. & Bröckling, U. (Hrsg.), Handbuch Drogen in sozial- und kulturwissenschaftlicher Perspektive, 2., vollständig überabeitete und ergänzte Auflage. Wiesbaden: Springer VS, S. 493–507

Herwig-Lempp, J. 1987. Das Phänomen der sogenannten Neuen Süchte. In: Neue Praxis 1/197, S. 54–64

Herwig-Lempp, J. 1994. Von der Sucht zur Selbstbestimmung. Drogenkonsumenten als Subjekte. Dortmund: borgmann

Hess, H. & Scheerer, S. 1997. Was ist Kriminalität? Skizze einer konstruktivistischen Kriminalitätstheorie. In Kriminologisches Journal 29, S. 83–155

Hess, H., Behr, R. & Klös, P. 1999. „...es ist alles unheimlich grenzenlos möglich". Kokain in Frankfurt – Konsummuster und Verteilerhandel im bürgerlichen Milieu. In: Forschung Frankfurt 17, S. 30–37

Hess, H., Schmidt-Semisch, H. & Kolte, B. 2004. Kontrolliertes Rauchen. Tabakkonsum zwischen Verbot und Vergnügen. Freiburg i.B.: Lambertus

Heyden, M.v. & Jungaberle, H. 2018. Psychedelika. In: Heyden, M.v., Jungaberle, H. & Majić, T. (Hrsg.). Handbuch Psychoaktive Substanzen. Wiesbaden: Springer, S. 669–682

Literatur

Heyden, M.v. 2018. Stimulanzien. In: Heyden, M.v., Jungaberle, H. & Majić, T. (Hrsg.). Handbuch Psychoaktive Substanzen. Wiesbaden: Springer, S. 517–536

Heyden, M.v., H. Jungaberle, H. & Majić, T. (Hrsg.) 2018. Handbuch Psychoaktive Substanzen. Wiesbaden: Springer

Heyden, M.v., Jungaberle, H. & Majić, T. 2018. Einführung: Auf dem Weg zu einer transdisziplinären Drug Science. In: Heyden, M.v., Jungaberle, H. & Majić, T. (Hrsg.). Handbuch Psychoaktive Substanzen. Wiesbaden: Springer, S. 33–8

Hilliker, J. K, Grupp, S. & Schmitt, R. 1981. Adult Marijuana Use and Becker's Social Controls. In: The International Journal of the Addictions 6, S. 1009–1030

Hößelbarth, S. 2014. Crack. Freebase. Stein. Konsumverhalten und Konsumstrategien von Konsumenten rauchbaren Kokains. Wiesbaden: Springer VS

Hößelbarth, S. 2024. Konsumverhalten und Kontrollstrategien von Crackkonsumierenden. In: Feustel, R., Schmidt-Semisch, H. & Bröckling, U. (Hrsg.), Handbuch Drogen in sozial- und kulturwissenschaftlicher Perspektive, 2., vollständig überarbeitete und ergänzte Auflage. Wiesbaden: Springer VS, S. 749–768

Hoch, E., Friemel, C.N. & Schneider, M. (Hrsg.) 2019. Cannabis. Potenzial und Risiko. Eine wissenschaftliche Bestandsaufnahme. Berlin unmd Heidelberg: Springer

Hoffer, L. 2020. The Fuzzy Boundaries Of Illegal Drug Markets And Why They Matter. In. Pickard, H. & Ahmed, S.H. (Hrsg.), The Routledge Handbook of Philosophie and Sciences of Addiction. London und New York: Routledge, S. 229–239

Hoffmann, A. 2012. Drogenkonsum und -kontrolle. Zur Etablierung eines sozialen Problems im ersten Drittel des 20. Jahrhunderts. Wiesbaden: VS Verlag

Hoffmann, A. 2024. Die ‚Kokain-Welle' im Deutschland der 1920er Jahre. In: Feustel, R., Schmidt-Semisch, H. & Bröckling, U. (Hrsg.), Handbuch Drogen in sozial- und kulturwissenschaftlicher Perspektive, 2., vollständig überabeitete und ergänzte Auflage. Wiesbaden: Springer VS, S. 61–75

Hofmann, A. 1979. LSD – Mein Sorgenkind. Stuttgart: Klett Cotta

Holst, J. 2022. Biomedizinische Perspektive. In: Bundeszentrale für gesundheitliche Aufklärung (BZgA) (Hrsg.), Leitbegriffe der Gesundheitsförderung und Prävention. Glossar zu Konzepten, Strategien und Methoden. URL: https://doi.org/10.17623/BZGA:Q4-i00 6-2.0 (Zugegriffen 05.12.2023)

Holstein, J. A., G. Miller. 1997. Introduction: Social Problems as Work. In: Miller, G. & Holstein, J. (Eds.), Social Problems in Everyday Life: Studies of Social Problems Work. Greenwich

Holzer, H. 2007. Die Geburt der Drogenpolitik aus dem Geist der Rassenhygiene. Deutsche Drogenpolitik von 1933 bis 1972. Norderstedt: Books on Demand

Hönekopp, I. & Stöver, H. (Hrsg.) 2011. Beispiele guter Praxis in der Substitutionsbehandlung. Freiburg i.B.: Lambertus

Hunold, D., Dangelmaier, T. & Brauer, E. 2012. Soziale Ordnung und Raum – Aspekte polizeilicher Raumkonstruktion. In. Soziale Probleme 32, S. 19–44

Husak, D. & de Marneffe, P. 2005. The Legalization of Drugs. Cambridge: Cambridge University Press

Illich, I. 1995. Die Nemesis der Medizin. Die Kritik der Medikalisierung des Lebens. München: Fischer

Inciardi, J. 1999. The Drug Legalization Debate. 2. Edition. London u. a.: Sage Publications

J.G.H. 1975 [1719]. Das beliebte und gelobte Kräutlein Toback oder Allerhand auserlesene historischen Merckwürdigkeiten vom Ursprung/Beschaffenheit/Würckung, sonderbaren Nutzen, Gebrauch und Missbrauch des Tobacks, aus Berühmter Männer Schrifften gesammlet, und allen seinen Liebhabern zur ergötzenden Vergnügung und Zeitvertreib mitgetheilet von J.G.H. Leipzig: Zentralantiquariat der DDR

Jay, M. 2011. High Society. Eine Kulturgeschichte der Drogen. Darmstadt: Primus Verlag

Jenss, A. 2016. Grauzonen staatlicher Gewalt. Staatlich produzierte Unsicherheit in Kolumbien und Mexiko. Bielefeld: transcript

Johnstad, P. G. 2018. Powerful substances in tiny amounts: An interview study of psychedelic microdosing. In: Nordic Studies on Alcohol and Drugs 35, S. 39–51

Jungaberle, H., Biedermnann, N., Nott, J., Zeuch, A & Heyden, M.v. 2018. Salutogene und nicht-pathologische Formen von Substanzkonsum. In: Heyden, M.v., Jungaberle, H. & Majić, T. (Hrsg.). Handbuch Psychoaktive Substanzen. Wiesbaden: Springer, S.175–196

Jungheinrich, E. & Villalobos, M. (2023). Mexiko: Frauen fallen dem Drogenkrieg zum Opfer. URL: https://www.boell.de/de/2023/05/05/mexiko-frauen-fallen-dem-drogenkrieg-zum-opfer-die-traurige-wahrheit-des-gewaltsamen, Zugriff: 05.12.2023

Kammersgaard, T. 2020. Being 'in place', being 'out of place': Problematising marginalised drug users in two cities. In: International Journal of Drug Policy 75, article 102589

Kamphausen, G. & Werse, B. 2021. MoSyD Szenestudie 2020. Die offene Drogenszene in Frankfurt am Main. Goethe Universität Frankfurt a. M., Centre for Drug Research

Kappenberg, B. & Krell, W. (Hrsg.) 2016. Wenn Inhaftierung die Lebenssituation prägt. Lokale Unterstützungsangebote und Online-Beratung für Angehörige. Freiburg i.B.: Lambertus

Kardorff, e. V. 2010. Stigmatisierung, Diskriminierung und Exklusion psychisch kranker Menschen Soziologische Anmerkungen zu einer ärgerlichen gesellschaftlichen Tatsache und einem fortlaufenden Skandal. In Kerbe 4/2010, S. 4–7

Kellog, S. 1993. Identity and Recovery. In: Psychotherapy 30, S. 235–244

Kelly, R., Hastings, J. & West, R. 2022. How an Addiction Ontology can Unify Competing Conceptualizations of Addiction. London und New York: Routledge

Kemmesies, U. 1993. Zur (V)Er(un)möglichung akzeptierender Drogenarbeit. In: Wiener Zeitschrift für Suchtforschung 2, S. 55–62

Kemmesies, U. E. 2004. Zwischen Rausch und Realität. Drogenkonsum im bürgerlichen Milieu. Wiesbaden: VS Verlag

Kiefer, D. 2023. Crackkonsum und Hilfsangebote in Hamburg. Situationsbeschreibung und Herausforderungen aus Sicht der Verwaltung. In: rausch – Wiener Zeitschrift für Suchttherapie 12 (3), S. 76–82

Klaus, L. & O'Reilly, M. 2023. Institutionelle Exklusion: Akzeptierende Drogenarbeit und Alltagsräume marginalisierter Drogenuser*innen. In: Hunold, D., Brauer, E. & Gangelmaier, T. (Hrsg.), Stadt. Raum. Institution. Wiesbaden: Springer VS, S. 139–151

Klaus, L. 2024. Drogen und Racial Profiling. Wie die Polizei das Bild des „Schwarzen Dealers" konstruiert. In: Feustel, R., Schmidt-Semisch, H. & Bröckling, U. (Hrsg.), Handbuch Drogen in sozial- und kulturwissenschaftlicher Perspektive, 2., vollständig überabeitete und ergänzte Auflage. Wiesbaden: Springer VS, S. 629–644

Klingemann, H. & Sobell, L. (Hrsg.) 2006. Selbstheilung von der Sucht. Wiesbaden: VS Verlag

Klingemann, H. & Zulewska, J. 2006: Selbstheilungsfreundliches und selbstheilungsfeindliches Gesellschaftsklima – Konsequenzen für die Suchtpolitik. In: Klingemann, H. & Sobell, L.C. (Hrsg.), Selbstheilung von der Sucht. Wiesbaden: VS Verlag, S. 197–230

Klingemann, H. 2021. Sucht. Selbstheilung ist möglich, 3. Auflage. Lengerich: Pabst Science Publishers

Köhler, T. & Grau, H. 2021. Kokain abseits von pathologischem Konsum. Eine systematische Literaturübersicht. In: Suchttherapie 22, S. 124–131

Kolte, B. & Schmidt-Semisch, H. 2024. Kontrollierter Drogenkonsum. Ein prekäres Paradigma? In: Feustel, R., Schmidt-Semisch, H. & Bröckling, U. (Hrsg.), Handbuch Drogen in sozial- und kulturwissenschaftlicher Perspektive, 2., vollständig überabeitete und ergänzte Auflage. Wiesbaden: Springer VS, S. 199–218

Körkel, J. 2005. Rückfallprophylaxe mit Alkohol- und Drogenabhängigen. In: Dollinger, B. & Schneider, W. (Hrsg.), Sucht als Prozess. Sozialwissenschaftliche Perspektiven für Forschung und Praxis. Berlin: VWB, S. 307–320

Körkel, J. 2015. Kontrolliertes Trinken bei Alkoholkonsumstörungen: Eine systematische Übersicht. In: Sucht 61, S. 147–174

Körkel, J. 2020. 10-Schritte-Programm zum Kontrollierten Trinken. Ein Selbstlernmanual zur Alkoholtrinkmengenreduktion, 4. Aufl. Heidelberg: Quest Akademie

Kostrzewa, R. 2018. Stigmatisierung und Selbststigmatisierung im Kontext von Suchterkrankungen Ein veränderbarer Teufelskreis? In: Konturen online. Fachportal zu Sucht und sozialen Fragen. https://www.konturen.de/fachbeitraege/stigmatisierung-und-selbststigmatisierung-im-kontext-von-suchterkrankungen/ (Zugegriffen: 05.12.2023)

Kretschmann, A. & Legnaro, A. 2024. Drogen als Medien von Distinktion: Eine bourdieusche Perspektive. In: Feustel, R., Schmidt-Semisch, H. & Bröckling, U. (Hrsg.), Handbuch Drogen in sozial- und kulturwissenschaftlicher Perspektive, 2., vollständig überabeitete und ergänzte Auflage. Wiesbaden: Springer VS, S. 351–366

Krollpfeifer, K. 1997. Die Rituale der Ecstasy-Szenen: Wegweiser zu einer alternativen Form von Drogenkontrolle. In: Neumeyer, J. & Schmidt-Semisch, H. (Hrsg.), Ecstasy – Design für die Seele? Freiburg i.B.: Lambertus, S. 85–96

Kulesza, M., Matsuda, M., Ramirez, J., Werntz, A., Teachman, B. & Lindgren, K. 2016. Towards greater understanding of addiction stigma: Intersectionality with race/ethnicity and gender. In: Drug and Alcohol Dependence 169, S. 85–91

La Barre, W. 1982. Peyotegebrauch bei nordamerikanischen Indianern. In: Völger, G. & Welck, K.v. (Hrsg.), Rausch und Realität. Eine Kulturgeschichte der Drogen, Band 2. Reinbek: Rowohlt, S. 816–821

Laclau, E. & Mouffe, C. 2012. Hegemonie und radikale Demokratie. Zur Dekonstruktion des Marxismus. Wien

Ladewig, D., Hobi, V., Kleiner, D,. Dubacher, H. & Faust, V. 1983. Drogen unter uns. Medizinische, psychologische, soziale und juristische Aspekte des Drogenproblems unter Berücksichtigung des Alkohol- und Tabakkonsums. Basel et al.: Karger

Laging, M. 2020. Soziale Arbeit in der Suchthilfe. Grundlagen – Konzepte – Methode. Stuttgart: Kohlhammer

Lea, T., Amada, N. & Jungaberle, H. 2020. Psychedelic Microdosing: A Subreddit Analysis. In: Journal of Psychoactive Drugs 52, S. 101–112

Legnaro, A 1982. Alkoholkonsum und Verhaltenskontrolle – Bedeutungswandel zwischen Mittelalter und Neuzeit in Europa. In: Völger, G. & Welck, K.v. (Hrsg.), Rausch und Realität. Eine Kulturgeschichte der Drogen, Band 1. Reinbek: Rowohlt, S. 153–176

Legnaro, A. & Klimke, D. 2022. Einleitung: Raum und Sicherheit. In: Legnaro, A. & Klimke, D. (Hrsg.), Kriminologische Diskussionstexte II. Kontrollieren und Überwachen. Wiesbaden: Springer VS, S. 159–176

Legnaro, A. 1991. Rausch und Sucht als Kulturphänomen. In: Ministerium für Arbeit, Gesundheit und Soziales in NRW (Hrsg.), Prävention zwischen Genuss und Sucht. Dokumentation eines Symposiums in Köln, 14. und 15.3.1990. Herten, S. 21–32

Legnaro, A. 2018. Drogen – Strafrecht – Herrschaft. In: Kastenbutt, B., Legnaro, A. & Schmieder, A. (Hrsg.), Drogenkonsum zwischen Repression und Kontrolle. Münster und Berlin: Lit-Verlag, S. 21–38

Legnaro, A. 2024. Kleine Soziologie des Rauschs. In: Feustel, R., Schmidt-Semisch, H. & Bröckling, U. (Hrsg.), Handbuch Drogen in sozial- und kulturwissenschaftlicher Perspektive, 2., vollständig überabeitete und ergänzte Auflage. Wiesbaden: Springer VS, S. 29–43

Levine, H. G. (1982a). Mäßigkeitsbewegung und Prohibition in den USA. In: Völger, G. & Welck, K.v. (Hrsg.), Rausch und Realität. Eine Kulturgeschichte der Drogen, Band 1. Reinbek: Rowohlt, S. 241–251

Levine, H. G. (1982b). Die Entdeckung der Sucht –Wandel der Vorstellungen von Trunkenheit in Nordamerika. In: Völger, G. & Welck, K.v. (Hrsg.), Rausch und Realität. Eine Kulturgeschichte der Drogen, Band 1. Reinbek: Rowohlt, S. 212–224

Lewin, L. 1980/1927. Phantastica. Die betäubenden und erregenden Genussmittel. Für Ärzte und Nichtärzte. Linden: Volksverlag (Vollständige Neuauflage der Ausgabe von 1927)

Lindesmith, A. R. 1938. A Sociological Theory of Drug Addiction. In: The American Journal of Sociology 4, S. 593–609

Lovell, J. 2012. The Opium War: Drugs, Dreams and the Making of China. London: Picador Books

Luck-Sikorski, C. 2017: Stigmatisierung und internalisiertes Stigma bei Adipositas. Interventionsmöglichkeiten. In: Rose, L. & Schorb, F. (Hrsg.), Fat Studies in Deutschland. Hohes Körpergewicht zwischen Diskriminierung und Anerkennung. Weinheim und Basel: BeltzJuventa, S. 86–96

Luik, J. C. 1996. „I Can't HELP Myself". Addiction as Ideology. In: Human Psychopharmacology 11: S. 21–32

MacCoun, R. & Reuter, P. 2008. The implicit rules of evidence-based drug policy: A U.S. perspective. In: International Journal of Drug Policy 19, S. 231–232

Mahamad S., Wadsworth, E., Rynard, V., Goodman, S. & Hammond, D. 2020. Availability, retail price and potency of legal and illegal cannabis in Canada after recreational cannabis legalisation. In: Drug and Alcohol Review 39, S. 337–346

Maihold, G. (2015). Internationales Drogenregime in der Bewährung Herausforderungen durch die drogenpolitische Reformdebatte in Lateinamerika. In: Vereinte Nationen 63, No 2 (Schwerpunkt: UN-Polizeiarbeit), S. 72–87

Manthay, J., Jacobsen, B., Hayer, T. et al. 2023. The impact of legal cannabis availability on cannabis use and health outcomes: A systematic review. International Journal of Drug Policy 116, 104039

Maritsch, F. & Uhl, A. 1989. Kaffee und Tee. In: Scheerer, S. & Vogt, I. (Hrsg.), Drogen und Drogenpolitik. Ein Handbuch. Frankfurt a. M. und New York: Campus Verlag, S. 159–189

Marlatt, G.A. 1978. Behavioral Assessment of social drinking and alcoholism. In: Marlatt, G.A. & Nathan, P.E. (Hrsg.), Behavioral approaches to Alcoholism. New Brunswick: Rutgers Center for Alcohol Studies

Marzahn, C. 1994. Plädoyer für eine gemeine Drogenkultur. In: Ders., Bene Tibi. Über Genuß und Geist. Bremen: Edition Temmen, S. 9–52

McCoy, A. W. 2003. The Politics of Heroin: CIA Complicity in the Global Drug Trade, Afghanistan, Southeast Asia, Central America. Chicago: Lawrence Hill Books

McGirr, L. 2016. The War on Alcohol: Prohibition and the Rise of the American State. New York: W. W. Norton

Miron, J. & Partin, E. 2021. Ending the War on Drugs Is an Essential Step Toward Racial Justice. In: The American Journal of Bioethics 21 (4), S. 1–3

Mithoefer, M.,Wagner, M. T., Mithoefer, A. T., Jerome, L., Martin, S. F., Yazar-Klosinski, B., et al. 2013. Durability of improvement in post-traumatic stress disorder symptoms and absence of harmful effects or drug dependency after 3,4-methylenedioxymethamphetamine-assisted psychotherapy: A prospective longterm follow-up study. In: Journal of Psychopharmacology, 27(1), S. 28–39

Moebius, S. & Quadflieg, D. 2011. Kulturtheorien der Gegenwart – Heterotopien der Theorie. In: Dies. (Hrsg.), Kultur. Theorien der Gegenwart. Wiesbaden: VS-Verlag, S. 11–18

Moeller, K. & Sandberg, S. 2019. Putting a Price on Drugs: An Economic Sociological Study of Price Formation in Illegal Drug Markets. In: Criminology 57, S. 289–313

Mugford, S. 1994. Recreational Cocaine Use in Three Australian Cities. In: Addiction Research 2, S. 95–108

Müller, C. P. & Schumann, G. 2011. Drugs as instruments: A new framework for non-addictive psychoactive drug use. In: Behavioral and Brain Sciences 34, S. 293–310

Müller, O., Werse, B. & Bernard, C. 2009. MoSyD Szenestudie. Die offene Drogenszene in Frankfurt am Main 2008. Frankfurt a. M.: Goethe-Universität, Centre for Drug Research

Murphy, S., Waldorf, D. & Lauderback, D. 1994. Middle Class Cocaine Sellers: Self-Reported Reasons for Stopping Sales, In: Addiction Research 2, S. 109–126

Murphy, S., Waldorf, D. & Reinarman, C. 1990. Drifting into Dealing: Becoming a Cocaine Seller. In: Qualitative Sociology 13, S. 321–343

Murphy, S., Waldorf, D. & Reinarman, C. 1990. Drifting into Dealing. Wie man Kokainverkäufer wird. In: Neumeyer, J. & Schmidt-Semisch, H. (Hrsg.), Ecstasy – Design für die Seele? Freiburg i.B.: Lambertus, S. 127–147

Naber, D. & Haasen, C. 2006. Das bundesdeutsche Modellprojekt zur heroingestützten Behandlung Opiatabhängiger – eine multizentrische, randomisierte, kontrollierte Therapiestudie. Abschlussbericht der klinischen Vergleichsstudie zur Heroin- und Methadonbehandlung. Hamburg: Universität Hamburg

Nadelmann, E. 1990. Global Prohibition Regimes. The Evolution of Norms in International Society. In: International Organization 44, S. 479–526

Netter, D. & Steinmetz, F. P. 2024. Renaissance der Psychedelika. In: Feustel, R., Schmidt-Semisch, H. & Bröckling, U. (Hrsg.), Handbuch Drogen in sozial- und kulturwissenschaftlicher Perspektive, 2., vollständig überarbeitete und ergänzte Auflage. Wiesbaden: Springer VS, S. 219–234

Neumeier, E. & Kühnl, R. 2023. Crack- und Kokainkonsum und Marktentwicklungen in Deutschland und Europa – Ergebnisse einer Trendspotteruntersuchung des National Early Warning Systems (NEWS). In: rausch – Wiener Zeitschrift für Suchttherapie 12 (3), S.23–29

Neumeyer, J. 1997. Die Enfants terribles der Drogenpolitik. Interviews mit Dealern und einem Produzenten In: Neumeyer, J. & Schmidt-Semisch, H. (Hrsg.), Ecstasy – Design für die Seele? Freiburg i.B.: Lambertus, S. 119–147

Newton, D.E. 2017. Marijuana. A Reference Handbook, 2. Edition. Santa Barbara: ABC-Clio

Nichols D. 1986. Differences between the mechanism of action of MDMA, MBDB and the classic hallucinogens. Identification of a new therapeutic class: Entactogens. In: Journal of Psychoactive Drugs 18, S. 305–311

Niemz, J. & Singelnstein, T. 2022. Racial Profiling als polizeiliche Praxis. In: Hunold, D. & Singelnstein, T. (Hrsg.), Rassismus in der Polizei. Eine wissenschaftliche Bestandsaufnahme. Wiesbaden: Springer VS, S. 337–358

Nilson-Giebel, M. 1981. Drogenerziehung – Erziehung wozu? In: Völger, G. & Welck, K.v. (Hrsg.), Rausch und Realität. Eine Kulturgeschichte der Drogen, Band 3. Reinbek: Rowohlt, S. 1293–1316

Nöcker, G. 1990. Von der Drogen- zur Suchtprävention – Bestandsaufnahme, Kritik und Perspektiven. Düsseldorf: Ministerium für Arbeit, Gesundheit und Soziales NRW

Nöcker, G. 1991. Richtungswechsel – Über die Notwendigkeit einer inhaltlichen Neuorientierung der Suchtprävention. In: Ministerium für Arbeit, Gesundheit und Soziales in NRW (Hrsg.), Prävention zwischen Genuss und Sucht. Dokumentation eines Symposiums in Köln, 14. und 15.3.1990. Herten, S. 161–174

Nolte, F. 2007. „Sucht" – zur Geschichte einer Idee. In: Dollinger, B. & Schmidt-Semisch, H. (Hrsg.), Sozialwissenschaftliche Suchtforschung. Wiesbaden: VS-Verlag, S. 47–58

Nolte, F. 2024. „Sucht" und „Nüchternheit". Zur Kultur- und Ideengeschichte der Moderne. In: Feustel, R., Schmidt-Semisch, H. & Bröckling, U. (Hrsg.), Handbuch Drogen in sozial- und kulturwissenschaftlicher Perspektive, 2., vollständig überabeitete und ergänzte Auflage. Wiesbaden: Springer VS, S. 157–167

Notley, C., West, R., Soar, K., Hastings, J. & Cox, S. 2022. Toward an ontology of identity-related constructs in addiction, with examples from nicotine and tobacco research. In: Addiction 118, S. 548–557

Nyberg, F. 2024. „Opfer der Seuche": Afroamerikanische Perspektiven auf die Ge-schichte von Drogen und Rassismus in den USA. In: Feustel, R., Schmidt-Semisch, H. & Bröckling, U. (Hrsg.), Handbuch Drogen in sozial- und kulturwissenschaftlicher Perspektive, 2., vollständig überabeitete und ergänzte Auflage. Wiesbaden: Springer VS, S. 615–627

Oehen, P., Traber, R., Widmer, V., & Schnyder, U. 2013. A randomized, controlled pilot study of MDMA (+/− 3,4-methylenedioxymethamphetamine)-assisted psychotherapy for treatment of resistant, chronic Post-Traumatic Stress Disorder (PTSD). Journal of Psychopharmacology 27(1), S. 40–52

Ohler, N. 2023. Der stärkste Stoff. Psychedelische Drogen: Waffe. Rauschmittel. Medikament. Köln: Kieperheuer & Witsch

Ohler, N. 2024. Nationalsozialismus in Pillenform: Der Aufstieg des Stimulanzmittels Pervitin im „Dritten Reich". In: Feustel, R., Schmidt-Semisch, H. & Bröckling, U. (Hrsg.),

Handbuch Drogen in sozial- und kulturwissenschaftlicher Perspektive, 2., vollständig überabeitete und ergänzte Auflage. Wiesbaden: Springer VS, S. 77–86

Owusu-Bempah, A., Wortley, S., Shlapak, R. & Lake, N. 2021. Impact of Cannabis Legalization on Youth Contact with the Criminal Justice System. Canadian Centre on Substance Use and Addiction, CCSA. URL: https://www.ccsa.ca/impact-cannabis-legalization-youth-contact-criminal-justice-system. (Zugegriffen: 16.06.2024)

Peele, S. 1977. Redefining Addiction. Making Addiction a Scientifically and Socially Useful Concept, in: International Journal of Health Services 7, S. 103–124

Peele, S. 1989. Diseasing of America. Addiction treatment out of control. Lexington: Houghton Mifflin

Peele, S. 1998. The Meaning of Addiction. An Unconventional View. San Francisco: Jossey-Bass Publishers

Peele, S., & Brodsky, A. 1992. The Truth About Addiction and Recovery. New York u. a.: Simon & Schuster

Pickard, H. & Ahmed, S.H. (Hrsg.) 2020. The Routledge Handbook of Philosophie and Sciences of Addiction. London und New York: Routledge

Pickard, H. 2020. The Puzzle of Addiction. In: Pickard, H. & Ahmed, S.H. (Eds.), The Routledge Handbook of Philosophie and Sciences of Addiction. London und New York: Routledge, S. 9–22

Pineiro, E., Pasche, N. & Locher, N. 2021. Die ‚Care-Seite' der Repression: Konjunkturen eines akzeptanzorientierten Policing von Drogenkonsum in öffentlichen Räumen. In: Suchtmagazin 47, H. 3/4, S.27–30

Pop, I. & Dinkelacker, J. 2023. Microdosing psychedelics: Does it have an impact on emodiversity? In: Journal of Psychedelic Studies, 7(1), S. 29–35

Prepeliczay, S. & Schmidt-Semisch, H. 2021. 'Tolerance Zones': A pragmatic approach to respond to problems related to open alcohol and drug scenes in Bremen/Germany. In: Drugs and Alcohol Today, 21, S. 225–235

Prepeliczay, S. 2024. Freizeitgebrauchs von LSD und Psilocybin-Pilzen. In: Feustel, R., Schmidt-Semisch, H. & Bröckling, U. (Hrsg.), Handbuch Drogen in sozial- und kulturwissenschaftlicher Perspektive, 2., vollständig überabeitete und ergänzte Auflage. Wiesbaden: Springer VS, S. 663–682

Prepeliczay, S. 2016. Motivationen und Morphologie des Freizeitgebrauchs von Psychedelika (LSD, Psilocybin-Pilze). Eine qualitative Interview-Studie. Dissertation Universität Bremen

Quensel, S. 1980. Unsere Einstellung zur Droge. In: Kriminologisches Journal 12, S. 1–16

Quensel, S. 1982. Drogenelend. Frankfurt a. M. und New York: Campus Verlag

Quensel, S. 2010. Das Elend der Suchtprävention. Analyse – Kritik – Alternative. Wiesbaden: Springer VS

Reinarman, C. 2005. Sucht als Errungenschaft. Die diskursive Konstruktion gelebter Erfahrung. In Dollinger, B. & Schneider, W. (Hrsg.), Sucht als Prozess. Sozialwissenschaftliche Perspektiven für Forschung und Praxis. Berlin: VWB, S. 23–42

Robert Koch-Institut (RKI) 2016. Abschlussbericht der Studie „Drogen und chronischen Infektionskrankheiten in Deutschland" (DRUCK-Studie). Berlin. https://www.rki.de/DE/Content/InfAZ/H/HIVAIDS/Studien/DRUCK-Studie/Abschlussbericht.pdf?__blob=publicationFile (Zugegriffen: 05.12.2023)

Rogeberg, O. 2015. Drug policy, values and the public health approach – four lessons from drug policy reform movements. In: Nordic Studies on Alcohol and Drugs 32, S. 347–364

Rosenbaum, M., Morgan, P. & Beck, J.E. 1997. „Auszeit". Ethnographische Notizen zum Ecstasy-Konsum Berufstätiger. In: Neumeyer, J. & Schmidt-Semisch, H. (Hrsg.), Ecstasy – Design für die Seele? Freiburg: Lambertus, S. 73–84

Rosenkranz, M. 2024. Kontrollierter Konsum amphetaminartiger Stimulanzien. Eine quantitative Studie aus fünf europäischen Ländern. In: Feustel, R., Schmidt-Semisch, H. & Bröckling, U. (Hrsg.), Handbuch Drogen in sozial- und kulturwissenschaftlicher Perspektive, 2., vollständig überabeitete und ergänzte Auflage. Wiesbaden: Springer VS, S. 769–787

Rosenkranz, M., O'Donnell, A., Martens, M., Zurhold, H., Degwitz, P., Liebregts, N., Bartàk, M., Rowicka, M. & Vertheim, U. 2023. Individual, Social, and Environmental Factors Associated with Different Patterns of Stimulant Use: A Cross-Sectional Study from Five European Countries. In: Eurpean Addiction Research. (Online first), S. 1–12

Rubin, C & Sidler, L. 2021. Die SIP der Stadt Luzern als Akteurin der vermittelnden Sozialarbeit. Arbeitsfeld Intervention und Prävention im öffentlichen Raum. In: Krebs, M., Mäder, R. & Mezzera, T. (Hrsg.), Soziale Arbeit und Sucht. Eine Bestandsaufnahme. Wiesbaden: Springer VS, S. 231–245

Rubin-Kahana, D., Crépault, J.-F., Matheson, J. & Le Foll, B. 2022. The impact of cannabis legalization for recreational purposes on youth: A narrative review of the Canadian experience. In: *Frontiers in Psychiatry* 13. URL: https://www.frontiersin.org/articles/https://doi.org/10.3389/fpsyt.2022.984485/full. (Zugegriffen: 05.12.2023)

Rubscheit, S. 2022: „Sucht" aus körpersoziologischer Perspektive. Wiesbaden: Springer VS

Rubscheit, S. 2024. Körper. Sucht. Leib. Die körpersoziologische Perspektive. In: Feustel, R., Schmidt-Semisch, H. & Bröckling, U. (Hrsg.), Handbuch Drogen in sozial- und kulturwissenschaftlicher Perspektive, 2., vollständig überabeitete und ergänzte Auflage. Wiesbaden: Springer VS, S. 367–380

Ruch, A. 2022. Rechtlicher Schutz vor polizeilicher Diskriminierung aus rassistischen Gründen. In: Hunold, D. & Singelnstein, T. (Hrsg.), Rassismus in der Polizei. Eine wissenschaftliche Bestandsaufnahme. Wiesbaden: Springer VS, S. 83–106

Rücker, G. & Bitzer, L. 2023. Rausch. Was wir über Drogen wissen müssen und wie ihr Konsum sicherer werden kann. München: Mosaik Verlag

Rumpf, H.-J. & Kiefer, F. 2011. DSM-5: Die Aufhebung der Unterscheidung von Abhängigkeit und Missbrauch und die Öffnung für Verhaltenssüchte. In: Sucht 57, S. 45–48

Rumpf, H.-J. & Mann, K. 2015. ICD-11: Was können wir für Suchtforschung und Suchttherapie erwarten? In: Sucht 61, S. 123–125

Rumpf, H.-J. 2012. Die Grenzen des Suchtbegriffs. In: Sucht 58, S. 81–83

Salis Gross, C., Schnoz, D., Hungerbühler, I., Labhart, F. & Gmel, G. 2011. Trinkerszenen im öffentlichen Raum: ein Städtevergleich. In: SuchtMagazin (1), S.34–37

Sandgruber, R. 1986. Bittersüße Genüsse. Kulturgeschichte der Genussmittel. Wien u.a.: Böhlau-Verlag

Sandmann, J & Knapp, N. 2018. Mehr Familie wagen – die längst überfällige Familienorientierung im Strafvollzug. In: Maelicke, B. & Suhling, S. (Hrsg.), Das Gefängnis auf dem Prüfstand. Zustand und Zukunft des Strafvollzugs. Wiesbaden: Springer, S. 175–194

Schabdach, M. 2009. Soziale Konstruktionen des Drogenkonsums und Soziale Arbeit. Historische Dimensionen und aktuelle Entwicklungen. Wiesbaden: VS Verlag

Literatur

Scheerer, S. 1982. Die Genese der Betäubungsmittelgesetze in der Bunderepublik Deutschland und in den Niederlanden. Göttingen: Verlag Otto Schwartz & Co

Scheerer, S. 1986. Autonomer Drogengebrauch statt Strafjustiz. In: Ortner, H. (Hrsg.), Freiheit statt Strafe. Plädoyers für die Abschaffung der Gefängnisse. 2., erweiterte Auflage. Tübingen: AS Verlag, S. 110–119

Scheerer, S. 1989. Heroinszene. In: Scheerer, S. & Vogt, I. (Hrsg.), Drogen und Drogenpolitik. Ein Handbuch. Frankfurt a. M. und New York: Campus Verlag, S. 285–299

Scheerer, S. 1995. Sucht. Reinbek: Rowohlt

Scheerer, S. 2002: Kritische Kriminologie und Drogenarbeit. In: Anhorn, R. & Bettinger, F. (Hrsg.), Kritische Kriminologie und soziale Arbeit. Impulse für professionelles Selbstverständnis und kritisch-reflexive Handlungskompetenz. Weinheim und München: Juventa, S.111–124

Scheerer, S. 2024. Kokain als Türöffner. In: Feustel, R., Schmidt-Semisch, H. & Bröckling, U. (Hrsg.), Handbuch Drogen in sozial- und kulturwissenschaftlicher Perspektive, 2., vollständig überarbeitete und ergänzte Auflage. Wiesbaden: Springer VS, S. 473–491

Scherbaum, N. 2019. Das Drogentaschenbuch. Stuttgart und New York: Georg Thieme Verlag

Schetsche, M. & Schmidt, R. (Hrsg.) 2016. Rausch, Trance, Ekstase. Zur Kultur psychischer Ausnahmezustände. Bielefeld: transcript Verlag

Schetsche, M. 2007. Sucht in wissenssoziologischer Perspektive. In: Dollinger, B & Schmidt-Semisch, H. (Hrsg.), Sozialwissenschaftliche Suchtforschung. Wiesbaden: Springer VS, S. 113–130

Schetsche, M. 2014. Empirische Analyse sozialer Probleme. Das wissenssoziologische Programm. Wiesbaden: VS Verlag

Schildower Kreis e. V., Werse, B., Dewitz, C.v., Stallwitz, A., Kamphausen, G., Steinmetz, F. & Mohrdiek, H. 2023. Stellungnahme zum Referentenentwurf des Cannabisgesetzes (CanG). URL: https://schildower-kreis.de/stellungnahme-cang/ (Zugegriffen: 05.12.2023

Schippers, G. & Cramer, E. 2002. Kontrollierter Gebrauch von Heroin und Kokain. In: Suchttherapie 3, S. 71–80

Schivelbusch, W. 1990. Das Paradies, der Geschmack und die Vernunft. Eine Geschichte der Genussmittel. Frankfurt a. M.: Suhrkamp

Schmidt-Semisch, H. & Dollinger, B. 2018. Sozialwissenschaftliche Perspektiven auf Drogen und Sucht. In: Heyden, M.v., Jungaberle, H. & Majić, T. (Hrsg.). Handbuch Psychoaktive Substanzen. Wiesbaden: Springer, S. 33–40

Schmidt-Semisch, H. & Dollinger, B. 2022. Sucht. In: Gugutzer, R., Klein, G. & Meuser, M. (Hrsg.), Handbuch Körpersoziologie, Band 1, 2. Auflage. Wiesbaden: Springer VS, S. 163–197

Schmidt-Semisch, H. & Nolte, F. 2000. Drogen. Hamburg: Rotbuch

Schmidt-Semisch, H. & Thane, K. 2021. Moderne Drogenpolitik aus der Perspektive von Public Health. In: SuchtMagazin 47 (3 & 4), S. 12–16

Schmidt-Semisch, H. & Wehrheim, J. 2007. Exkludierende Toleranz oder: Der halbierte Erfolg der „akzeptierenden Drogenarbeit". In: Widersprüche 103, S. 73–92

Schmidt-Semisch, H. & Wehrheim, J. 2010. Urbane Kontroll- und Drogenpolitik. In: Gillich, S. & Nagel, S. (Hrsg.), Von der Armenhilfe zur Wohnungslosenhilfe – und zurück? Gründau-Rothenbergen: TRIGA, S. 139–149

Schmidt-Semisch, H. (2000). Selber Schuld. Skizzen versicherungsmathematischer Gerechtigkeit. In: Bröckling, U., Krasmann, S. & Lemke, T. (Hrsg.), Gouvernementalität der Gegenwart. Frankfurt a.M: Suhrkamp, S.168–193

Schmidt-Semisch, H. 1990. Überlegungen zu einem legalen Zugang zu Heroin für alle. In: Kriminologisches Journal 22, S. 122–139

Schmidt-Semisch, H. 1994. Die prekäre Grenze der Legalität. DrogenKulturGenuss. München: AG SPAK

Schmidt-Semisch, H. 1998. Ecstasy: Die Droge der 90er-Jahre? In: Gros, H. (Hrsg.), Rausch und Realität. Eine Kulturgeschichte der Drogen, Band 3. Stuttgart u.a.: Klett, S. 136–151

Schmidt-Semisch, H. 2002. Kriminalität als Risiko. Schadenmanagement zwischen Strafrecht und Versicherung. München: Gering Akademie Verlag

Schmidt-Semisch, H. 2005. Vom Laster zur Modellsucht. Einige Anmerkungen zur Karriere des Tabakproblems. In: Dollinger, B. & Schneider, W. (Hrsg.), Sucht als Prozess. Sozialwissenschaftliche Perspektiven für Forschung und Praxis. Berlin: VWB, S. 123–142

Schmidt-Semisch, H. 2006: Nachahmungseffekte oder: Wie es zum Verbot der Schokoladenzigarette kam. In: Behr, R., Cremer-Schäfer, H. & Scheerer, S. (Hrsg.), Kriminalitäts-Geschichten. Ein Lesebuch über Geschäftigkeiten am Rande der Gesellschaft. Münster: Lit-Verlag, S. 173–178

Schmidt-Semisch, H. 2010. Doing Addiction. Überlegungen zu Risiken und Nebenwirkungen des Suchtdiskurses. In: Paul, B. & Schmidt-Semisch, H. (Hrsg.), Risiko Gesundheit. Über Risiken und Nebenwirkungen der Gesundheitsgesellschaft. Wiesbaden: VS Verlag, S. 143–162

Schmidt-Semisch, H. 2014. Überlegungen zu einer salutogenetisch orientierten Perspektive auf Drogen. In: Schmidt, B. (Hrsg.), Akzeptierende Gesundheitsförderung. Unterstützung zwischen Einmischung und Vernachlässigung. Weinheim: Juventa. S. 207–220

Schmidt-Semisch, H. 2016. „Sucht" als leerer Signifikant: Zur Pathologisierung und Medikalisierung von Alltagsverhalten. In: Anhorn, R. & Balzereit, M (Hrsg.), Handbuch Therapeutisierung und Soziale Arbeit. Wiesbaden: Springer VS, S. 837–852

Schmidt-Semisch, H. 2020. Von der Abstinenz zur Akzeptanz. Wegmarken der deutschen Drogenpolitik und Suchthilfe. In: Aus Politik und Zeitgeschichte 70, H. 49–50, S. 24–30

Schmidt-Semisch, H. 2024. „Sucht". Zur Pathologisierung und Medikalisierung von Alltagsverhalten. In: Feustel, R., Schmidt-Semisch, H. & Bröckling, U. (Hrsg.), Handbuch Drogen in sozial- und kulturwissenschaftlicher Perspektive, 2., vollständig überarbeitete und ergänzte Auflage. Wiesbaden: Springer VS, S. 169–184

Schmidt-Semisch, H., Thane, K. & Stöver, H. 2024. Einleitung: Regulierung von Cannabis. In: Schmidt-Semisch, H., Thane, K. & Stöver, H. (Hrsg.), Mit Cannabis leben. Ein Leitfaden für Konsument:innen, Eltern, Lehrer:innen und Fachkräfte in der Drogenhilfe. Idstein: Fachhochschulverlag, S. 6–13

Schneider, W. & Strauß, B. 2013. Medikalisierung. In: Psychotherapeut 58, S. 117–118

Schneider, W. 2000. Kontrollierter Gebrauch von Cannabisprodukten. Mythos oder Realität? In: Schneider, W., Buschkamp, R. & Follmann, A. (Hrsg.), Cannabis – eine Pflanze mit vielen Facetten. Berlin: VWB, S. 55–80

Schomerus, G. & Rumpf H.-J. 2017. Das Stigma von Suchterkrankungen muss überwunden werden. In: Sucht 63, S. 251–252

Schomerus, G. 2017. Das Stigma von Suchterkrankungen verstehen und überwinden. In: Psychiatrische Praxis 44, S. 249–251

Literatur

Schomerus, G., Bauch, A., Elger, B. et al. 2017. Das Stigma von Suchterkrankungen verstehen und überwinden. In: Sucht 53, S. 253–259

Schopen, A. 1982. Qat im Jemen. In: Völger, G. & von Welck, K. (Hrsg.), Rausch und Realität. Drogen im Kulturvergleich. Band 2. Reinbek: Rowohlt, S. 850–860

Schroers, A. & Schneider, W. 1998. Drogengebrauch und Prävention im Party-Setting. Eine sozial-ökologisch orientierte Evaluationsstudie. Berlin: VWB

Schuller, K. & Stöver, H. 1990. Einleitung. In: Schuller, K. & Stöver, H. (Hrsg.), Akzeptierende Drogenpolitik. Ein Gegenentwurf zur traditionellen Drogenhilfe. Freiburg i.B.: Lambertus, S. 9–13

Schuller, K. 1990. Von Release zur Therapeutischen Kette – und zurück?. In: Schuller, K. & Stöver, H. (Hrsg.), Akzeptierende Drogenarbeit, Freiburg/Br.: Lambertus Verlag, S. 31–51

Selling, P. 1989. Die Karriere des Drogenproblems in den USA. Eine Studie über Verlaufs- und Entstehungsformen sozialer Probleme. Pfaffenweiler: Centaurus-Verlagsgesellschaft

Siegel, R. 1995. Rauschdrogen – Die Sehnsucht nach dem künstlichen Paradies". Frankfurt a. M.: Eichborn

Sievers, H. 2021. Toxic effects and contaminants of important spices. In: Pharmakon 9, S. 313–320

Sigmund, M. 2015. Genuss als Politikum. Kaffeekonsum in beiden deutschen Staaten. Berlin u.a.: Walter de Gruyter GmbH

Sobell, L.C. (2006). Das Phänomen Selbstheilung: Überblick und konzeptionelle Fragen. In: Klingemann, H. & Sobell, L.C. (Hrsg.), Selbstheilung von der Sucht. Wiesbaden: VS Verlag, S. 7-48

Soellner, R. 2000. Abhängig von Haschisch? Cannabiskonsum und psychosoziale Gesundheit. Bern: Hans Huber

Soyka, M. & Baumgärtner, G. 2015. Schweregradeinteilung für Suchterkrankungen im neuen DSM-5. In: Swiss Archives of Neurology ans Psychiatry166, S.45–50

Sperling, S. & Souverein, J. 2019. Auf der anderen Seite ist das Gras viel grüner. Friedrich-Ebert-Stiftung, FES. URL: https://www.fes.de/themenportal-die-welt-gerecht-gestalten/frieden-und-sicherheit/artikel-in-frieden-und-sicherheit/auf-der-anderen-seite-ist-das-gras-viel-gruener-erste-lehren-aus-fuenf-jahren-legalem-cannabis-in-uruguay (Zugegriffen: 05.12.2023)

Spode, H. 1993. Die Macht der Trunkenheit. Kultur- und Sozialgeschichte des Alkohols in Deutschland. Opladen: Leske und Budrich

Spohn, D. 2016. Sucht und Abhängigkeit in der Opioidtherapie nichttumorbedingter chronischer Schmerzen. In: Thomm, M. (Hrsg), Schmerzmanagement in der Pflege. Berlin und Heidelberg: Springer, S. 303–314

Statistisches Bundesamt 2021. Fachserie 10 Reihe 4.1: Rechtspflege. Strafvollzug – Demographische und kriminologische Merkmale der Strafgefangenen zum Stichtag 31.3. Wiesbaden

Stehr, J. 1998. Massenmediale Dealer-Bilder und ihr Gebrauch im Alltag. In: Paul, B. & Schmidt-Semisch, H. (Hrsg.), Drogendealer. Ansichten eines verrufenen Gewerbes. Freiburg i.B.: Lambertus Verlag, S. 94–108

Stein-Hilbers, M. 2007. Selbstreflexive Ansätze in der Drogenforschung. In: In: Dollinger, B. & Schmidt-Semisch, H. (Hrsg.), Sozialwissenschaftliche Suchtforschung. Wiesbaden: VS-Verlag, S. 35–45

Sting, S., C. Blum. 2003. Soziale Arbeit in der Suchtprävention. München: UTB Reinhardt

Stolleis, M 1982. „Vom grewlichen Laster der Trunckenheit" – Trinkverbote im 16. Und 17. Jahrhundert. In: Völger, G. & Welck, K.v. (Hrsg.), Rausch und Realität. Eine Kulturgeschichte der Drogen, Band 1. Reinbek: Rowohlt, S. 177–191

Stolzenburg, S., Tessmer, C., Melchior, H., Schäfer, I. & Schomerus, G. 2017. Selbststigmatisierung und soziale Integration bei Alkoholabhängigkeit. In: Sucht 63, S. 269–275

Stöver, H. (Hrsg.) 1999. Akzeptierende Drogenarbeit: Eine Zwischenbilanz. Freiburg i.B. Lambertus

Stöver, H. 1990. Zum Verhältnis von Drogenpolitik und Drogenarbeit. Ansätze zur Entkriminalisierung und Normalisierung. In: Schuller, K. & Stöver, H. (Hrsg.), Akzeptierende Drogenpolitik. Ein Gegenentwurf zur traditionellen Drogenhilfe. Freiburg i.B.: Lambertus, S. 173–191

Stöver, H. 1992. Drogenarbeit. In: Bauer, R. (Hrsg.), Lexikon des Sozial- und Gesundheitswesens, München und Wien: Oldenbourg Verlag, S. 461–466

Stöver, H. 2024. Soziale Arbeit in der Drogenhilfe: Prävention, Beratung und Behandlung in der Praxis. Stuttgart: Kohlhammer

Stöver, H., O'Reilly, M., Förster, S. & Jurcovic, L. 2019. Nutzende und Nicht-/Nicht-mehr-Nutzende Berliner Drogenkonsumräume im Vergleich. In: Suchttherapie (efirst), S. 1–7

Streck, R. 2016. Nutzung als situatives Ereignis. Eine ethnographische Studie zu Nutzungsstrategien und Aneignung offener Drogenarbeit. Weinheim und Basel: Belz Juventa

Szalavitz, M. 2021. Undoing Drugs. The Untold Story of Harm Reduction and the Future of Addiction. New York: Hachette Books

Tanner, J 2009. ‚Doors of Perception' vs. ‚Mind Control'. Experimente mit Drogen zwischen kaltem Krieg und 1968. In: Griesecke, B., Krause, M., Pethes, N. & Sabsch, K. (Hrsg.), Kulturgeschichte des Menschenversuchs im 20. Jahrhundert. Frankfurt a. M.: Suhrkamp, S. 340–372

Tanner, J. 2024. Subjekt – Substanz – Gesellschaft. Sucht nach 1945. In: In: Feustel, R., Schmidt-Semisch, H. & Bröckling, U. (Hrsg.), Handbuch Drogen in sozial- und kulturwissenschaftlicher Perspektive, 2., vollständig überabeitete und ergänzte Auflage. Wiesbaden: Springer VS, S. 185–198

Täschner, K.-L. 1988. Methadon für Opiatsüchtige – zum Stand der Diskussion. Sonderdruck des Informationskreises Drogenprobleme e. V. In: Ärzteblatt Baden-Württemberg 6/88

Taylor, S., Berridge, V. & Mold, A. 2016. WHO expert committees and key concepts for drugs, alcohol, and tobacco, 1949-2013. In: Hellman, M., Berridige , V., Duke, K. & Mold,A. (Hrsg.), Concepts of Addictive Substances and Behaviours across Time and Place. Gorport, Hamshire: Ashford Colour Press, S. 57–85

Thane, K. 2015. Kein Entkommen?! Strukturelle Bedingungen der intramuralen Gesundheitsversorgung von DrogenkonsumentInnen. Oldenburg: BIS-Verlag

Tögel-Lins, K, Werse, B. & Stöver, H. (Hrsg.) 2019. Checking Drug-Checking: Potentiale für Prävention, Beratung, Harm Reduction und Monitoring. Frankfurt a. M.: Fachhochschulverlag

Transform Drug Policy Foundation 2023. Cannabis Regulieren. Ein Praxisleitfaden. 3., aktualisierte und erweiterte Auflage. Transform Drug Policy Foundation. URL: https://legalisierung.info/wp-content/uploads/2023/02/DE_CR_Body_Web4.pdf   Zugriff: 05.12.2023

Tretter, F. 2008. Ökologie der Person. Lengerich: Pabst

Literatur

Tretter, F. 2017. Sucht. Gehirn. Gesellschaft. Berlin: MWV

Tretter, F. 2020. „Bio-psycho-soziales Modell" – Steckbrief und Perspektiven. In: Rummel, C. & Gaßmann, R. (Hrsg.), Sucht: Bio-psycho-sozial. Die ganzheitliche Sicht auf Suchtfragen – Perspektiven aus sozialer Arbeit, Psychologie und Medizin. Stuttgart: Kohlhammer, S.13–24

Tzanetakis, M. & Stöver, H. (Hrsg.) 2019. Drogen, Darknet und Organisierte Kriminalität. Herausforderungen für Politik, Justiz und Drogenhilfe. Baden-Baden: Nomos Verlag

Tzanetakis, M. 2020. Zur internationalen politischen Ökonomie illegaler Drogen. In: Aus Politik und Zeitgeschichte 70, H. 49–50, S. 37–42

Tzanetakis, M. 2024. Digitalisierung von illegalen Märkten. In: Feustel, R., Schmidt-Semisch, H. & Bröckling, U. (Hrsg.), Handbuch Drogen in sozial- und kulturwissenschaftlicher Perspektive, 2., vollständig überabeitete und ergänzte Auflage. Wiesbaden: Springer VS, S. 571–586

Uchtenhagen, A. 2000. Störungen durch psychotrope Substanzen: ein Überblick. In: Uchtenhagen, A. & Zieglgänsberger, W. (Hrsg.), Suchtmedizin. Konzepte, Strategien und therapeutisches Management. München/Jena: Urban & Fischer, S. 3–7

Uchtenhagen, A. 2000a. Suchtkonzepte: Theoretische Modelle zur Erklärung von Anhängigkeit. In: Uchtenhagen, A. & Zieglgänsberger, W. (Hrsg.), Suchtmedizin. Konzepte, Strategien und therapeutisches Management. München/Jena: Urban & Fischer, S. 193–195

Uchtenhagen, A. 2005. „Sucht ist ein Verhalten …". In: atrupi. Das Kundenmagazin der Atrupi-Krankenkasse 4, S. 8–9

Ullmann, R. 2005. Behandlung von Drogenabhängigen in der Allgemeinpraxis. In: Gerlach, R & Stöver, H. (Hrsg.), Vom Tabu zur Normalität. 20 Jahre Substitution in Deutschland. Freiburg i.B.: Lambertus, S. 93–101

Ullmann, R. 2012. Auswirkungen der Prohibition auf die medizinische Behandlung. In: Gerlach, R & Stöver, H. (Hrsg.), Entkriminalisierung von Drogenkonsumenten – Legalisierung von Drogen. Frankfurt: Fachhochschulverlag, S. 2129–138

UNDOC (United Nations Office on Drugs and Crime) 2019. World Drug Report 2019. Vienna: UNDOC. https://wdr.unodc.org/wdr2019/en/exsum.html. (Zugegriffen: 17.08.2022)

United Nations (General Assembly) 2023. Human rights challenges in addressing and countering all aspects of the world drug problem. Report of the Office of the United Nations High Commissioner for Human Rights (A/HRC/54/53). URL: https://undocs.org/Home/Mobile?FinalSymbol=A%2FHRC%2F54%2F53&Language=E&DeviceType=Desktop&LangRequested=False (Zugegriffen: 05.12.2023)

UNODC (United Nations Office on Drugs and Crime) 2023. World Drug Report 2023. Vienna: UNDOC. URL: www.unodc.org/unodc/en/data-and-analysis/world-drug-report-2023.html, (Zugegriffen: 05.12.2023)

Villa, P.-I. 2012. Judith Butler, 2., aktualisierte Auflage. Frankfurt a. M. und New York: Campus Verlag

Völger, G. & Welck, K.v. (Hrsg.) 1982: Rausch und Realität. Drogen im Kulturvergleich, Band 2. Reinbek: Rowohlt

Volkow, N., Poznyak, V., Saxena, S., Gerra, G & UNDOC-WHO Informal International Scientific Network 2017. Drug use disorders: impact of a public health rather than a criminal justice approach. In: World Psychiatry 16, S. 213–214

Waal, H., Clausen, T., Gjersing, L & Gossop, M 2014. Open drug scenes: responses of five European cities. In: BMC Public Health 14, S.1–12

Waldorf, D., Reinarman, C. & Murphy, S. 1991. Cocaine Changes. The experience of Using and Quitting. Philadelphia: Temple University Press

Walter, S. & Schetsche, M. 2003. Internetsucht – eine konstruktionistische Fallstudie. In: Soziale Probleme 14, S. 5–40

Wassenberg, K. 1994. Die historischen Wurzeln des Deutungsmusters Suchtkrankheit. In: FDR–Berichte, Sonderheft Drogenforschung, S. 2–4

Wassenberg, K. 2003. Die historischen Wurzeln moderner Suchtmedizin. In: Wiener Zeitschrift für Suchtforschung 26, H. 2, S. 41–54

Weber, G. & Schneider, W. 1992. Herauswachsen aus der Sucht illegaler Drogen. Selbstausstieg, kontrollierter Gebrauch und therapiegestützter Ausstieg. Münster: VWB Verlag

Weber, M. 1920/2016. Die protestantische Ethik und der „Geist" des Kapitalismus Neuausgabe der ersten Fassung von 1904–05 mit einem Verzeichnis der wichtigsten Zusätze und Veränderungen aus der zweiten Fassung von 1920. Herausgegeben und eingeleitet von Klaus Lichtblau und Johannes Weiß. Wiesbaden: Springer VS

Wehrheim, J. 2002: Die überwachte Stadt. Sicherheit, Segregation und Ausgrenzung. Opladen: Leske und Budrich

Weinrich, G. 1986. Das teutonische Prinzip. Weist Methadon neue Wege in der Drogentherapie? In: Demokratisches Gesundheitswesen 2/1986, S. 10–15

Welskopp, T. 2010. Amerikas große Ernüchterung. Eine Kulturgeschichte der Prohibition. Paderborn: Schöningh

Werse, B. & Kamphausen, G. 2024. Kleinhandel, Kleinsthandel und Social Supply auf dem Schwarzmarkt für illegale Drogen Aktuelle Forschungsergebnisse und ihre kriminalsoziologischen und drogenpolitischen Implikationen. In: In: Feustel, R., Schmidt-Semisch, H. & Bröckling, U. (Hrsg.), Handbuch Drogen in sozial- und kulturwissenschaftlicher Perspektive, 2., vollständig überabeitete und ergänzte Auflage. Wiesbaden: Springer VS, S. 525–547

Werse, B. 2007. Cannabis in Jugendkulturen. Kulturhistorische und empirischen Betrachtungen zum Symbolcharakter eines Rauschmittels. Berlin: Archiv für Jugendkulturen Verlag

West, R. & Brown, J. 2013. Theory of Addiction, Second Edition. Oxford: Wiley Blackwell

Wieczoreck, M. 2020. Internationale Drogenpolitik. Ansätze und aktuelle Diskurse. In: Aus Politik und Zeitgeschichte 70, H. 49–50, S. 31–36

Wolff, T. J. 2024. Ayahuasca-Tourismus in Südamerika. In: Feustel, R., Schmidt-Semisch, H. & Bröckling, U. (Hrsg.), Handbuch Drogen in sozial- und kulturwissenschaftlicher Perspektive, 2., vollständig überabeitete und ergänzte Auflage. Wiesbaden: Springer VS, S. 709–732

World Health Organisation, WHO 1986. Charta der 1. Internationalen Konferenz zur Gesundheitsförderung. (Ottawa). In: Franzkowiak, P. & Sabo, P. (Hrsg.), Dokumente der Gesundheitsförderung. Mainz: Peter Sabo Verlag, S. 96–101

Wouters, M., Fountain, J. & Korf, D. (Eds.) 2012. The meaning of high: Variations according to drug, set, setting and time. Lengerich: Pabst Science Publishers

Zehentbauer, J. 2013. Körpereigene Drogen – Garantiert ohne Nebenwirkung. Ostfildern

Zellers, S., Ross, J., Saunders, G., Ellingson, J., Anderson, J., Corley, R., Iacono, W., Hewitt, J., Hopfer, C., McGue, M. & Vrieze, S. 2022. Impacts of recreational cannabis legalization on cannabis use: a longitudinal discordant twin study. In: Addiction 118 (1), S. 110–118

Ziegelgänsberger, W. 2000. Belohnungssysteme. In: Uchtenhagen, A. & Zieglgänsberger, W. (Hrsg.), Suchtmedizin. Konzepte, Strategien und therapeutisches Management. München/Jena: Urban & Fischer, S. 27–29

Zinberg, N. E. & Jacobson, R. 1976. The Natural History of „Chipping". In: American Journal of Psychiatry 133, S. 37–40

Zinberg, N. E., Harding, W., Stelmack, S. & Marblestone, R. 1978. Patterns of Heroin Use. In: Annals of the New York Academy of Science 311, S. 10–24

Zinberg, N. E. 1986. Drug, Set, and Setting: The Basis for Controlled Intoxicant Use. New Haven: Yale University Press

Zinberg, N.E. & Robertson, J.A. (1972): Drugs and the Public. New York: Simon and Schuster

Zinberg, N.E. 1971. G.I.'s and O.J.'s in Vietnam. In: New York Times Magazine, 5.12.1971, S.112–124

Zurhold, H., Kreutzfeldt, N., Degkwitz, P., & Verthein, U. 2001. Drogenkonsumräume. Gesundheitsförderung und Minderung öffentlicher Belastungen in europäischen Großstädten. Freiburg i.B.: Lambertus

SPRINGER NATURE

GPSR Compliance

The European Union's (EU) General Product Safety Regulation (GPSR) is a set of rules that requires consumer products to be safe and our obligations to ensure this.

If you have any concerns about our products, you can contact us on ProductSafety@springernature.com

In case Publisher is established outside the EU, the EU authorized representative is:

Springer Nature Customer Service Center GmbH
Europaplatz 3
69115 Heidelberg, Germany

The manufacturer's authorised representative in the EU is Springer Nature Customer Service Centre GmbH, Europaplatz 3, 69115 Heidelberg, Germany. If you have any concerns regarding our products, please contact ProductSafety@springernature.com

Printed and bound by CPI Group (UK) Ltd, Croydon, CR0 4YY
23/03/2026
02076394-0011